· 本书受江苏省重点高端智库江苏区域现代化研究院资助出版 ·

张春龙　著

智能时代的社会重塑

——结构冲击与功能适应

江苏大学出版社
JIANGSU UNIVERSITY PRESS
镇　江

图书在版编目（CIP）数据
智能时代的社会重塑：结构冲击与功能适应／张春龙著. -- 镇江：江苏大学出版社，2025. 5. -- ISBN 978-7-5684-2491-2
Ⅰ. F49
中国国家版本馆 CIP 数据核字第 2025VB4208 号

智能时代的社会重塑：结构冲击与功能适应
Zhineng Shidai De Shehui Chongsu：Jiegou Chongji Yu Gongneng Shiying

著　　者/张春龙
责任编辑/庄　慧
出版发行/江苏大学出版社
地　　址/江苏省镇江市京口区学府路 301 号（邮编：212013）
电　　话/0511-84446464（传真）
网　　址/http://press. ujs. edu. cn
排　　版/镇江文苑制版印刷有限责任公司
印　　刷/镇江文苑制版印刷有限责任公司
开　　本/710 mm×1 000 mm　1/16
印　　张/17. 5
字　　数/315 千字
版　　次/2025 年 5 月第 1 版
印　　次/2025 年 5 月第 1 次印刷
书　　号/ISBN 978-7-5684-2491-2
定　　价/70. 00 元

序

在人类文明的长河中，技术的每一次飞跃都深刻地改变了我们的生产方式、生活方式和社会结构。在这个由数据驱动、智能决策的全新时代，人工智能（AI）① 技术以前所未有的速度和规模，深刻地重塑着我们的世界。从智能工业的自动化流水线到服务业的个性化推荐系统，从智慧城市的精细化管理到教育领域的自适应学习平台，AI 技术的触角已延伸至社会的每一个角落，成为推动社会发展的核心动力。

近年来，AI 技术取得了突飞猛进的发展。深度学习、自然语言处理、计算机视觉等子领域的突破，为 AI 的应用提供了坚实的技术支撑。AlphaGo② 的围棋胜利、自动驾驶汽车的测试、智能医疗诊断系统的精准分析，这些成就不仅展现了 AI 的强大力量，也预示着智能系统在未来社会的广泛应用。随着数据量在互联网和媒体上的飙升，机器学习开始崭露头角，尤其是在数据挖掘、识别模式和预测方面，监督学习算法已经取得了令人瞩目的成就。支持向量机（SVM③）、集成学习和随机森林等算法已经非常普及。可供深度学习使用的计算能力，随着摩尔定律的发展有了显著提高，尤其是 GPU 的大量使用使训练进程加快。2012 年 AlexNet④ 在图像识别大赛 ImageNet⑤ 上取得了突破性的成绩，为深度学习时代拉开了序幕。谷歌阿尔

---

① 人工智能（Artificial Intelligence），英文缩写为 AI。

② AlphaGo 是谷歌 DeepMind 开发的围棋 AI，通过深度学习和强化学习技术，击败多位人类围棋世界冠军。

③ SVM 是一种用于分类、回归和异常检测的监督学习方法，通过最大化间隔超平面来优化分类边界。

④ AlexNet 是经典的卷积神经网络，于 2012 年提出，用于图像分类，显著推动了深度学习在计算机视觉领域的发展。

⑤ ImageNet 是大型图像数据库，用于视觉对象识别研究，包含超 1400 万张图像，涵盖 2 万多个类别。

法狗（Google AlphaGo）在2016年战胜了世界围棋冠军李世石，显示出其深度学习的巨大潜力。这几年出现的人工智能ChatGPT以及横空出世的DeepSeek，其功能的巨大改进体现在其从简单的聊天问答、娱乐互动迭代升级成为高效的生产力辅助工具，能够实现邮件、报告、翻译、代码等诸多内容的智能化生成。这一改进对社会产生了巨大冲击，不仅改变了信息生产和传播的方式，还模糊了人与机器的界限，可能重塑社会组织形态，并深刻影响就业结构和国家竞争力，推动人类社会向更加智能化和高效化的方向发展。

AI技术的快速发展对社会各个层面产生了深远的影响。在经济领域，AI技术通过提高生产效率、优化资源配置和推动产业升级，已经成为经济发展的新引擎。在就业结构方面，AI的发展正在重塑就业格局。一方面，AI技术的普及和应用加速淘汰一些传统岗位，尤其是那些重复性高、技能要求低的岗位。另一方面，AI也催生了一系列新的就业岗位，如数据科学家、AI工程师、机器学习专家等。这些岗位要求从业者具备较高的专业技能和创新能力，并为他们提供了广阔的职业发展空间和较高的薪资待遇。因此，AI的发展既带来了就业挑战，也孕育了新的就业机遇。在教育领域，AI技术正深刻改变着教育模式。通过引入AI辅助教学系统、智能在线学习平台等，AI技术不仅提升了教学效率、保障了教学质量，还实现了个性化教学和学习路径的定制。这种智能化的教育模式能够更好地满足不同学生的学习需求，提升他们的学习兴趣和效果。同时，AI技术还促进了教育资源的均衡分配，使得偏远地区的学生也能享受到优质的教育资源。

AI技术的发展，无疑是人类智慧的一次重大飞跃。它不仅极大地提高了生产效率和生活质量，还为解决许多传统难题提供了新的可能。在医疗领域，AI技术的应用使得疾病诊断更加精准，治疗更加个性化；在环境保护领域，AI技术帮助科学家更好地理解和预测气候变化，为保护地球环境提供了强有力的工具；在文化艺术领域，AI技术激发了人类的创造力，为艺术创作和文化传承开辟了新的道路。然而，AI技术的快速发展也引发了一些担忧。技术性失业是最受关注的问题之一，许多人担心自己的工作会被机器取代。此外，AI技术的发展也可能加剧社会不平等，高技能劳动者和低技能劳动者之间的收入差距可能会进一步扩大。还有，随着AI技术在决策过程中的应用越来越广泛，如何确保AI的公正性和透明度，防止算法偏见和滥用，也是亟待解决的问题。

智能时代的到来，不仅使社会结构受到冲击，也让社会功能面临新调整，这是挑战，更是机遇。携手拥抱智能时代，理性对待社会变迁，一定能够共同塑造一个更加智能、更加公正、更加美好的未来。

目　录

前　言　智能时代的来临　/001

第一部分　智能技术渗透与社会全面融合　/011

第一章　智能工业与产业转型　/013

第一节　我国产业自动化的发展　/014

第二节　我国智能制造逐步兴起　/022

第三节　智能制造的工厂案例　/027

第四节　国家级智能制造示范区的布局　/030

第二章　智能服务与水平提升　/034

第一节　零售行业：个性化与便捷化　/035

第二节　金融服务：自动化与精准化　/039

第三节　医疗保健：提升质量与效率　/043

第三章　智能技术深度融入生活　/047

第一节　移动支付与无现金社会　/047

第二节　共享经济与新生活方式　/051

第三节　智能交通与出行自由化　/055

第四节　智慧城市与高品质生活　/057

第四章　智能治理与社会秩序　/061

第一节　社会治理中现代技术的应用　/061

第二节　智能化应用与治理效能　/065

第三节　社会治理的技术依赖性　/069

第五章　人工智能与新质生产力　/073
第一节　人工智能是一种新质生产力　/073
第二节　人工智能将引领生产力变革　/079
第三节　人工智能驱动下的新生产模式　/084

第二部分　社会结构重塑与社会形态变迁　/089

第六章　经济形态：转型升级与数字化经济　/091
第一节　技术驱动的经济增长　/091
第二节　产业结构的深刻转型　/097
第三节　数字平台经济的兴盛　/104

第七章　就业结构：升级迭代与社会分化　/111
第一节　技术替代与岗位迭代　/111
第二节　技能升级与岗位分化　/116
第三节　社会变迁与结构转型　/121

第八章　工作形态：灵活多样与去组织化　/124
第一节　新型工作方式的主要特点　/126
第二节　远程工作模式的大量应用　/128
第三节　智能辅助工作的应用　/132
第四节　超越时空限制的工作形态　/135

第九章　交往形态：人机互动与关系建构　/140
第一节　人机互动：一种新型的社会建构　/140
第二节　身份重塑：身份建构与网络互动　/143
第三节　社会关系：互动方式与新型关系　/146

第十章　文化形态：数字文化与社会认同　/151
第一节　文化虚拟化　/151
第二节　网络文化形态　/156
第三节　网络文化生态　/160

第三部分 智能带来的挑战与社会应对 /165

第十一章 管理模式的调适与适应 /167

第一节 经典论述：生产力决定生产关系 /167

第二节 技术冲击：信息技术的管理应用 /171

第三节 如何适应：管理模式的创新变革 /180

第十二章 技术性失业的挑战 /188

第一节 世界范围内的就业影响预测 /188

第二节 我国范围内的就业影响预测 /193

第三节 引起失业的差异性影响 /197

第四节 技术革命的恐慌与冷静 /201

第十三章 教育适应性的挑战 /205

第一节 社会层面的教育担忧 /205

第二节 整体教育的适应性 /209

第三节 基础教育的适应性 /213

第四节 高等教育的适应性 /217

第五节 颠覆式的教育变革 /223

第十四章 人形机器人的挑战 /228

第一节 数字人的出现 /229

第二节 被替代的担忧 /232

第三节 人机交互的适应 /235

第四节 道德伦理问题 /238

第十五章 DeepSeek 等大模型：技术演进与社会重构 /243

第一节 技术演进：从通用模型到垂直场景的范式突破 /243

第二节 技术赋能与系统性风险的交织 /247

第三节 冷思考：技术狂热下的理性审视 /251

第四节 未来路径：技术理性与人文价值的平衡 /255

结 语 智能时代，社会层面的准备 /260

参考文献 /266

前言 智能时代的来临

美国科技巨企英伟达首席执行官黄仁勋在香港科技大学学位颁授礼上致辞说："AI时代已开启，这是一个能影响每个行业和科学领域的新计算时代。""整个世界都在重置，你与所有人处于同一起跑点，每个行业都被重新创造。你现在拥有能够在很多不同领域推进科学发展的工具。"① 通过让人工智能（AI）、物联网（IoT②）、机器学习、大数据、云计算等先进计算技术广泛应用于日常生活以及各行各业，智能时代已经来临，这是一个事实的体现。智能时代的来临，每一个人都能从多方面去真切地感知。

最为显著的就是日常生活的智能化体验。日常生活的智能化已经取得了巨大进展，从家庭到工作场所，人们正处于智能科技的包围中。例如，利用智能手表等移动设备进行包括移动支付在内的智能支付。用户可以通过手机应用或近场通信技术（NFC③）进行刷卡、扫码或近场感应支付。常见的移动支付服务包括我国的支付宝和微信支付，以及国外的Apple Pay④、Samsung Pay⑤、Google Pay⑥ 等。其实，支付方面还包括电子钱包、无人支付、生物识别支付、智能合同和区块链支付等。智能支付提供了更加便捷、高效和安全的支付方式，减少了传统支付方式如现金的使用。它不仅在日

① 黄仁勋. 人工智能时代已开启［N］. 联合早报，2024-11-23.

② 物联网（Internet of Things），英文缩写为IoT。

③ 近场通信（Near Field Communication），英文缩写为NFC。

④ Apple Pay是苹果公司在2014苹果手机秋季新品发布会上发布的一种基于NFC的手机支付功能，于2014年10月20日在美国正式上线。

⑤ Samsung Pay是韩国三星电子的一种基于NFC与MST（Magnetic Secure Transmission）技术的移动支付、电子现金以及管理会员卡服务。2016年3月29日，三星与银联召开发布会，正式在中国国内上线了Samsung Pay移动支付业务。

⑥ 2018年1月9日，谷歌宣布将旗下已有支付服务Android Pay和Google Wallet整合在一起，新的支付平台称为Google Pay。

常购物中发挥作用，而且广泛应用于各个领域，包括电子商务、旅游和服务业等。然而，随之而来的是对支付安全和个人隐私的关注，需采取相应的安全措施来保护用户的支付信息。

还有一些体验在无形之中被悄悄渗透，比如自动化和效率提升。各行各业都在利用自动化来提高效率，减少人为错误，节省成本。数据决策、数据分析和大数据技术通过分析海量数据，让公司和个人做出更明智的决策；个性化体验智能科技正在让产品和服务更适应个人需求，而能够根据用户喜好和历史行为进行内容定制的推荐算法就是最典型的例证；形成互联世界，IoT 技术使得设备、车辆、家庭用具和其他对象可以相互连接和交流，使我们能够从远程位置监视和控制它们；智能助手和聊天机器人，让人们可以通过智能助手，如文心一言、We Tab AI① 等，来获取信息、解决问题，提供了与技术直观交流的方式；增强现实（AR）和虚拟现实（VR）技术提升了娱乐、游戏、教育、培训等产品的用户体验，在设计、建筑、医疗等行业都有应用；智能出行方面，自动驾驶汽车、高效的交通管理系统和智能基础设施正在改变我们的出行方式；等等。随着技术的进步，智能时代还将不断演进，带来各种新的可能性和挑战。

一、人工智能的发展历程

人工智能的概念虽然源远流长，但现代 AI 的真正萌芽大致可追溯至 20 世纪中叶。随着计算技术的飞速发展，尤其是大数据、高性能计算资源的可用性增加，人工智能的应用范围和能力也随之大幅扩展。人工智能（AI）的发展经历了几个重要的阶段。

1950—1960 年：起源和初期发展

1950 年，Alan Turing 发表了著名的论文“计算机器与智能”（Computing Machinery and Intelligence），提出了著名的图灵测试，这是 AI 历史上的一个重要里程碑。1956 年，约翰·麦卡锡（John Mc Carthy）在达特茅斯会议上首次提出“人工智能”一词。研究者们在 1950 至 1960 年间，对表征知识、

① We Tab AI 是一款浏览器扩展插件，能为用户的浏览器新标签页提供丰富的功能和个性化的体验。

求解问题、搜索算法等领域进行了探索。早期的人工智能研究集中在符号主义学习和逻辑推理上，1956 年的达特茅斯会议将这一领域正式命名为“人工智能”，并设立了这个领域的研究目标。早期的 AI 研究者们采用了规则驱动的方法，构建了早期的专家系统，如 MYCIN，它能够基于输入的患者信息做出医疗判断。这些早期的成功增强了人们对于人工智能“能做什么”的信念，但同时也暴露出了这一方法在处理现实世界复杂性问题时的局限性。

1970—2000 年：跌宕起伏的进展

当初期的过分乐观预期未能实现时，资金和兴趣开始受到冲击，导致两次所谓的“AI 寒冬”。1970—1980 年被认为是第一届“AI 寒冬”。20 世纪 70 年代，专家系统开始流行，这是第一个商业上成功的 AI 应用类型。随后，20 世纪 80 年代，随着神经网络和机器学习的概念浮现以及计算机技术的进步，人工智能的研究开始向数据驱动的范式转变，专家系统的普及也推动了 AI 领域的复兴。1986 年，多层人工神经网络的训练被提出。尽管这些方法在当时的实际应用中面临诸多挑战，如数据规模、计算能力和模型泛化性能等问题，但它们为后来的发展奠定了基础。

21 世纪：各领域的深度应用

进入 21 世纪，随着计算能力的显著增强和大数据的普及，深度学习开始崭露头角。深度学习是一种通过多层非线性变换自动学习数据层次化表征的算法，它的特征在于能够自动学习，而非依赖人类专家的设计，它在图像识别、语音识别和视觉对象识别等领域有显著表现。这一时期，我们见证了深度学习在多个领域的广泛应用，如 AlphaGo 击败世界围棋冠军、自动驾驶技术在汽车测试中的应用等。这些成就不仅展现了深度学习的强大力量，也预示着智能系统在未来社会的广泛应用。

2000 年以来，监督学习算法取得显著成就。21 世纪 20 年代，AI 技术变得更加高级，同时出现在更多的消费产品和企业应用中。人工智能的伦理观、公正性、透明性、可解释性、隐私性等越来越受到重视。人工通用智能（AGI，Artificial General Intelligence）和人类水平 AI 的研究在学术界和企业界持续推进。自然语言处理（NLP）作为人工智能的另一个重要分支，它的目标是使计算机能够理解和生成人类语言。深度学习的兴起，极大地推动了 NLP 领域的进展，如催生了机器翻译、情感分析和自动摘要等的应用。这些进展不仅使机器能更好地理解人类的语言，还加速了全球化进程，打破了语言障碍，促进了不同文化的交流和融合。

二、人工智能技术的推进

2015 年，OpenAI① 由埃隆·马斯克、萨姆·奥尔特曼等投资人共同创立，总部位于旧金山，旨在开发人工智能技术造福整个人类。

2018 年起，OpenAI 开始发布生成式预训练语言模型 GPT，即 ChatGPT 的前身。文章、代码、机器翻译、问答等各种类型的内容都可以用 GPT 模型生成。2018 年，OpenAI 发布了 ChatGPT 初版的 GPT-1。它的模型结构是一个可用于文本生成任务和智能对话的单向神经网络。2019 年，OpenAI 发布了第二版 ChatGPT 的 GPT-2。GPT-2 的模型结构更加庞大和复杂，是一种基于 Transformer 的具有良好的语言生成能力和对话能力的双向神经网络。2020 年，OpenAI 发布了第三版 ChatGPT 的 GPT-3。GPT-3 的模型结构同样是基于 Transformer 的更复杂的双向神经网络，具有极强的语言生成能力和对话能力，能够实现零样本学习。ChatGPT 是对话 AI 模型基于 GPT-3. 5 架构开发，是 Instruct GPT 的兄弟机型。开发 ChatGPT 可能是 OpenAI 在 GPT-4 正式推出前的一次演练，也可能是为了收集大量的对话数据。2023 年 3 月，ChatGPT 4 发布。ChatGPT 4 可应用于多个领域和应用中，如语音助手、智能客服、虚拟人物等。相比 ChatGPT-3. 5，ChatGPT-4 在理解能力上有了很大进步，比如 ChatGPT-4 能够接受图像输入，而 ChatGPT-3. 5 只能处理文本输入和输出。OpenAI 在 2023 年 11 月发布了 GPT-4 Turbo 比上一代更加强大。GPT-4 Turbo 具有 128K 的上下文，相当于 10 万个汉字，可以一次性输入 300 多页的文字内容。OpenAI 还开放了多模态 API，包括文本生成图像模型 DALL · E3、能处理视觉输入的 GPT-4 Turbo，以及全新的声音合成模型。OpenAI 于 2024 年 2 月 15 日正式对外发布人工智能文生视频大模型 Sora

---

① OpenAI 是一家致力于推动人工智能发展的公司，成立于 2015 年，由萨姆·奥尔特曼（Sam Altman）、埃隆·马斯克（Elon Musk）等多人联合创立。OpenAI 的使命是确保通用人工智能造福全人类。

（OpenAI 并未单纯将其视为视频模型，而是作为“世界模拟器”）。Sora 可以根据用户的文本提示，创建最长 60 秒的逼真视频。该模型了解这些物体在物理世界中的存在方式，可以深度模拟真实物理世界，能生成具有多个角色、包含特定运动的复杂场景。Sora 给需要制作视频的艺术家、电影制片人或相关专业的学生带来无限可能，标志着人工智能在理解真实世界场景并与之互动的能力方面实现了飞跃。2025 年 1 月，DeepSeek 的横空出世标志着全球 AI 竞争格局的重大变革。由中国量化巨头幻方量化孵化的人工智能公司，凭借颠覆性的技术创新和开源战略，在短短两年内完成了从初创企业到全球 AI 领导者的蜕变。其核心产品 DeepSeek-R1 模型在数学竞赛、代码生成等领域的表现比肩 OpenAI o1 正式版，而训练成本不足 GPT-4 的 1/10。

其实，智能时代的来临是由一系列技术革命性的发展所驱动的，其中包括人工智能（AI）、物联网（IoT）、大数据、云计算等。这些技术不仅改变了我们的日常生活，还深刻地重塑了我们的社会结构和工作方式。特别是在人工智能领域，其技术的发展可以分为几个主要阶段：规则-based 阶段、统计机器学习阶段、深度学习阶段，以及未来可能的自我进化阶段。

在规则-based 阶段，人工智能主要以专家系统为代表，这些系统依赖预先编写的规则来进行推理和决策。① 在这个阶段，AI 的表现力被局限于特定领域问题的解决，如医疗诊断、金融分析等。由于人工智能的推理过程是明确且透明的，这些系统的决策过程易于解释和验证。然而，它们也存在明显的局限性，那就是难以处理现实世界的复杂性和动态变化。规则的创建往往需要大量的专业知识和人力，这在面对新的、未经预见的问题时显得尤为不足。

进入统计机器学习阶段，人工智能开始从数据中学习并提取模式，而不是仅仅依赖于固定的规则。这个阶段的关键技术包括了监督学习、非监督学习和强化学习。机器学习算法能够处理大量的数据，学习数据之间的复杂关系，并做出预测或决策。这一阶段的人工智能开始突破领域的限制，其应用范围大大扩展，如图像识别、自然语言处理等。机器学习的算法更加强调从数据中学习，因此，数据的好坏直接影响了学习成果，而算法的智能在某种意义上是数据的副产品。

---

① 刘勤. 智能财务中的知识演进：从知识模拟到知识创新［J］. 财会月刊. 2024，45（13）：18-24.

深度学习的出现是人工智能发展的又一重大突破。它通常指的是那些能够通过多层神经网络来进行学习和特征提取的算法。与传统的机器学习相比，深度学习在处理非结构化的大数据方面展现出更加显著的优势。深度学习的模型能够自动从数据中学习复杂的特征表示，无须人工介入设计特征，这在图像和语音识别、自然语言处理等领域取得了巨大的成功。深度学习标志着 AI 能力的显著提升，不仅能够发现数据中的模式，而且在某些任务上能够超越人类的表现。

未来的自我进化阶段是人工智能发展的一个长远目标，将是智能系统具备自我学习、自我改进和自我适应能力的阶段。① 在这个阶段，人工智能能够不断从环境中学习新知识，进行知识的创新和组合，以适应不断变化的任务和挑战。这将是人工智能发展的一个全新纪元，其能力将不再局限于模拟或学习人类知识，而是能够在探索未知领域中起到至关重要的作用。

人工智能领域一直以来都是高速变化和创新的，从早期的符号处理到现在的深度学习方法，每个阶段都反映了当时计算资源、数据可用性、理论突破和技术进步的状况。

三、人工智能的广泛应用

截至目前，人工智能（AI）已经在全球范围内广泛应用于多个领域。下面是目前人工智能在各个领域的渗透情况。在医疗领域，AI 正在被用于疾病诊断、影像学检测（例如 X 光、MRI② 等）、个性化医疗、药物发现和管理医疗记录等。机器学习算法能够帮助医生分析复杂的数据，以识别疾病模式并提供治疗建议。在金融服务领域，AI 技术的应用包括算法交易、信用评分、欺诈检测、机器人咨询（也称机器人理财顾问）以及个人理财助手。在交通运输领域，自动驾驶车辆、无人航空系统（例如无人机），以及智能交通管理系统都在利用 AI 技术提高效率和安全性。在制造业领域，智能制造与工业 4.0 倡议融合了人工智能技术，如机器视觉、预测性维护、自动化机器人以及优化生产流程等。在零售业领域，电子商务和实体零售

① 刘勤. 智能财务中的知识演进：从知识模拟到知识创新［J］. 财会月刊. 2024，45（13）：18-24.

② MRI，全称 Magnetic Resonance Imaging，即磁共振成像，是一种非侵入性的医学影像技术.

店通过推荐系统、库存管理、需求预测、客户服务（例如 AI 聊天机器人）等方式整合 AI 技术。在农业生产领域，AI 发挥作用的形式包括智能农业机械、作物病害诊断系统、土地和作物监测系统（例如利用卫星图像和无人机）。在教育学习领域，个性化学习平台、自动评分、智能辅导和监控学习进度是 AI 在教育领域的一些应用实例。在安全监督领域，AI 用于网络安全、公共安全、监控系统和自然灾害预测（例如实时数据分析和模式识别）。在娱乐与媒体领域，内容推荐、游戏音乐创作、新闻文章生成等方面都在使用 AI。在环境保护领域，AI 可用于气候变化研究、能源消耗优化以及野生动物监控。机器学习模型能够分析并预测极端天气事件，帮助科学家更好地理解气候系统。在法律服务领域，AI 能够帮助律师和法务人员进行文档审查、案件结果预测以及更高效地进行法律研究等。这有助于减轻繁重的工作负担和提高法律服务的无障碍程度。在一些公共服务领域，部分城市在资源管理和服务提供方面采用了智能化手段，如智能交通信号灯、能源管理系统以及智慧城市概念下的应急响应系统等。在艺术设计领域，AI 不仅能够协助艺术家和设计师创作新颖作品（例如基于神经风格迁移的艺术生成），还能在建筑设计中运用优化算法设计更高效的结构。在航天领域，AI 可用于导航系统、航天器自主飞行、数据分析和行星探测任务。在运动科学领域，使用传感器和机器学习技术，可以分析运动员的表现，提供个性化训练建议以及伤病预防方案。

关于人工智能技术的全球应用，除了上述提到的领域外，还有一些值得注意的进展和趋势，也体现了 AI 是如何被整合到我们的日常生活和工作中的。另外，跨国公司、初创企业和研究机构都在持续推动 AI 技术的创新和发展。这可能涉及人工智能技术的子领域，例如深度学习、机器视觉、自然语言处理以及智能决策支持系统。基本可以看见，AI 作为当今科技领域的核心驱动力，正以前所未有的速度渗透至全球各行各业，深刻改变着人类社会的运作模式。

四、智能技术发展与社会结构

在 21 世纪，智能技术的迅猛发展正以前所未有的方式重塑我们的社会。从人工智能（AI）到大数据，从物联网（IoT）到区块链，智能技术不仅改变了我们的工作方式、生活方式，更在深层次上影响了社会结构。本书将深入探讨智能技术发展与社会结构之间的关系，分析其互动机制，以及智能技术如何推动社会结构的变革。

经济结构的重塑。智能技术对传统产业模式的冲击是显而易见的。一方面，自动化生产线、智能机器人等技术的应用，大大提高了生产效率，降低了人力成本，但同时也导致部分传统岗位的消失。另一方面，智能技术催生了新的产业和就业机会，如数据分析师、AI工程师等新兴职业。这种产业结构的调整，要求劳动力进行技能升级，以适应新的市场需求。因此，智能技术发展不仅改变了经济活动的形态，也促使社会成员在经济结构中的角色和地位发生转变。

政治结构的调整。智能技术的发展对政治结构也产生了深远影响。一方面，智能技术提高了政府治理的效率和透明度，如通过大数据分析来优化公共政策，通过电子政务平台来提升公共服务水平。另一方面，智能技术也可能加剧政治权力的集中，如算法推荐系统可能操纵公众舆论，影响政治决策过程。此外，智能技术带来的隐私保护和网络安全问题也成为政治议题的重要组成部分。因此，智能技术的发展要求政治体制在提升治理效能的同时，也要加强监管，保障公民权利和社会公正。

文化结构的变迁。智能技术正在改变人们的文化生活方式和价值观念。社交媒体、在线娱乐等智能应用，使得文化交流变得更加便捷和多元，但也导致了文化同质化和碎片化的问题。同时，智能技术也在塑造着人们的认知方式和思维方式，如搜索引擎的普及改变了人们获取信息的方式，虚拟现实（VR）和增强现实（AR）技术的发展则拓展了人们的感知边界。这些变化要求文化结构在保持多样性的同时，还要引导人们形成正确的价值观和世界观。

人工智能发展对中国社会也产生了深刻影响，其变革力度与覆盖范围仍在持续扩大。首先是经济结构的转型与升级。AI技术的快速发展为中国经济结构的转型和升级提供了强大的动力。除了一系列的服务领域外，AI技术在中国社会治理中的应用也取得了显著成效。通过引入AI技术，政府可以更加精准地掌握社会动态、预测社会风险，并及时采取相应的应对措施。例如，在城市管理中，AI技术可以帮助政府实现交通流量的智能调度、环境监测的实时预警等功能；在公共安全领域，AI技术则可以通过人脸识别、行为分析等手段提高安全防范能力。这些智能化的社会治理手段不仅提高了政府的管理效率和服务水平，还增强了社会的稳定性和安全性。

智能技术发展与社会结构之间的关系并非单向的，而是相互依存、相互促进的。一方面，智能技术不断推动社会结构的变革。另一方面，社会结构也在适应和调整中推动智能技术的发展。这种协同进化的过程，要求我们在推动智能技术发展的同时，也要关注社会结构的调整和变革，实现技术与社会的和谐发展。智能技术发展与社会结构之间的关系是复杂而深刻的。智能技术不仅改变了经济社会的运行方式，也重塑了社会成员之间的关系和地位。面对这一趋势，我们需要保持开放的心态和创新的思维，积极探索智能技术与社会结构协同发展的新路径和新模式，实现技术与社会的和谐共生。

人工智能的蓬勃发展不仅是技术的革新，更是社会变革的催化剂。AI在提升生产效率、优化服务体验的同时，也悄然改变着就业结构，并有可能加剧技能鸿沟，引发社会不平等的新议题。因此，关注 AI 的社会影响，意味着要深入探讨其如何平衡效率与公平，确保技术进步惠及全民而非加剧分化。此外，AI 的广泛应用还伴随着隐私保护、道德伦理的严峻挑战，要求国际社会协同制定规则，保障技术伦理使用，维护数据安全与个体权益。公众科普与教育同样不可或缺，旨在提升公众 AI 素养，促进技术与社会文化的深度融合，确保 AI 发展路径符合人类共同价值观，实现技术进步与社会和谐的双赢。

第一部分
智能技术渗透与社会全面融合

第一章

智能工业与产业转型

在智能时代背景下，工业与产业的转型已经成为驱动全球经济结构变革的重要动力。智能工业主要指的是通过深度融合现代信息技术，如人工智能（AI）、物联网（IoT）、大数据分析、云计算等，来提升工业生产的智能化水平，包括智能制造、智能物流等关键环节。这些技术的应用不仅极大地改变了传统产业的运作方式，而且促进了新业态、新模式的不断涌现，推动了经济的高质量发展。产业自动化与智能制造在我国制造业升级中扮演着至关重要的角色。通过自动化设备和智能化的生产流程，制造业能够显著提高生产效率。自动化机器人和智能生产线能够实现连续工作，缩短生产周期，提高产出。智能制造系统通过内建的品控机制确保产品的一致性和高品质。对缺陷品的精准数据分析和监测，有效减少了不良品出现。鼓励企业进行技术革新，开发新产品，满足市场多元化需求，智能制造促进了大量研发投入。智能制造整合了物联网、大数据分析等技术，使供应链更加透明和高效。企业可以实时监控物料流动，优化库存管理，提高响应市场变化的速度。智能技术可以帮助企业在生产过程中更高效地利用资源，减少能源消耗和排放，推动绿色生产和资源循环利用。我国制造业在全球市场的竞争地位得益于自动化和智能化水平的提升。

第一节　我国产业自动化的发展

产业自动化是指利用各种自动化技术和设备，实现生产过程中的自动化和智能化。智能化技术的发展推动了产业自动化的进程，产业自动化系统的发展也促进了智能化技术的应用与完善。智能化与产业自动化相辅相成，共同推动着工业生产方式的变革和升级，为工业企业提供了更多的发展机遇和竞争优势。

一、产业自动化的概念与重要性

（一）产业自动化的概念

产业自动化是指利用先进的技术和设备对工厂、企业或生产线的生产过程进行自动化管理和控制的一种生产方式，以达到提高生产效率、降低成本、提高产品质量的目的。产业自动化通过自动化设备、机器人、传感器、计算机控制系统等技术手段，实现对生产流程的自动监控、自动调节和自动控制，从而实现整个生产过程的自动化运作。产业自动化的核心目的是提高生产效率、降低成本、改善产品质量，并为企业提供更强的竞争力，推动其可持续发展。通过自动化技术的应用，可以实现生产流程的高度集成和协调，减少手工操作和人为因素的干扰，提高生产效率和稳定性，最终实现产品更高的产量和更好的质量。产业自动化涵盖了多个领域和应用，包括制造业、物流与仓储、能源与环保、交通运输等。在制造业中，产业自动化可以运用于生产线的自动化控制、机器人的应用、设备的自动化监控等方面，提高生产效率和产品质量。在物流与仓储领域，产业自动化可以实现物料搬运、仓库管理、订单配送等环节的自动化操作，提高物流效率和准确性。在能源环保领域，通过智能管理系统等手段实现产业自动化，能促进能源和环保的高效利用。在提高运输效率和安全性的自动驾驶技术、智能交通控制系统等方面，都可以应用产业自动化。总之，产业自动化在各个行业中都有重要的应用，并将继续发展和演进，适应新的技术和市场需求。

（二）产业自动化的重要性

产业自动化对企业和整个社会都具有重要的意义。它既能提高质量、降低成本，弥补人力短缺，改善工作条件，加强环境保护，促进产业升级和可持续发展。因此，产业自动化在现代化生产中扮演着不可或缺的角色。一是有助于提高生产效率，降低生产成本。产业自动化可以通过机器人、自动化设备和智能系统等技术手段，实现生产流程的自动化运作和高度集成，从而大幅提高生产效率。不管是高速生产还是批量生产，自动化系统都可以在不需要休息的情况下 24 小时不间断地工作，能够更迅速地完成任务。通过机器人和自动化设备的应用，产业自动化能够降低人力成本，能够替代一部分繁重、危险或重复性的工作任务。同时，自动化系统还能减少损耗，进一步降低生产成本。二是有助于提高产品质量、提升企业竞争力。人为因素对产品质量的影响，可以通过产业自动化来降低。自动化设备和智能系统可以精确执行工艺步骤，提高生产准确性和一致性，避免人为错误和变数，从而提高产品的质量和一致性。通过提高生产效率、降低成本、提高产品质量、加强创新能力，产业自动化可以提供更强的生产能力、更优质的产品和更高效的交付，从而提高企业的竞争力。三是有助于提升安全性并有效降低成本。产业自动化可以降低人工操作对工人的危险。通过机器人和自动化设备的应用，可以减少人工接触危险物品的几率，降低工伤风险，提供更安全的工作环境。自动化也是应对人力短缺和劳动力成本上涨的有效手段。面对劳动力市场的供需失衡和劳动力成本的上涨，产业自动化为企业提供了解决方案。自动化设备可以取代熟练工人的工作，减轻对稀缺技能的依赖，降低劳动力成本上涨风险。

所以，就目前我国产业发展的情况而言，自动化能促进技术创新和产业升级。产业自动化鼓励企业运用新的技术和方法来改变传统的生产方式，推动技术创新和产业升级。自动化系统能够为企业提供更高效、灵活、智能的生产能力，将先进的控制、传感和通信技术集成在一起。其实，产业自动化意义广泛，在提高生产效率、降低成本、提升产品质量、增强安全性、促进技术创新和增强竞争力等方面具有重要意义。它不仅能够帮助企业在市场竞争中取得优势，还有助于推动整个产业的发展和改善人们的生活质量。所以，产业自动化对现代企业来说，是战略选择中不可或缺的一环。

二、产业自动化在我国的发展阶段

根据产业自动化程度的不同，可以将我国产业的自动化发展大致分为以下几个阶段。

（一）起步阶段（20 世纪 80 年代）

我国产业自动化的起步要追溯到 1978 年改革开放政策开始实施的时候。随着我国改革开放的推进，我国开始引进国外的自动化技术和设备，这标志着我国产业自动化的起步。这一阶段，我国为了提高生产效率和加强工业化进程，开始从国外引进自动化技术和装备。我国在这一时期主要依赖技术引进和合作。一些国际企业如西门子通过合资、合作形式在我国设立生产基地，为我国提供自动化技术和设备。起步阶段主要侧重于重点行业自动化技术的引进和应用，包括汽车制造、电子电器、冶金、化工、机械制造等，尤其是自动化设备的应用在大型企业得到推广。虽然主要是引进，但我国也开始了提高自动化技术创新能力的自主研发。政府支持和鼓励国内研究机构和高校进行科研工作，并培养自身的技术人才。当时，我国工业生产以大规模批量生产为主，需要满足不断增长的市场需求。但生产效率相对较低、市场竞争力不强，原因在于技术落后、设备陈旧。在起步阶段，我国就出现了粗钢连铸连轧工程、生产线自动化改造等一些成功的自动化项目。这些项目都证明了自动化技术对生产效率和产品质量的提升是非常重要的。起步阶段的我国产业自动化面临着技术引进、自主研发和市场适应的挑战。尽管起步阶段的规模还相对较小，但表明我国开始注重自动化技术的应用，并逐渐打造具备自主创新能力的自动化产业体系。

（二）发展阶段（20 世纪 90 年代）

在这一阶段，我国的制造业快速发展，并开始大规模引进自动化生产线和机械手臂，尤其在汽车、电子以及造纸等产业，取得了一系列重要进展。我国在这一时期仍然依赖技术引进，继续与世界先进企业进行技术合作和设备引进，如引进日本、德国以及我国台湾地区的自动化设备和技术。同时，我国也在鼓励本土企业研发自动化设备。我国的产业自动化应用范围扩大，不仅在传统重工业如钢铁、机械制造等领域得到快速推广，还开始涉足轻工业和电子电器等领域，使自动化技术逐渐渗透到各个行业。通过技术升级和设备改造，我国不断加强自动化技术的研发和创新，工业生产线逐步走向智能化。其中，为提升我国产业自动化水平而突破的行业有液晶显示、电子元器件和汽车制造等。在这一阶段，我国开始着力推动中小微企业的自动化。政府出台了一系列政策，鼓励中小微企业借助自动化技术推动传统产业技术升级，提高生产质量。为了支持产业自动化的发展，我国大力培养自动化领域的人才，并加强相关专业的教育和培训。不少高校设立了自动化专业和研究机构，为产业自动化的发展提供技术创新和人才支持。在这一时期，我国涌现出一批在自动化领域具有影响力的企业，如康吉森自动化公司、凯尔德工业自动化设备厂、新松机器人自动化股份有限公司等。这些企业在自动化技术和解决方案方面取得了重要突破，并在国内外市场上取得了一定的竞争优势。1990 年至 2000 年，我国产业自动化经历了快速发展的阶段，取得了显著成效。不断加强的技术创新、自主研发能力和中小微企业自动化成为推动我国产业自动化发展的重要动力。这一时期的发展为我国后续进一步推进产业自动化和智能制造奠定了基础。

（三）深化阶段（2000 年开始）

在这一阶段，我国企业开始自主研发和生产自动化设备，同时自动化技术开始在更多行业中普及应用，如在化工、食品加工、制药等生产领域取得了进一步的发展和突破。我国加强了对自主创新和研发的支持，提高了自动化技术的核心竞争力。一批拥有核心技术和知识产权的企业涌现出来，许多国内企业开始自主研发自动化设备，并提供相关解决方案。我国工业自动化发展的一个重要方向就是智能制造，即通过引入人工智能、大数据分析、云计算等技术，将现有的生产线和工厂转变为智能化和数字化的工厂，实现生产过程全面可视化、柔性化和智能化。我国制造业应用自动化技术领域不断拓展，除了传统行业如汽车制造、机械制造等，还涉及电子电器、医药制造、食品加工、物流仓储等领域。在生产线仓库物流和供应链上，更多地采用自动化的设备和系统。在这一时期，我国工业机器人市场迅速增长，汽车制造等关键行业工业机器人被广泛应用，我国已成为全球最大的机器人市场之一。我国制造业开始进行智能化改造和提质增效。提高产品质量，提升生产效率，降低生产成本，通过应用自动化技术来增强企业的竞争能力。我国政府加大“产学研”合作力度，加强企业、高校、科研单位之间的合作，促进产业自动化发展，促进科研成果转化为实际应用。我国政府出台了一系列政策来支持和鼓励产业自动化的发展。

政策包括资金补贴、税收优惠、技术创新扶持等，以提供资金和政策环境，推动产业自动化的广泛应用和发展。我国产业自动化发展进入深化阶段，以技术创新、智能制造、工业机器人和提质增效为主要特点，取得了显著进展和成果，为我国制造业的转型升级奠定了基础。

（四）高速发展阶段（2010 年至今）

得益于“中国制造 2025”计划和工业 4.0 的推动，我国工业自动化加速发展，智能制造和工业互联网成为重点发展方向。不仅是大企业，自动化、智能化的变革也开始在中小企业展开。我国政府推出了“中国制造 2025”计划等一系列扶持产业自动化发展的政策，旨在推动我国制造业向更绿色环保的方向转型，这大大促进了自动化和智能制造技术的发展，我国已成为全球最大的工业机器人市场。工业机器人被广泛应用于汽车、电子、食品、制药等诸多行业，以提高生产效率和精确度。运用计算机控制、物联网、大数据分析和人工智能技术，我国的制造业正在向智能制造转型。这里面不仅涉及生产过程的自动化，还包括各个层面，比如产品的设计工艺流程管理等。为了减少对进口技术的依赖，我国不断加大传感器、控制系统、人工智能算法等自动化核心技术的研发投入。传统制造业通过自动化和智能化改造、缩短产品研发周期、增加市场竞争力、拓展产业链价值等手段，实现产品质量和生产效率的提升。自动化技术还应用于供应链管理，以提高整个供应链的效率和响应速度，借助高效的信息系统来管理库存、分配物流、自动化配送等。

随着国家经济的持续发展，为了缓解人力成本上升和人口老龄化的压力，我国政府和企业都高度重视通过自动化提高生产效率和创新能力，从而减少对劳动力的依赖。我国工业自动化在这一时期的高速发展，推动了工业提档升级，提高了效益，也推动了经济结构的转变。在此基础上，我国的产业自动化不断推进，包括工业机器人的广泛应用、智能制造装备的自主研发能力加强以及跨国合作加深等方面。当前，结合人工智能、大数据、云计算等前沿技术，我国的产业自动化正在向智能化、网络化、数字化方向转型，旨在全面提升制造业的智能化水平，实现产业结构的升级换代以及新旧动能的转换。随着技术的不断进步和政策的持续推动，我国的产业自动化程度有望进一步深入发展，成为全球自动化技术的重要参与者和引领者。

三、主要自动化产业区域与行业应用

我国自动化产业的发展在全国范围内呈现出高速增长的态势，在不同地区形成了各具特色的自动化产业集群，并在众多行业领域内得到了广泛的应用。

（一）自动化产业的区域应用

长三角地区以上海为中心，辐射江浙等周边省市，是我国制造业和高新技术产业的重要基地，是我国经济最发达、开放程度和城市化程度最高的地区之一。因其工业基础完善、制造业先进，长三角地区也是我国自动化产业最发达的地区之一。制造行业的自动化产品生产，如工业机器人、电子设备等，在这一区域集中度较高。在长三角地区，自动化产业的发展得到地方政府的大力支持，并且受益于该地区完善的工业基础、强大的制造业能力、丰富的人才资源以及发达的物流和市场网络。上海作为我国的经济中心，是我国智能制造的重要聚集地，也是我国工业自动化技术的重要聚集地。上海及周边地区拥有众多的自动化设备生产企业和自动化系统解决方案提供商，例如，上海自贸区内有诸多国内外知名自动化公司的研发和制造基地。江苏省和浙江省因靠近上海，拥有良好的工业基础和投资环境，同样吸引了大量自动化企业的投资。安徽省虽然相比之下工业基础稍弱，但近年来也在积极发展自动化产业，并且在机器人、智能装备等领域取得了一定突破。在积极拓展国内外市场，形成较为完整的产业链和创新体系的同时，长三角地区的自动化产业还为当地汽车制造、电子信息、医药生物、新能源等高端制造业提供支撑和服务。

珠三角地区包括广东省的广州、深圳、珠海、东莞、中山、佛山、江门、惠州、汕头等城市，是我国经济最活跃的地区之一，也是我国对外开放程度最高的地区之一。以广州、深圳为核心的珠三角地区，以先进电子信息产业、家电制造业著称，是我国重要的工业机器人应用和智能制造的基地。珠三角地区拥有深厚的制造业基础，众多制造企业采用自动化技术，以提高生产效率和质量，同时也对自动化产品和解决方案有强烈需求。珠三角地区拥有密集的工业布局，数不尽的中小企业和来自世界各地的跨国公司形成了强大的产业链，为自动化产业的集中发展提供了有利条件。以创新能力著称的深圳等城市，聚集了包括华为、TCL、比亚迪等在内的众多高科技企业，这些企业的发展带动了自动化及相关产业的进步。珠三角地区的自动化产业不仅涵盖传统的制造自动化，还呈现出与人工智能、大数据、云计算等新兴技术相结合的智能自动化发展趋势。为促进自动化、智能制造等产业发展，吸引投资推动产业结构升级，广东省及有关市政府出台了一系列扶持政策。

京津冀地区具有雄厚的科研实力和“产学研”一体化优势，形成了以高科技研发和应用为主的自动化产业，也是我国最重要的经济圈之一。这一区域有京津冀协同发展的国家战略，旨在通过区域一体化促进经济、环境和社会的综合发展。在传统产业基础雄厚的同时，京津冀地区目前也在着力推进其中的重要发展方向——自动化产业的调整和转型升级。京津冀地区，尤其是北京的电子信息技术和生物医药领域，以及天津的港口物流和重工业制造领域，自动化技术已应用于石油化工、汽车制造、食品加工、物流仓储等诸多行业。作为首都的北京，拥有清华、北大等一批知名高等学府和中科院等科研院所，为自动化产业提供了坚实的技术支撑和人才储备。京津冀协同发展各类高端制造业和现代服务业，旨在通过技术创新推动产业自动化，相关产业受到政策关注和支持。京津冀地区的自动化产业起步较晚，发展速度可能不如长三角和珠三角地区迅猛，但随着产业转移和升级加速，加之政策支持和人才科技优势，其未来发展潜力巨大。

在中西部地区，随着政策的推动和东部产业向中西部转移，如四川、重庆、湖北等地区的自动化产业开始加速发展，新兴自动化产业集群正在形成。

（二）自动化产业的行业应用

汽车产业是工业机器人和自动化技术应用最多的领域之一，包括焊接、喷涂、装配、检测和物流等环节。我国汽车制造业近年来自动化应用发展迅速。作为世界上最大的汽车市场，我国汽车制造业的现代化和转型升级对于提升国内汽车品牌的国际竞争力具有重要意义。我国汽车制造商大规模采用了工业机器人，特别是在焊接、装配、喷漆等环节，从而实现生产效率的优化和劳动力的节约。据统计，我国工业机器人市场规模已连续多年位居世界第一。我国政府推出“中国制造 2025”计划，旨在将我国从制造大国转变为制造强国。智能化和自动化是这一计划的核心内容之一。许多汽车制造企业正在向智慧工厂的方向发展，利用自动化、信息化和人工智能技术，提升生产的智能化水平。自动化不仅限于生产过程，质量检测也开始采用更多自动化技术，如运用自动化视觉检测系统、各种在线监测和分析设备来提高产品质量和检测效率。自动化在电动车电池组装、电机生产以及整车组装等方面有着非常重要的作用，有助于提高生产效率和确保产品质量。自动化与互联网技术结合，提升了我国汽车制造业的供应链管理能力，通过更精准的数据分析和高效的物流处理，减少库存和降低成本。尽管自动化在我国汽车制造业中的应用取得了显著成就，但仍然需要不断投入和创新，包括技术更新、人才培养、标准制定等，以满足日益激烈的国际竞争和不断变化的市场需求。自动化有望在我国汽车制造业中扮演更加重要的角色，因为随着技术的发展，特别是人工智能和机器学习等新兴技术的融合，为汽车制造的自动化升级提供了有力支持。

在电子产品的生产过程中，自动化程度极高，如智能手机和电脑制造等，需要精确的品质控制。我国是世界上电子电器产品最大的制造中心之一。在过去的几十年里，伴随着大规模的产能和庞大的市场需求，我国的电子和电器业实现了快速发展。我国相关产业也在积极推进智能制造，以提高生产效率、降低劳动成本，应对国际竞争。工业机器人广泛应用于电子组装、产品测试、包装等环节，在手机、家电等制造业的应用尤为突出。据有关资料表明，我国已成为工业机器人的全球第一大市场。自动化装配线与自动检测系统结合使用，实现了从原材料输入到成品输出的全流程自动控制，大幅提高了生产效率，并降低了人力依赖程度。经过工业 4.0 和“中国制造 2025”计划的实施，我国很多企业都在向数字化、网络化、智能化的生产模式转变。云计算、物联网和大数据分析技术在制造业中的应用日益广泛，显著提升了生产的灵活性。自动化仓储系统和智能物流解决方案，正在帮助企业优化库存管理，减少物流成本，加速产品的市场响应速度。企业广泛应用自动化叉车输送带、自动搬运车（AGV①），以及减少人工作业强度、提高物流效率的自动化物料搬运系统；采用计算机辅助设计

① AGV，即 Automated Guided Vehicle，中文名为自动导引车或自动导引小车，是一种装备有电磁或光学等自动导引装置，能够沿规定的导引路径行驶，具有安全保护以及各种移载功能的运输车。

（CAD①）和计算机辅助工程（CAE②）等技术，提高产品设计效率和精确度，缩短产品开发周期。自动化不仅提高了我国电器电子产业的生产效率和产出质量，同时也对从业人员的技能提出了更高的要求，优化了人才结构，并促进了相关教育培训水平的提高。

事实上，各行各业都不同程度地应用了自动化。比如食品行业采用自动化技术来提高食品生产线的卫生和效率，医药行业采用自动化技术确保生产过程符合严格的质量标准。在钢铁和化工行业，炼铁、炼钢、化工生产过程的危险性和环境要求，促使这些行业采用自动化技术来提升生产安全与效率。在3C产业，即计算机、通信、消费电子，对自动化、精密制造及快速灵活的生产线有非常高的要求。在物流与仓储行业，随着电子商务的高速发展自动化技术在仓储管理、分类、搬运和分发等环节得到了广泛应用。在太阳能光伏、风能等新能源产业中，利用自动化技术可以提高生产效率并保持长久的运维。

在政策扶持、市场需求和技术进步等多方面因素的共同推动下，我国自动化产业在全球的地位和影响力进一步提升。我国的自动化产业必然会随着未来技术的进一步发展和应用而不断拓展和深化。

第二节　我国智能制造逐步兴起

智能制造是智能工业的核心。它以数字化、网络化和智能化为核心特征，将互联网、大数据、人工智能等新一代信息技术与制造技术深度融合，实现设计、生产、管理、服务等制造活动的智能化。智能制造的推广应用，使得生产效率和产品质量得到了显著提升，同时也大幅降低了生产成本和安全风险。例如，通过智能化的生产线，机器人可以实现24小时不间断的生产作业，同时通过机器视觉、传感和学习算法，机器人能够自主完成复杂的操作任务，如产品质量检测、智能排序、物料搬运等。这在很大程度

① CAD，全称为Computer Aided Design，即计算机辅助设计，是利用计算机技术及其图形设备帮助设计人员进行设计工作的一种技术。

② CAE，全称为Computer Aided Engineering，即计算机辅助工程，是一门涉及计算机技术、工程分析技术和数据管理技术的新兴技术。

上减少了对人力的依赖，提高了生产效率和灵活性。国家全面提升工业制造能力的重要战略动作，促进了产业转型升级和我国智能制造的崛起。政府高度重视智能制造，并将其作为实施制造强国战略、推进供给侧结构性改革的重要途径。智能制造的核心是整合信息化与工业化，与工业 4.0 的理念相互呼应。智能制造的兴起是我国制造业的一次深刻变革，涉及工艺流程、企业组织架构、市场需求响应、创新模式等多个层面。而我国制造业的转型升级和智能制造的进步，对全球制造业格局也将产生重要影响。

一、国家层面的政策支持

我国政府发布了一系列政策文件，包括“中国制造 2025”“互联网+”行动计划等，以支持智能制造的发展。政府通过这些政策鼓励信息化、工业化的深度融合，鼓励探索新型的智慧型生产方式。

我国各级政府对智能制造的政策支持体现在多个方面，从财政资助、税收减免到法规建设，再到人才培养和国际合作等。这些政策的目的是推动制造业转型升级，提高产业的智能化水平，构建现代化经济体系。“中国制造 2025”是我国政府 2015 年出台的十年规划，目标是将我国从制造业大国转变为制造业强国。该计划特别强调了智能制造的发展，包括智能装备和产品以及生产流程和服务的智能化。在财政资助和投资方面，政府通过设立专项资金和引导基金，支持企业开展与智能制造相关的技术改造和产品开发。投入资金用于购置智能制造设备、建设智能工厂、构建信息化平台等，并将这些资金集中用于企业建设。在税收优惠方面，政府推出了包括增值税、所得税、关税减免等一系列针对从事智能制造相关企业的税收优惠政策。政府制定了相关法规和标准，为智能制造的发展提供规范化的指导和保障，涵盖产品安全、数据保护、知识产权以及产业规范等多个方面。建立了工业互联网、新型传感器、智能装备、云计算、大数据等关键领域的技术研发与应用的国家级研发平台和创新中心。国家通过职业教育、合作中心、企业研修等多种方式，实施以企业需求为导向，提高劳动者和管理者技能水平的人才培养和培训计划。引进国外先进技术，共享市场信息，通过与其他国家和地区的合作，促进国内企业走向国际化。设立高新区、自贸区、示范基地等，鼓励地方政府根据当地实际情况，专门制定针对性措施，吸引智能制造相关企业落户。

目前，各级政府的政策构成了我国智能制造发展的坚实基础，并通过各级政府的协调和推动，形成了从国家到地方的政策支持体系。随着政策的不断完善和执行，我国智能制造的发展势头日益强劲，政策效果日渐显现。

二、技术创新与应用

我国制造企业投入大量资源用于工业自动化技术、物联网、大数据、云计算和人工智能的研究与开发。这些技术的应用不仅提升了生产线的自动化水平，还提升了整个供应链的智能化管理和服务水平。

在我国，创新应用智能制造技术成果斐然，技术创新与应用持续向纵深发展。目前，智能制造技术在我国创新与应用的主要领域包括工业机器人、工业互联网平台、物联网等。我国在工业机器人的应用上实现迅猛增长，已经成为全球最大的市场。我国企业不仅大量使用了进口的工业机器人，还通过国内研发和技术创新，培育出了自己的工业机器人品牌和制造商。工业互联网是智能制造的核心，通过连接设备、人和过程来优化生产。我国推出了一些国家级的工业互联网平台，如“工业富联”，支撑起了制造业的数字化转型。我国传感器和无线通信技术的进步，为制造业应用物联网（IoT）（如设备监测、故障预测与维护、智能库存管理等）奠定了坚实基础。我国很多制造企业都在建设智能化工厂，引进数字化车间技术来提升产能，通过自动化数据分析降低成本，在生产过程中实现实时监控、决策，实现智能化优化生产流程。在产品质量控制、需求预测、供应链管理等方面，利用大数据分析和人工智能，对机器学习模型进行训练，实现智能决策。推动制造业向定制化、柔性化生产模式转变。3D 打印技术在我国航空、汽车、生物医药等行业的应用越来越广泛。云计算和边缘计算为帮助企业实现信息资源的集中管理和快速响应，提供了强大的数据处理能力和智能制造的存储能力。增强现实（AR①）和虚拟现实（VR②）被用于产品设计、生产流程模拟训练、远程维护等方面，以提高设计效率和员工的操作技能，减少错误率。数字孪生技术的应用可以创建虚拟的生产线或工

① AR，全称为 Augmented Reality，即增强现实，是一种将真实世界信息和虚拟世界信息“无缝”集成的新技术。

② VR，全称为 Virtual Reality，即虚拟现实，是一种可以创建和体验虚拟世界的计算机技术。

厂，用于模拟、分析、优化实体工厂的生产过程和运营。

这些技术的应用助力我国的制造业转型升级，实现从劳动密集型向技术密集型的转变，从而提高产品质量，降低生产成本，顺应市场变化以及实现可持续发展。随着政府、企业以及研究机构等不断投资和推动技术创新，预计这些领域将继续保持快速发展的态势。

三、帮助转型升级

因为涵盖了一系列先进的自动化分析技术的综合应用，智能制造在助力传统产业升级转型中发挥了重要作用。一是自动化升级。通过引入工业机器人和自动化生产线，能够减少对人工操作的依赖，尤其是在一些简单、重复性和危险的工作环节。这样不仅提高了生产效率，还提升了工人的工作环境和安全性。二是信息化管理。利用企业资源计划（ERP①）、制造执行系统（MES②）、供应链管理（SCM③）等信息化工具，实现物料流、资金流、信息流的高效协同，可以对生产过程进行实时监控和管理。三是质量与效率的优化。应用传感器、数据分析、机器学习等技术对生产过程进行监控和调整，可以提高产品质量，降低废品率；同时，对整个生产过程的优化，还可以进一步降低能源消耗和原材料浪费。四是个性化定制和灵活生产。通过智能制造系统，企业可以更灵活地响应市场、了解消费者需求的变化，实现小批量、多品种、个性化定制的生产方式。五是促进创新和服务延伸。除了制造本身，智能制造还使得企业能够在产品设计、售后服务等环节创新，向更高附加值的业务模式转型，如提供全面解决方案、大数据服务等。

通过这些变革，企业不仅提升了生产效率，降低了成本，还提高了产品的技术含量和市场竞争力。这些转型升级对企业在全球产业链中的位置至关重要，帮助企业从依赖低成本人工的竞争优势转向依靠技术、品质和创新的多元竞争优势，攀升到价值链中更为核心和重要的环节。

---

① ERP，Enterprise Resource Planning 的简称，是建立在信息技术基础上，以系统化的管理思想，为企业决策层及员工提供决策运行手段的管理平台。

② MES，Manufacturing Execution System 的简称，是面向车间生产的管理系统，负责在产品从工单发出到成品完工的过程中，传递信息以优化生产活动。

③ SCM，Supply Chain Management 的简称，是指对整个供应链系统进行计划、协调、操作、控制和优化的各种活动和过程。它涉及从供应商到最终用户的物流、信息流和资金流的集成管理。

四、主要行业智能转型

我国在智能制造领域的发展取得了显著成效，推动了传统产业的转型升级，促使许多行业从劳动密集型向技术密集型过渡。下面以五个行业为例进行分析。

一是纺织业。传统的纺织业是劳动密集型行业，通过引入自动化设备和智能化生产控制系统，纺织企业提高了生产效率，节省了劳动成本，提高了产品种类和质量，逐渐向技术密集型产业转变。二是电子制造业。我国电子制造业拥有雄厚的产业基础，智能制造加强了生产过程中的质量控制，减少了人力依赖，通过引入自动化组装线、AI 检测技术和智能物流体系，显著提高了生产效率。同时，我国的电子制造业已经能够生产更高端的产品，如智能手机、高性能计算机硬件、先进的通信设备等。三是机械制造业。通过应用智能制造的技术，比如机器人、数控机床、3D 打印等，提高了产品精度和复杂程度，向制造高端设备和精密仪器的方向转型。同时，通过集成智能化系统，提升了成套设备及自动化生产线的设计和制造能力。四是汽车制造业。加快了智能化、自动化生产线的建设，提升了生产效率和产品质量。与此同时，我国汽车企业也在向连接高端制造和服务业的电动化、智能网联等新兴技术领域转型。五是重工业和装备制造业。在高速发展基础设施的同时，重工业和装备制造业也在注重产品质量和技术升级，通过智能制造提升了矿山机械、建筑机械、能源设备的设计制造能力。

这些行业的转型升级不仅使我国企业在全球市场上的竞争力得以增强，而且也推动了我国由制造大国转变为制造强国，向着“中国制造 2025”提出的目标前进。然而，在这个转变过程中我国也面临着一系列挑战，比如技术人才的培养、创新能力的提升，以及供应链的本地化调整等，需要政策支持，需要业界付出艰苦的努力才能应对。

第三节 智能制造的工厂案例

我国在促进智能制造发展方面，通过实施一系列的示范项目和建设智能工厂来加速产业的转型和升级。这些示范项目涵盖了从传统制造业到高新技术产业的多个领域，并在不同地区展开，旨在展现智能制造的最佳实践。这些项目和工厂展示了如何通过集成先进自动化设备、智能化管理系统和数据分析工具来提高效率和降低成本。

一、北京的西门子电力自动化工厂

这是采用数字化、自动化和环保型生产技术的西门子在我国设立的电力自动化产品制造基地，被认为是实施工业4.0的典范工厂。这也反映了该工厂在运用先进的制造技术和流程方面处于行业前沿。工业4.0是指当前工业的新阶段，这个阶段以大数据、互联网、人工智能、先进的数据分析和自动化技术等为特征，强调智能制造和网络化生产。工厂采用数字孪生、人机交互界面、物联网装置等数字化技术，实时监控和优化生产过程，以提高效率和生产灵活性。自动化则减少了人工操作的需求，降低了错误率，增强生产一致性。环境友好型生产技术意味着该工厂在运营过程中致力于降低能源消耗和减少废物产生，在保护环境的同时实现了可持续发展。作为实施工业4.0的典范，这家工厂除了为西门子在电力自动化领域的产品制造提供技术支持外，也承担着示范和培训的功能，向其他企业和组织展示如何有效地实现智能制造和自动化升级。

二、东莞的华为智能制造基地

华为在东莞松山湖的智能制造基地代表了其在智能制造领域的先进布局，工厂内采用了大量自动化的生产线和物流设备，以及智能化的管理和监测系统，展示了华为在智能制造和数字化转型方面的进展和投入。该基地利用自动化和智能化技术，致力于降低对人工操作的依赖，提升生产效率和产品质量，同时还强调可持续发展和环境保护。在这个智能制造基地，华为采用了几项关键技术。一是自动化生产线。引进机器人、智能流水线等先进自动化设备，降低人力成本和错误率，同时加快生产速度。二是智能物流系统。使用自动化仓库管理系统和物流机器人，提高了仓储和内部物流的效率，使物料的储存、运输和分拣过程更加迅速和精准。三是数据分析和云计算。收集生产过程中的大量数据，通过数据分析来优化生产流程，云计算技术则支持数据的存储、处理和共享。四是物联网（IoT）技术。将 IoT 设备用于监测生产环境和设备状况，实时收集信息，从而利于维护和故障预防。五是智能监控系统。整合摄像头和传感器数据，实现对生产过程的全方位监控，确保产品质量并及时发现生产瑕疵或安全隐患。通过这些先进技术，华为松山湖智能制造基地不仅提高了其产品的制造效率和品质，而且在智能制造领域起到了标杆作用，为其他制造企业提供了借鉴。这个基地同时也反映了华为在全球供应链动荡和产业升级的背景下，加强自身技术能力和产业链控制力的战略选择。通过建立智能基地，华为能够更好地控制其产品的研发、生产和质量，从而保持其竞争优势。

三、阿里巴巴菜鸟网络智能仓库

该项目通过机器人等自动化技术的运用和数据分析，体现了运用智能制造技术在物流领域的前瞻性，使分拣和配送效率大幅提升。作为阿里巴巴集团在物流领域的子公司，菜鸟网络运营着高度自动化的智能仓库，标志着物流行业对智能化、自动化技术的深入应用。其中体现智能制造的举措主要包括：① 大量的自动化机器人（如自动导引车），它们能够自动搬运货物，完成复杂的分拣任务，这样不仅提高了效率，也降低了人工强度和误差率；② 智能管理系统，利用先进的管理软件和算法，智能仓库可以实现存储空间的最优化使用，准确追踪库存，并智能规划货物的分拣与配送路径；③ 资料分析预测，智能仓库通过对仓储、配送资料的分析，实现动态管理和优化库存，避免出现货物过剩或短缺的局面，从而对需求的变化进行预测；④ 自动分拣线，自动化输送带和分拣系统能快速准确地对包裹进行分类、包装和分发。这在高峰时段，如“双十一”“双十二”等大型购物节时体现出巨大的优势。这一系统的运作依赖于复杂而先进的软件控制系统来指挥、调度机器人的动作，并确保每个订单都能在最短的时间内被处理。这种高度自动化和智能化的仓库极大提升了物流行业的工作效率和响应速度，降低了操作成本，同时也提升了为客户服务的质量。菜鸟网络的智能仓库成为全球物流自动化水平的领跑者之一，为电商物流领域树立了高标准，促进了整个行业的技术革新和服务升级。

四、福耀玻璃深化智能制造应用

福耀玻璃工业集团有限公司，简称福耀玻璃，是我国领先的汽车玻璃和建筑玻璃生产企业之一，也是全球汽车玻璃市场的主要参与者。福耀玻璃由著名企业家曹德旺先生创建于 1987 年，总部位于我国福建省福清市。福耀玻璃致力于深化智能制造应用，通过数字化、自动化技术提高生产效率和产品质量，是全球汽车玻璃行业的领导者。福耀玻璃在智能制造方面的举措主要有：建立了高度自动化的生产线，使用机器人和高端机械设备来完成苛刻的、精确的生产任务，如汽车玻璃的切割、弯曲、强化、涂层等工艺，提高了生产效率，减少了人力需求；引进 CAD（计算机辅助设计）、CAM（计算机辅助制造）等先进信息技术和软件工具，通过数据管理系统实现设计与制造的精确对接和生产过程的精细化控制；部署先进的检测设备和监控系统对生产质量进行实时监控，在减少浪费和降低不良率的同时，确保产品符合严格的安全标准和质量要求；利用先进的物流、仓储技术，通过优化管理加快原料到成品的流转速度，提高物流效率，降低仓储费用。福耀玻璃通过这些举措奠定了其在全球汽车玻璃行业的领导地位，并在技术和制造层面持续推动着行业的前行。福耀玻璃的成功例证展现了我国制造业从传统制造向数字化、智能化制造转型的趋势。

五、小米汽车智能化的制造工厂

小米汽车制造工厂在智能化方面取得了显著成果，不仅提高了生产效率和产品质量，还注重绿色环保和可持续发展。一是高度自动化生产。小米汽车工厂引入了 700 多个机器人，实现了关键工艺 100% 自动化，包括大压铸、冲压、车身连接、车身装配、涂装、总装等。车身车间综合自动化率高达 91%，配合高精度摄像头，实现了黑灯生产。二是智能质检系统。工厂采用了多种智能质检系统，如紫外光全自动在线检测、激光雷达检测、X 光 AI 检测等，确保产品的高质量和精度。例如，紫外光检测精度达到 0.05mm，激光雷达检测同样具有高精度，而 X 光 AI 检测则能在短时间内完成大量零件的检测工作。三是智能物流系统。工厂内部采用自动运输系统，如AMR小车等，实现了中大型零件在不同车间之间的自动运输，提高了生产效率，降低了人工搬运劳动强度，减少了工作误差。四是绿色智能制造。小米汽车工厂在追求高效率、高质量的同时，也注重绿色环保。工厂采用水性环保涂料、高固体分蜡等环保材料，以及干式纸盒喷漆房、高循环比三室RTO直燃处理等环保工艺，实现了废水“零”重金属排放，VOCs排放比北京市标准低50%。

这些智能工厂的建设，不仅体现了智能制造在技术层面的最新进展，同时也推动了行业在商业模式等方面的革新。依托这些示范项目，政府与企业合力创造了一个良好的生态圈，不断吸引着本土创新力量与国际先进技术的加入，共同推动我国智能制造的全面发展。

第四节　国家级智能制造示范区的布局

我国在推动智能制造发展方面，建立了一系列国家级智能制造示范区(区域或园区)，以示范和推广智能制造的高水平应用。这些示范区通常选在具有一定产业基础和创新能力的地区，强化地方政府、产业和研发机构之间的合作，致力于形成智能制造的集群效应，推动整个地区乃至整个行业的升级。

一、浙江宁波智能制造示范区

浙江宁波智能制造示范区侧重于打造传统产业智能化转型升级的引领区。浙江宁波经济发展比较成熟，尤其是制造业发展较快，是我国东部沿海重要城市之一。为了促进产业转型升级和加速智能制造发展，宁波被选定为国家智能制造示范区之一。宁波的智能制造示范区依托当地已有的产业优势，集中发力于推进传统制造业智能化转型。主要聚焦的领域包括高端装备制造、汽车及配件、模具、新材料及化工、家用电器等行业的智能化改造与创新。在制造过程中，智能化示范区充分运用了工业互联网、大数据、云计算、物联网、人工智能等现代信息技术，实现了生产过程的自动化、数据化和智能化，不仅提高了生产效率，还提高了产品质量和企业的市场竞争力。示范区的建设有效提升了区域创新能力和核心竞争力，带动了整个宁波乃至浙江区域智能制造产业的发展。

二、江苏苏州智能制造示范区

江苏苏州智能制造示范区集中展示了高端装备制造、电子信息、新能源及节能环保等领域的智能制造应用。江苏苏州具有雄厚的制造业和高新技术产业基础，是我国东部沿海重要城市之一，也是我国经济最发达的地区之一。苏州拥有较为完整的电子信息、精密机械、高端装备制造等产业链，这为智能制造的深入发展提供了坚实的基础。苏州智能制造示范区享受国家和地方层面的政策支持，包括财政补贴、税收优惠、金融服务等激励措施。该示范区强调技术创新与研发，促进企业技术改造升级，实现生产过程自动化、信息化、智能化。在吸引全球高端智能制造人才的同时，通过与高校和研究所的合作交流，加大智能制造领域人才培养和技能提升力度。苏州智能制造示范区的发展，不仅可以带动江苏全省乃至全国智能制造水平的提升，在全球制造业智能化转型发展中也将扮演重要的角色。

三、广东佛山智能制造示范区

广东佛山是我国重要的制造业基地之一，特别是在家电、机械设备、新材料等领域有着深厚的产业基础。为促进产业转型升级，提升全球竞争力，佛山致力于打造智能制造示范区。佛山拥有众多知名的家电企业，如美的、格力等。该示范区内，这些企业正通过集成智能制造技术，比如物联网（IoT）、机器学习、自动化生产线和高级数据分析等，提升产品质量和生产效率。例如，美的集团在智能制造上的投入，让其在智能化家电产品的开发上取得了领先地位。机械制造业是佛山的另一大支柱产业，智能制造示范区中的机械设备厂商，通过采用高精度的数控机床、机器人、智慧工厂解决方案等技术，优化生产流程，提高产品的智能化水平，并开拓国际市场。新材料是现代制造业的重要基础，佛山在此领域也积极布局，通过智能化技术的应用，强化材料研发和生产环节，提升材料性能和生产效率，开发更具竞争力的新型材料产品。为支持佛山发展智能制造产业，佛山市政府出台了一系列政策措施，对智能制造相关标准规范、企业技术创新研发、资金扶持等方面给予支持，并建立为企业提供研发支持和技术服务的智能制造研发服务平台。通过这些举措，佛山智能制造示范区在家电、机械设备、新材料等领域形成了一定的示范效应，促进了整个区域乃至更广范围内制造业的智能化升级。该示范区的实践经验对其他地区有一定的参考价值，对全国制造业的智能化转型也有参考价值。

四、山东青岛智能制造示范区

山东青岛是我国重要的沿海城市之一，具有得天独厚的海洋资源和地理优势。作为山东省的重要经济中心，青岛在海洋产业方面拥有深厚的发展基础。随着我国大力推进智能制造和工业升级转型，青岛也将智能制造作为发展的重点方向，特别是在高端海洋装备制造和现代海洋产业方面。在高端海洋装备制造方面，青岛拥有一批专业从事海洋工程装备制造的大型企业，智能制造的推进有助于这些企业提高设计制造的精准度、提高生产效率和产品质量。例如，通过引入先进的自动化装备和信息技术，可以提升海洋工程装备和相关服务的国际竞争力。在海洋资源开发方面，青岛打造智能制造示范区的重要内容即智能技术在海洋资源勘探、开发、利用等方面的应用。比如，海底地理勘探采用遥感技术、自动化无人潜水器等设备，以提高资源勘探的效率和精度。在海洋服务业方面，智能化不仅可用于制造业，还可大大提升服务领域的能力。青岛在海洋服务业如海洋物流、海事服务等方面，应用大数据、云计算等信息技术，优化服务流程和提供定制化服务。青岛智能制造示范区采取了包括政策支持、技术研发、人才培养、国际合作等多项措施，投入资金，搭建平台，为本地企业转型升级提供了有力的支撑。同时，借助国内外专业技术力量为装备制造业智能化、高端化搭建国际合作平台，推动装备制造业加快发展。

其他如广东大湾区、苏州工业园区、上海张江高科技园区、北京中关村、宁波杭州湾新区等走在智能制造前沿的区域和园区，也正在形成自己的特色和优势，与示范区一样在智能制造方面具有一定的影响力和效应。更多示范区、示范项目或将随着我国智能制造的不断深入和拓展而浮出水面。

我国正在推动产业结构向更高端领域迈进，希望通过应用自动化和智能制造技术推动产业结构升级，从劳动密集型向技术密集型转变。依靠强大的产能和自动化、智能制造的创新，我国正从传统制造的典范逐步向创造新商业模式转型。我国制造业转型升级的关键驱动力——工业自动化和智能制造将继续对我国的生产方式、产业结构和全球竞争力产生深刻影响。

智能工业与产业转型的另一个表现是新业态的兴起，如定制化生产、远程监控与维护、供应链金融等。随着消费者需求的个性化和服务需求的多样化，传统的大规模、标准化生产已经无法完全满足市场的需求。智能制造技术的应用，使得小批量、个性化、定制化产品的生产成为可能，这为满足个性化需求提供了技术支持。同时，物联网和大数据分析技术的应用，使得对设备的远程监控与维护成为一种经济高效的运维方式，提高了产品的附加值。此外，通过对生产流程和物流信息的实时分析，供应链金融能更准确地把握供应链动态，为企业提供更灵活的金融服务。总之，智能工业与产业转型是智能时代社会重塑的关键环节，通过深度融合信息技术和制造技术，不仅推动了传统产业的升级改造，还催生了新业态、新模式，为经济的高质量发展提供了强大动能。

第二章 智能服务与水平提升

在智能时代背景下，智能化的服务模式正在不断涌现，并以其高效、精准、个性化的特点，深度影响和重塑着传统服务行业的工作方式，并提升其服务质量。智能客服、智能医疗等智能服务是其中的突出代表，它们不仅能够提升服务效率，而且能够在很大程度上提高服务的个性化水平，从而提升整个行业的水平。服务业智能化转型是指在服务业应用新一代信息技术，如人工智能（AI）、大数据、云计算、物联网等，推动服务业由传统模式向智能化、数字化、网络化转变的过程。新一代信息技术的融合与应用正在改变服务产业的面貌，给各行各业的发展带来新机遇。例如，通过人工智能技术应用服务企业，可以更好地理解和满足客户需求，通过个性化和定制化的服务提高服务质量和效率。智能系统能够对一些重复任务进行自动化处理，降低人力成本，提高服务效率。数据驱动决策服务，企业通过大数据的收集、分析和挖掘，可以获得更多的市场信息。对这些数据分析和洞察，能够帮助企业做出更准确的决策，改进经营策略，提高市场竞争力；创新服务模式，智能科技打造服务新模式。例如，可以提供全天候不间断服务的虚拟助手、智能客服、餐饮行业应用的机器人服务员等。这些创新模式扩大了服务行业的范围，提高了服务能力。服务业的智能化转型在服务质量和效率得到提升的同时，也为企业提供了挖掘更多增长点的可能。

第一节 零售行业：个性化与便捷化

传统的零售商业模式利用现代信息技术、人工智能、大数据分析、物联网等高科技，实现了零售行业的智能化改变和提升。智能化的核心在于数据驱动和智能决策，零售企业可以通过对海量数据的收集、处理和分析，实现个性化营销，更好地了解消费者需求，优化库存管理，提升运营效率。

一、智能推荐系统

智能推荐算法通过用户的历史购买数据、浏览行为和偏好，提供个性化的商品推荐，从而实现转化率的提升和客户满意度的提升。零售行业智能推荐是一项关键技术，利用数据挖掘、机器学习和人工智能等技术，预测用户可能感兴趣的商品或服务，并通过分析用户的历史购买数据、浏览行为、评价反馈、个人偏好和社交网络信息等多维度数据，向用户提供个性化推荐。

我国零售行业在智能推荐方面取得了显著进展，这得益于其庞大的消费市场、快速发展的电子商务生态系统，以及对人工智能和大数据技术的广泛应用。阿里、腾讯、京东、拼多多等我国科技巨头都在各自的电商平台上采用了为消费者提供个性化购物体验的高级智能推荐系统。在智能推荐上，零售业的一些关键发展包括：① 个性化的推荐算法。为了分析用户行为、购买历史和偏好，进而提供个性化商品推荐，电商平台普遍采用机器学习技术，包括协同过滤、内容推荐、深度学习模型等。② 多样化的数据集分析。零售平台考虑了多种数据，包括用户的社交网络数据、搜索历史、位置信息、设备类型以及交易数据等，从而对用户丰富的画像有更准确的了解，个性化推荐也更贴切。③ 场景化推荐。零售商通过分析用户在不同场景下的消费习惯，例如在家、工作时、节假日期间等，进行场景化的商品推荐，以增加购买转化率。④ 融合线上线下数据。随着新零售的发展，在线上提供联动推荐，包括将消费者在实体店购物行为在内的线上线下购物数据进行整合，助力打造无缝购物，体验数据维度更加丰富。“双十一”等大型促销活动期间，实时推荐系统可以对用户行为进行瞬时分析，快速调整推荐策略，以应对市场瞬息万变的需求。⑤ 社交电商的兴起。通过用户在社交媒体上的互动，如微信、微博、小红书、抖音等，收集用户的兴趣点和意见领袖的影响力，电商平台可提供更符合用户社交群体趋势的推荐服务。

我国的智能推荐系统在不断进步，为消费者提供了越来越丰富和便捷的购物选择，同时也为零售企业带来更精准的营销策略和更高的销售额。未来，随着技术的进一步发展，我国零售行业智能推荐的应用会更加广泛和深入。

二、智能仓储和物流

近年来，我国的智能仓储和物流领域发展迅速，得益于国家对新型基础设施建设的支持，大数据、云计算、人工智能、物联网和机器人技术的应用日益广泛。

以下是我国目前正在推动应用和发展的智能仓储物流行业的几个案例。一是自动化仓库。无人仓库（如京东的无人仓和阿里巴巴的菜鸟仓库）正在使用自动化，如自动化货架移动系统（AMRS）、自动化存取系统（AS/RS）、自动打包拣货机器人等，大大提高了仓库操作的效率和精准度。二是无人配送。使用无人配送车和无人机递送是智能物流的一大亮点，尤其是在交通拥堵或地理条件限制较大的地区进行小件快递的“最后一公里”配送。三是智能货架通过重量感应、RFID（无线射频识别）等感应技术来实现商品的实时监控和库存管理。苏宁、京东等大型零售商都在利用这一技术来提高库存的精准度，提高补货的效率。四是物流大数据分析。为提高物流效率、降低成本，可利用大数据技术对不同区域的物流数据进行分析，优化运输模式。五是物流云计算和物联网（IoT）。云计算平台和 IoT 设备使得物流信息化水平大幅提升，物流企业能够实时追踪货物位置、环境条件等，确保货物安全高效地送达目的地。此外，在预测市场需求、优化运输路线、智能仓储布局等领域，人工智能（AI）算法正在被用于帮助增强决策的有效性和预见性。

这些智能化技术与应用相结合，不但为消费者带来更优质物流服务体验，还促进了我国智能仓储物流产业的不断发展，提升了企业的物流效率和服务水平。在国内外市场竞争加剧的趋势下，智能化将成为物流企业竞争的关键因素之一。

三、无人零售店

早在2016年左右，我国的无人零售概念就开始兴起，不少初创企业和电商巨头开始探索无人店铺的可能性。比如阿里的淘宝无人店、京东的超市无人店等。2020年新冠疫情暴发后，无人零售店因其非接触自助式购物方式减少了人员接触，得到了进一步的关注和发展。目前，无人零售店在我国的发展已取得显著进展。

在无人零售领域，人脸识别、RFID①（射频识别）、计算机视觉等技术的运用日益成熟。这些技术让顾客能够在无须收银员的情况下自助结算，同时保障支付的安全和便捷。比如，消费者不用通过传统的结账方式就可以进店取货走人。店铺通过传感器、摄像头等跟踪购物行为，通过用户的移动支付账户自动结账。我国的无人零售店结合了最新的信息技术和传统的零售模式，是新零售革命的重要一环。在我国市场中，不同规模和类型的无人零售店陆续出现，如无人便利店、无人超市和自动化售货机。这些店铺覆盖了从食品到日用品等众多商品种类。电商和科技巨头纷纷进入无人零售领域，比如阿里巴巴的“淘宝购物未来店”“盒马X会员店”，京东的“京东无界零售”等，展示了其在技术和资本上的优势。消费者对便捷购物体验的追求，在很大程度上来源于无人零售店的兴起。对于我国年轻又对科技感兴趣的消费者来说，无人零售店提供了一个新奇和高效的购物场景。但无人零售方式也面临着一些挑战，包括技术成熟度、成本和消费者接受度的问题，以及监管方面的问题。在未来，无人零售店有望随着技术的发展和市场的调整，变得效率更高，与消费者的日常生活融合得更好。同时，数据分析的运用将使库存管理与消费者购买体验得到进一步优化。

未来几年，我国无人零售市场有望持续发展，尤其是随着人工智能技术、5G、物联网等新技术的进一步发展，在某些领域，无人零售成为常态的可能性很大。但无人零售如何将线上线下的资源结合起来，在优化消费者体验的同时控制成本，依然是一个重要的课题。

---

① RFID，全称Radio Frequency Identification，即射频识别，是一种无线通信技术。它可以通过无线电信号识别特定目标并读写相关数据，而无须在识别系统和特定目标之间建立机械或光学接触。这种技术常用于物流、身份识别、资产管理等领域。

四、线上线下融合（O2O①）

线上线下融合，是将用户线上预览商品、购买等零售服务，与线下实体店进行商品体验或取货等环节相结合的模式，能让线上线下融合服务真正落到实处。我国的 O2O（线上到线下）零售是随着智能手机和移动互联网的普及而迅速发展起来的。这一模式通过将线上购物和线下零售体验相结合，为消费者提供更加便捷和丰富的购物体验。O2O 不仅限于将线上流量导向实体店铺，还涉及物流、支付、数据分析以及客户服务等多个环节，整体目的是打造无缝的、高效的购物流程。

我国零售行业 O2O 融合主要体现在：① 多渠道购物体验。零售企业提供在线订单、线下取货和体验服务，或者通过线上预查，在线下试穿、试用商品。消费者在购买渠道、物流选件等方面都可以自由选择，享受到的服务也更加个性化。② 线下门店的转型升级。传统的线下门店通过整合线上数据与线下服务，逐步转型为展示中心、顾客体验中心、本地化的配送中心等，以提供更多元化的服务。③ 移动支付及移动应用。支付宝、微信支付等移动支付方式的普及，极大地促进了 O2O 交易的便捷性。同时，零售商通过移动应用提供优惠券、积分奖励、即时购物等功能，增强了用户黏性。本地生活服务、外卖服务等 O2O 模式也被广泛应用于本地生活服务中，通过线上预约、线下服务均可享受。④ 数据驱动的营销。通过分析用户在线上和线下的购物数据，零售商可以对顾客的购物习惯、偏好等有更深入的了解，并据此进行精准营销和商品推荐。⑤ 智能商店和新零售。科技巨头比如阿里巴巴的“新零售”战略，通过整合线上线下商业资源，将实体店铺转变成了智能商店，运用大数据、AI、物联网等科技手段，从而使零售业态更加智能和高效。

随着我国数字化程度的不断加深，O2O 模式在零售领域正变得愈加成熟和多元化。企业在追求 Seamless Integration（无缝整合）的同时，也在努力提升整体的运营效率和顾客满意度。零售行业的智能化转型不只是技术层面的升级，还涉及商业模式的革新、客户体验的重塑以及供应链管理的优化等方面。同时，这个转型过程中也会面临数据隐私保护、技术集成、

---

① O2O，即 Online to Offline（线上到线下），是一种将互联网与线下商业结合起来的商业模式。

人才短缺、渠道冲突等挑战。总之，智能化是零售企业提高竞争力、适应市场变化的重要途径。

第二节　金融服务：自动化与精准化

智能金融服务并不是简单地利用人工智能进行风险评估、智能投顾、智能客服等，而是实现金融服务的自动化和精准化。从某种意义上来讲，正在实现金融、货币、交易等颠覆性的变革。我国的智能化金融服务发展迅速。国家政策鼓励发展的金融科技公司和金融机构也积极运用新技术提升金融服务质量和效率。当前，我国金融服务智能化发展主要有以下几个方面的特点。

一、移动支付的广泛应用

我国是移动支付使用最为广泛的国家之一，以支付宝和微信支付为代表的平台，被广泛地应用于日常生活的方方面面。

我国的移动支付是全球发展最快、应用最广泛的市场之一。几乎所有拥有智能手机的用户都安装了至少一款移动支付软件，如支付宝、微信支付等，而且这些用户频繁使用移动支付进行日常交易，用户普及率非常高。从大型商超、餐饮、娱乐场所到街边小摊、公共交通甚至临时集市，我国移动支付无处不在。商家普遍接受移动支付，多数情况下甚至优于传统的现金交易。除了日常购物、饮食和娱乐消费外，移动支付还涵盖了诸如交通罚款、医疗费用、公共服务缴费等领域，应用场景非常丰富。移动支付并不局限于交易支付，通常会与借贷服务、保险、投资理财等其他金融服务整合，从而让用户得到“一站式”的理财体验。随着我国用户在海外旅游消费的增加，移动支付的使用范围扩展到了全球，越来越多的海外商家开始支持支付宝、微信支付等我国移动支付方式，以便吸引我国游客。移动支付与社交媒体的结合，特别是微信支付，以社交媒体平台微信为基础，充分利用了社交网络的优势，为用户提供了便捷的支付及转账服务，这一独特性使得其传播速度和用户黏性都非常高。从技术层面来看，移动支付技术不断更新，比如通过二维码扫码支付、近场通信（NFC），以及声波支付等新型支付方式的应用，极大地便利了用户。

我国政府提倡减少现金交易，推进无现金社会进程，同时在金融科技领域施行相关支持政策，也助推了移动支付的快速发展。随着技术的不断进步和消费者习惯的持续变化，移动支付以其方便快捷的优点正逐步取代传统支付方式，并不断拓展使用范围和场景。

二、金融科技公司的崛起

我国的金融科技公司在过去的十年中取得了显著发展成效，金融科技行业已经成为全球最具活力和创新能力的行业之一。除了传统金融机构外，众多金融科技公司在智能化金融服务方面发挥着重要作用，如应用大数据、云计算、人工智能（AI）等技术创新金融服务模式的蚂蚁金服、京东金融等。

我国金融科技公司发展的重点主要体现在数字支付、在线借贷等方面。我国有全球最大的数字支付市场，由阿里巴巴集团的蚂蚁集团（旗下有支付宝）和腾讯控股（旗下有微信支付）领导。这些平台的普及和整合使得我国在移动支付领域达到了很高的普及率。金融科技公司在提供在线借贷服务上取得了显著成就，包括个人借贷、小微企业贷款及供应链融资在内的产品得到广泛应用，这在一定程度上解决了传统银行服务无法有效覆盖的问题。我国金融科技公司在区块链、人工智能、大数据分析、云计算等方面的应用是全球领先的。这些技术在开辟新业务领域的同时，也用于提高金融服务的质量、效率和安全性。我们国家的金融科技公司已经开始拓展国际市场，尤其是在亚洲。这些公司都已经开始通过投资、合作伙伴关系，甚至直接设立海外分支机构，在全球金融服务领域扩大影响力。我们的监管策略是步步为营，同时支持金融科技的发展。比如在快速发展的网络借贷市场，政府在防范和应对相关风险、保护消费者权益等方面制定了相应的法规。

当前，我国的金融科技行业智能化发展仍面临着挑战和机遇，包括新的监管措施、市场竞争和技术创新等。这些因素都将对金融科技公司的经营发展战略产生影响。但可以肯定的是，在我国快速变化、不断壮大的行业中，金融科技仍是其中的一员。

三、互联网银行的发展

以微众银行、网商银行为代表的互联网银行，无须传统银行的实体网点，只需通过互联网提供金融服务，就能达到服务成本降低、用户体验提升的效果。互联网银行在我国的兴起，是我国金融科技领域发展的重要一环。其特点是在不借助传统银行网点的情况下，依靠互联网技术提供金融服务，能够覆盖更广泛的客户群体，同时提高效率和可及性。

我国的互联网银行由传统金融机构、互联网公司和其他非金融企业共同参与。蚂蚁集团的网商银行、腾讯的微众银行和百度的百信银行是最早期的互联网银行代表。这些银行一般不设实体网点，靠的是大数据分析，靠的是互联网技术来进行经营。互联网银行除了提供包括存款、转账、支付、贷款等基本银行业务外，还可以提供个性化的财务管理、投资建议服务等。其中针对小微企业的金融服务，由于在传统银行模式下，这一市场往往得不到足够的服务，因此是互联网银行关注的一个重点。互联网银行除了与传统银行竞争外，也需要和新兴的金融科技企业竞争。为了获得更多的市场份额，互联网银行必须不断提升服务质量，开发更加创新的金融产品。新冠疫情加速了数字化转型的步伐，互联网银行由于其非接触式服务特性，在疫情期间显示出强大的发展势头，越来越多的消费者和企业开始使用线上银行服务。互联网银行本身也在进行技术创新，充分应用现代信息技术，如大数据、区块链、云计算、人工智能等，通过技术实现风险控制，提高审贷效率，创造更加个性化的用户体验。我国监管机构对于互联网银行的监管态度日益成熟，监管方式也更趋透明。监管机构推出一系列政策和措施来规范互联网银行业务，防控金融风险，并确保金融市场的稳定性。

随着技术的不断进步和监管框架的渐趋完善，我国的互联网银行将继续发展壮大，尤其是在提升用户体验、创新金融产品、服务小微企业和农村地区等方面有着重要的作用和潜力。但与此同时，也必然面临着诸如数据安全、合规经营、市场竞争加剧等挑战。

四、数字货币的研究与试点

数字人民币是中国人民银行发行的法定数字货币，其法偿性决定了与人民币纸币、硬币一样，得到了我国政府的大力支持。我国的数字货币研究与试点主要指的是中国人民银行（PBOC）① 推动的数字货币电子支付（DCEP）项目②，该项目亦被称为数字人民币（e-CNY）③ 或法定数字货币（CBDC）④。积极探索数字货币的中国人民银行已经在一些地区开始试点，数字人民币（e-CNY）今后或将成为一种新的法定数字货币，在全国范围内推广。

早在2014年，中国人民银行就设立了一个专门的团队来研究和推动数字货币的发展。此后的几年时间里，有关的调研、试验工作始终在紧锣密鼓地开展之中。从2019年底到2020年，数字人民币在几个城市开始小范围试点。试点城市包括深圳、苏州、雄安新区、成都等，以及冬奥会场地。这些试点涵盖了交通、餐饮、购物、政务等方方面面的场景。用户需要下载并注册数字钱包才能使用数字人民币。这个钱包用于存储电子版人民币，用户通过手机等移动设备就能够进行支付和转账操作。数字人民币采用的是“两层运作制度”，即中国人民银行发行数字人民币，先由这些机构兑换给公众使用，再由商业银行等经营机构发行。这种模式旨在融入现有的货币体系，同时降低对商业银行业务的冲击。随着试点工作不断深入，我国政府正在大力推广数字人民币的应用，例如，通过抽奖等方式鼓励市民使用数字人民币进行消费，以及与各大商户和服务提供商合作，使其接受数字人民币支付。在这些试行地区，央行将会在金融机构和商户中推广数字人民币的使用，让公众逐渐适应数字货币的交易方式。央行还将在试行中收集相关数据和用户反馈，以进一步完善数字货币的设计和技术方案，为最终的推广铺平道路。虽然数字人民币目前主要在国内推广使用，但在跨境支付和“一带一路”建设中，我国政府对其在国际交易中的使用是持开放态度的。数字人民币有望继续扩大试验田，或将启动全国推广使用。随着技术路径与监管政策的逐步明晰，数字人民币有望在我国货币体系中发挥结构性作用。

我国金融服务智能化呈现技术驱动、快速创新、与各行业深度融合的

---

① PBOC，中国人民银行的英文 The People's Bank of China 简称。

② DCEP（Digital Currency Electronic Payment），中国版数字货币项目，即数字货币和电子支付工具，是中国人民银行研究中的法定数字货币。

③ e-CNY，数字人民币，字母缩写按照国际使用惯例。

④ CBDC，全称为 Central bank digital currencies，译为中央银行数字货币。

特征。不过，这一领域的发展同时也伴随着风险和挑战，比如数据安全、隐私保护、系统风险等问题。因此，监管机构需要持续出台相关政策来指导和规范市场行为。

第三节　医疗保健：提升质量与效率

智能化医疗保健主要包括智能诊断系统、电子健康记录、远程医疗服务等智能化手段。我国智能化医疗保健的发展已经取得一些显著成果，这一领域在我国的迅猛发展与国家政策支持、市场需求增长以及技术进步密切相关。

一、国家政策对智能医疗保健的支持

我国政府积极推动医疗行业的智能化转型，制定了一系列政策来支持智能医疗的发展，包括《“健康中国2030”规划纲要》，以及一系列涉及人工智能、大数据、云计算在医疗领域应用的指导意见和行动计划。

我国政府对智能医疗保健领域给予了强力支持。一是政策规划方面，包括《“健康中国2030”规划纲要》《互联网+医疗健康》行动计划等在内，我国发布了多个明确智能医疗发展方向的长远规划，均将智能医疗作为重点发展领域。在《新一代人工智能发展规划》中，为了促进医疗服务的升级和优化，明确提出要在医疗健康领域应用人工智能技术。我国政府对智能医疗创业企业在政策、资金、税收等方面给予多方面的优惠和支持，特别是对高新技术领域的创新创业予以鼓励和支持。二是以国家层面的标准推动行业发展，如在医疗信息交互、数据管理、互联网医疗安全等方面建立标准体系，促进不同系统和设备之间的兼容和相互操作。三是形成产业融合的发展态势，鼓励和促进医疗健康领域与互联网、大数据、人工智能等领域的跨界合作。四是对智能医疗相关研究给予资助，支持前沿技术的研发与转化，以及国家自然科学基金、重大科技专项等国家级科研项目。国家卫生健康委等机构推动构建互联网医院，利用信息通信技术提升医疗服务质量和效率。五是制定了相关政策以规范医疗健康数据的开放共享和安全使用，如《中华人民共和国数据安全法》《中华人民共和国个人信息保

护法》，以确保数据在发展智能医疗的同时得到妥善保护。通过这些政策支持手段，我国正在逐步建立起一个智能化、高效率、高质量的医疗保健体系。随着政策的不断完善和实施效果的显现，智能医疗保健将在我国未来的健康事业中发挥越来越重要的作用。

二、智能医疗保健基础设施建设

我国正在积极构建覆盖全国的互联网医院和远程医疗服务网络。为支持数据共享和智能分析，加强建设医院信息系统（HIS）①、电子病历（EMR）② 和医疗健康大数据平台的建设。

我国在智能健康医疗基础设施方面的建设侧重于硬件和软件两个方面。一是医院信息系统（HIS）。我国投入大量资源升级医院信息系统，以支持电子病历（EMR）的全面部署，并通过信息系统实现医疗服务流程的自动化，提升医疗服务质量和管理效率。二是互联网医院建设。我国政府鼓励并支持互联网医院的建设，可以通过在线平台实现预约挂号、咨询、远程诊疗、电子处方和药品配送等，极大地方便了患者，同时也缓解了实体医院的压力。三是远程医疗服务。为了弥补城乡、区域间医疗资源分布不均的问题，我国大力发展远程医疗服务，促进优质医疗资源共享。四是医疗健康大数据平台。我国正在建设医疗健康大数据平台，收集、整合和分析医疗数据，为临床决策、疾病监测、流行病学研究和健康管理等提供数据支持。五是医疗服务智能化。通过推进人工智能应用，如医学图像识别、智能诊断、推荐个体化药物治疗等，提升医疗服务的精准度。六是智能终端和设备推广。在医院和居民家庭推广应用各种智能终端和医疗设备，如智能可穿戴设备、智能家居健康监测设备等，用于收集健康数据，辅助健康管理和疾病预防。通过上述软硬件基础设施的建设和升级，我国的智能医疗保健服务正在不断完善，朝着更加便捷、高效和精准的方向发展。这对于提高国民健康水平，降低医疗费用，优化配置医疗资源等都具有积极意义。

---

① 医院管理信息系统（全称为 Hospital Information System），即 HIS 系统。

② 电子病历（EMR，Electronic Medical Record），也叫计算机化的病案系统，或称基于计算机的病人记录（CPR，Computer-Based Patient Record）。

三、人工智能技术在医疗的应用

人工智能技术在医学影像、病理诊断、个性化治疗推荐、健康管理、药物研发等领域得到广泛应用。例如，AI 影像诊断系统能够协助医生更快、更精确地识别疾病，提高诊断效率。

人工智能（AI）技术在我国的应用领域越来越广泛，涉及方方面面。在医学影像诊断方面，AI 算法在提高医学影像的解读速度和准确率方面展现出巨大潜力，已被应用于帮助放射科医生识别和解释 X 光、CT 扫描、MRI 和超声波图像。常见的应用有检测肺结节、筛查乳腺癌、辅助诊断脑部疾病等。目前出现的智能辅助诊断系统，就是利用大数据分析和机器学习算法，利用 AI 辅助医生做出更精准的诊断。例如，在皮肤病诊断、眼科疾病识别等领域，AI 的表现已经接近或超过专业医生。AI 被广泛应用于个人健康管理，如智能手表和健康跟踪器，它们可以监测心率、血压、睡眠质量等，并提出健康建议。结合基因组学、药物信息和患者档案，AI 有助于为患者制定个性化治疗方案，提高治疗的疗效和效率。AI 技术在新药研发领域的应用不断深化，通过对大量化合物和生物数据的分析，能够加速新药的研发和前期临床试验的设计。机器人辅助手术系统虽然目前在我国还没普及，但在微创手术中实现了高精度的操作，降低了手术风险。随着技术的成熟和政策的支持，AI 在我国医疗保健领域的应用将不断拓展和深化，从而提高医疗服务水平，减少医疗误差，为公众健康保驾护航。

四、在远程医疗服务中的智能应用

随着信息通信技术的快速发展，远程医疗服务实现了跨地域的医疗资源共享和优化配置，尤其是在偏远地区和农村，远程医疗有效地缓解了医疗资源不均衡的状况。移动医疗应用和智能穿戴设备日益普及，让用户能够随时监测自身健康状况，并与医生进行远程沟通。这些智能装置还可以辅助收集和分析健康数据。

我国远程医疗应用人工智能（AI）逐步深入。一是远程诊断服务。AI 可以帮助解读医学影像，如 CT、MRI 和 X 光等，特别是在医疗资源欠缺的地区，AI 辅助的远程诊断服务能够提供专业的意见和建议，弥补医疗资源分配不均的问题。二是智能咨询平台。创建智能咨询平台，可以使用自然语言处理和机器学习技术，通过文字或语音与病人互动，初步判断病人的病情，提供建议和健康资讯，甚至引导病人转向适宜的医疗服务。三是智能健康监测。AI 系统结合穿戴式装置和家庭监测仪器，可对用户心率、血压、血糖等生理数据进行实时采集和分析，发现异常及时提醒用户就医。四是慢性病管理。对于慢性疾病患者来说，AI 系统能够帮助患者进行健康管理、追踪病情变化、提供个性化的饮食和锻炼等健康生活建议，并将长期的病情记录提供给医生便于治疗方案的调整。五是辅助临床决策。在远程医疗服务过程中，AI 可以分析患者的临床数据和最新的医疗研究，给出基于证据的治疗建议，辅助医生制订治疗方案。利用高速通讯网络，专家医生可以通过视频连线，指导远程地区的医生进行复杂的手术操作，甚至利用机器人远程操作进行手术。

人工智能不仅可以提升远程医疗服务的质量和效率，还能够帮助突破地理、时间和资源限制，使更多患者得到及时有效的医疗服务，尤其是在偏远和资源贫乏的地区。随着技术覆盖面的扩大，人工智能未来将更广泛地应用于我国的远程医疗领域。另外，涉及人工智能在医疗全方位应用的智能医院概念在我国不断推进。它主要是通过整合物联网、大数据、云计算等信息技术与医院运营管理，实现诊疗流程的自动化和智能化，提高医疗服务的效率和质量。目前，智能医疗成为投资热点，市场竞争日趋白热化，吸引了大量初创公司和资本投资。展望未来，随着我国对于创新技术研发投入的增加，智能医疗保健领域将继续发展，助力实现更高水平的全民健康保障。当然，也需要注意病人的隐私保护、数据安全等方面的问题。

第三章

智能技术深度融入生活

社会生活的智能化变革，是指随着科技的发展，智能技术在人们的日常生活和社会交往中发挥越来越重要的作用。这些变革不仅改变了人们的生活方式，还带来了新挑战。我国在智能化变革社会生活方面发展得十分迅速，现在智能技术已经实现了多领域的深度融合和应用。这些变化在促进相关产业升级和经济增长的同时，大大提高了人们生活的便利程度，提高了生活效率。不仅如此，我国社会生活的智能化变革深刻地影响了民众的生活方式，乃至社会关系、经济关系。

第一节　移动支付与无现金社会

手机支付其实是一种金融技术，即利用手机设备进行支付交易。移动支付通常涉及使用智能手机、平板电脑或其他移动设备来进行数码或无现金交易，包括近场通信（NFC）、二维码扫描和手机应用支付在内的不同技术，都可以使用这种支付方式。在这种支付方式中，用户的银行账户、信用卡或借记卡信息被储存在移动设备或者特定的移动支付应用中，从而可以便捷地进行支付。移动支付的优势包括交易方便快捷、即时确认并记录支付、无须携带大量现金或银行卡，以及线上线下多样化的支付场景、促进金融普惠发展等。我国移动支付的广泛应用，对居民的生活方式产生了深远影响。

一、移动支付形式：便捷的无现金社会

通过手机应用程序如支付宝和微信支付，用户可以轻松快捷地完成日常交易，包括餐饮、购物、缴纳各类费用等。这减少了携带现金和银行卡的风险。

移动支付是推动现代社会走向无现金支付的一股力量，为消费者和商家提供了极大的便利。一是方便快捷性。使用移动支付可以大大节省交易的时间。用户只需要通过手机应用进行几次点击，即可完成支付，无须排队提款或在收银台等待找零。二是安全性。移动支付平台通常会使用高级加密技术来保护交易数据，并使用多因素身份验证来确保支付安全。三是减少现金和硬币的使用。这有助于减少对纸币和硬币的需求和流通，同时降低管理和运输现金的成本，减少假币流通的可能性。四是灵活性。用户可以在任何接受移动支付的地方进行消费，不会因为没有携带现金或者银行卡受到阻碍。五是跨平台功能。很多移动支付系统让用户不仅可以在实体店进行支付，还可以在网店、公共服务支付，甚至完成个人之间的转账。六是交易记录可以方便用户对自己的支出进行跟踪，有助于个人理财。移动支付还体现在金融包容性和环境友好性。对于那些传统银行服务不足的地区来说，移动支付提供了获取和使用金融服务的机会，有助于提高金融普惠，减少对纸质货币的依赖，还有助于环境保护，降低制币的环境成本。

要完全实现无现金社会还需要克服一定的障碍，如确保所有人都能有平等的接入机会、解决网络安全风险、改善网络硬件设施以及建立移动支付的规范和法律框架等。尽管这样，全球许多国家和地区正迅速朝这个方向前进，不断地推广和完善移动支付系统。

二、移动支付体验：线上线下融合

移动支付体验中的“线上线下融合”指的是一种支付模式，即通过无缝连接线上和线下的支付场景，给消费者提供连贯、便捷的支付经历。移动支付已经深入到线下店铺，从大型超市、餐厅到街边小摊，几乎无处不在。消费者的购物体验因此更加无缝和方便，实现了线上线下融合。

首先是一种无缝体验。真正融合线上线下支付的体验应该是无缝的。这意味着无论是线下体验产品后支付，还是通过线上平台进行移动支付，

消费者都可以在线上先浏览商品或服务，再通过移动支付在实体店完成购买。其次是实体与虚拟的融合。在实体商店可以使用移动设备完成支付，例如通过 NFC 技术进行接触式支付。同时，线上商城可以通过提供线下体验店或展示中心，让消费者在决定购买前亲身体验产品。最后是预订与即时消费。移动支付体验让预订服务（如餐厅订座、电影票预购）和即时消费（如便利店和咖啡店的快速购买）都变得更加方便快捷。

这种线上线下融合的消费体验，有助于强化消费者信心。通过稳定的线上线下融合支付体验，信任得以建立，当消费者在不同的支付场景（无论是在线上网站、App，还是线下的店铺、展览会）都能得到一致的体验时，会增强消费者对品牌的信心和忠诚度，也可以促进消费者决策。比如，消费者可以在线下通过实物质量的体验，查看产品的详细信息、评价、比价等，让购买决策变得更加周全便捷，还可能融入一些社交元素。社交媒体平台和移动支付融合让支付不仅仅是完成交易行为，还可以包含分享、推荐等社交元素，这为品牌营销和传播带来了更多可能性。

线上线下融合的移动支付体验不断推动零售行业的发展，为实体商家和电子商务企业创造了新的增长机会，并提高了客户满意度。融合了线上线下的移动支付体验是推动数字经济和智慧生活方式的重要力量，是当今零售业和服务业的重要趋势之一。它不仅改变了消费者的支付习惯和购物体验，也为商家提供了新的运营模式和业务增长点。

三、移动支付拓展：智能家居生活

移动支付在智能家居生活的拓展，是另一个代表着技术融合和生活便捷化的趋势。随着物联网技术的发展，智能家居设备如智能锁、智能灯光、智能音箱等越来越多地被引入日常生活中。移动支付技术与智能家居的结合，不仅提升了居家体验，还进一步拓宽了移动支付的应用场景。

现在的家居一键支付、自动化订购、能源管理等，进一步使家居生活便捷化。一键支付，指用户可以通过智能家居设备，如智能音箱或智能冰箱等，连接到移动支付平台进行远程支付，如在线购物或支付账单等，让家居生活更加便捷。自动化订购，指智能家居设备能够监测耗材使用情况，并在需要时自动通过预设的移动支付方法进行订购，例如，智能冰箱能在食品耗尽时自动重新订购，确保家中物资充足。能源管理，即智能家居系统通过移动支付可以实时监控和管理家中的能源使用情况。比如，用户可以通过手机应用程序支付电费，并根据使用情况优化能源消耗，降低花费。另外还有便捷租赁服务，比如智能锁等智能设备可与移动支付系统结合，方便租房业务。房东可以对收取租金进行远程管理，租客可以在手机上完成租金的支付，开关控制还可以对门锁进行控制。

移动支付可以配合智能家居设备使用，通过语音指令、自动化场景、个性化服务等功能，为用户提供更贴心的使用体验。移动支付在智能家居中的不断拓展，不仅提高了居家生活的智能化和自动化水平，也为消费者带来了前所未有的方便和效率。随着时间的推移，我们可以预见，智能家居与移动支付的结合将会更加深入，推动智能生活方式的普及，进一步提高生活质量。

四、移动支付管理：优化财务支出

移动支付在家庭财务管理中的优化表现：一是实时交易追踪。家庭成员可以通过移动支付应用，实时追踪支出和账单支付情况。许多应用程序还提供了交易通知，帮助家庭及时了解资金流动的详情。二是预算和支出管理。一些移动支付应用内置预算管理工具，家庭成员可以设置月度预算，跟踪开支，确保不超出预算限制。通过分类消费，家庭还可以更加清晰地了解金钱的去向。三是简化账单支付。可以通过自动缴费键选项，简化家庭支付定期账单的过程，如水电费、房租、房贷或信用卡账单等，避免因账单延期而产生额外支出。四是轻松分账功能。当家庭成员需要共同分享某些家庭费用时（比如共同购物、旅游费用等），移动支付应用通常具备分账功能，可以方便地计算每个人的份额并即时转账。五是提高资金安全性。通过使用移动支付，家庭可以减少持有现金的风险。移动支付通常需要多重验证才能进行交易，能提供较高的安全保障，从而降低诈骗或盗窃的风险。另外，家庭也可以通过移动支付平台进行投资和储蓄操作，如购买定期存款、基金或其他投资产品，利于家庭资产的增值。还可以进行应急资金的快速转移，在紧急情况下，家庭成员可以通过移动支付快速转移资金，以应对突如其来的财务需求。通过移动支付应用，家庭可以方便地访问当前和历史交易数据，有助于掌握过去的消费模式及制定未来的财务计划。

移动支付使得家庭财务管理更加便捷、高效，改变了家庭成员监控、控制和规划财务的方式。这不仅节省了时间，也提升了财务管理的透明度。随着时间的推移，预计会有更多财务管理工具嵌入移动支付系统中，使家庭财务管理变得更加智能化和个性化。移动支付的便利性降低了消费门槛，刺激了消费和经济活动，同时也推动了我国向无现金社会的转型，尤其在一线城市，现金的使用场景越来越少。移动支付无论是对生活还是商业活动都具有积极影响，已经成为现代社会不可或缺的支付方式之一。随着技术的不断进步，移动支付有望在未来继续发挥重要作用，并不断完善和创新。

第二节　共享经济与新生活方式

共享经济是一种新兴的商业模式和经济活动方式，主要以在线平台为基础，通过社交网络和技术的支持，促进个人或组织之间的资源共享、服务分享和交换。在传统经济中，人们通常是通过购买或租赁来获得所需的商品和服务，而在共享经济中，人们更加强调通过共享和合作来满足自身需求。共享经济的核心理念是将闲置的资源（如房屋、车辆、工具等）或个人技能（如设计、编程、翻译等）转化为可共享和交易的经济价值。我国共享经济的崛起，对我国居民的生活方式产生了显著影响。

一、智能的共享出行方式

我国智能出行方式的发展近年来取得了显著进步，这得益于其庞大的市场需求、科技创新、国家政策支持以及消费者接受度的提高。比如，共享单车（如青桔、美团、哈啰单车）和共享汽车服务（如滴滴出行）为用户提供了便捷的出行选择，减少了对私家车的依赖，并促进了绿色出行。

目前，我国智能出行方式有多种。一是网约车服务。以滴滴出行作为代表，为消费者提供了便捷的叫车服务，并且加入了智能调配和动态定价系统，提高了出行效率。此外，在这一领域竞争的还有美团打车等其他公司。二是共享单车。青桔、哈啰等共享单车服务在我国迅速普及，大大便利了用户的短途出行，并推动了“最后一公里”出行方式的变革。此外，近些年来，共享电动滑板车也开始在市场上试水。三是智能公交系统。我国多个城市部署了智能公交系统，通过大数据分析乘客流量，优化公交路线和班次安排，实时查阅到站情况，改进了城市公共交通服务。四是自动驾驶技术。我国在自动驾驶技术研发上加大投入，许多公司如百度、蔚来、小鹏等积极进行自动驾驶汽车的测试和开发。百度 Apollo 平台是国内领先的自动驾驶技术平台，已经开始在特定区域和场景下部署无人车运营服务。五是智能交通基础设施。我国为改善道路拥堵状况，提升出行安全，大力推进包括智能停车系统、交通信号灯管理系统、智能指示牌等在内的智能交通基础设施建设。六是高速铁路与磁悬浮列车。我国已建成全球最长的高速铁路网络，并正在对速度更快的磁悬浮列车进行技术研发和试验，这将使城市间的乘车时间进一步缩短。

虽然我国的智能出行方式取得了诸多进展，但在安全、监管、用户隐私保护等方面仍面临着挑战。为推动更安全、高效的智能出行服务，政府部门和各行各业都在积极探索相应的策略和解决方案。

二、智能的共享办公环境

共享办公环境，也称为联合办公（Co-Working）空间，近年来随着国内创业热潮和新型商业模式的兴起，发展迅速。共享办公空间（如 WeWork）提供了弹性租用办公桌或办公室的便利，促进了创业公司和自由职业者的增长，改变了传统的办公室文化。

共享办公空间提供了多种便利与智能化服务，具有这样几个特点：一是弹性租赁，相比于传统的办公室租赁，共享办公空间提供更加灵活的租赁方案，包括按月租赁、按座位租赁以及按时间租赁等，方便不同规模的企业和个体工作者的需要。二是设施完善，共享办公空间通常提供了现代化的办公设施，包括高速网络、会议室、休息室、打印复印、咖啡吧等，以满足办公需求和增强工作体验。三是办公文化，共享办公空间强调共同体建设，举办各种活动和交流会，以营造积极的工作氛围，并促进入驻公司和工作者之间的交流与合作。四是智能化管理，许多共享办公空间引入了智能化管理系统，比如通过 App 预定办公区域、会议室，使用智能门禁系统控制入口权限，以及利用物联网设备监控和管理办公环境。五是地理位置优越，共享办公空间多选择在商业中心区域、交通便利的地带，方便企业和工作者的日常出行，同时也便于商务合作和交流。六是配套服务支持。除了基本的办公设施和服务，部分共享办公空间还提供财务、法律、人力资源等配套服务支持，特别有助于创业公司和小微企业。

我国的一些知名共享办公品牌包括 UrWork（优客工场）、WeWork① 中国、Kr Space（氪空间）等，它们在国内的主要城市设有众多联合办公空间，并且与时俱进地不断升级设施与服务，以吸引更多的租户并满足他们的工作需求。然而，随着市场的逐渐饱和和经济的波动，共享办公领域也在经历调整和优化，未来发展将更加注重服务质量、成本效益和商业模式的可持续性。

三、智能的共享住宿选择

我国的共享住宿市场起步于 2010 年左右，灵感来自 Airbnb② 等国外成功的模式。随着经济的发展和旅游业的繁荣，我国共享住宿选择越来越多样化，也越来越智能化。这些服务不仅满足了消费者住宿的需求，同样也为房产所有者提供了一种将闲置资源变现的途径。

目前，我国共享住宿有多种类型。一是短租平台，类似于 Airbnb 的短租平台在我国越来越受欢迎，如途家网、爱彼迎（Airbnb 的中国业务）、小猪短租等。这些平台通过提供在线预订系统、智能门锁进入、智能化房源管理等功能，使得房客和房东交易更为便利。二是民宿。我国的民宿业务在风景名胜区、历史文化村镇、城市周边等地方获得了迅速发展。相比传统酒店，民宿通常提供更具有本地特色的居住体验。很多民宿开始采用智能化管理系统，如智能预订、智能门锁系统、智能家居设备等，提升旅客入住体验。三是品牌公寓。如蛋壳公寓、青客公寓等品牌长租公寓也是共享住宿的一种形式。它们以标准化及智能化的管理模式快速扩张，在提供家具家电的同时，也使用智能门锁、智能水电气计量等，强调安全性和便捷性。四是度假村。针对度假旅游市场的共享住宿选择也在不断增加，许多度假村配备了智能化的预订系统、房间服务和场所管理，致力于通过科技改善游客的住宿体验。五是朋友圈、社区群组共享。除了正规的共享住宿平台，还存在着基于信任的私下房间共享，特别是在微信朋友圈、QQ 群组等社交网络中，人们时常分享自己的空置房源信息给朋友。

---

① WeWork 是一家总部位于美国纽约的众创空间，也是全球最大的联合办公空间运营商之一。

② Airbnb，中文名称为爱彼迎，是一家全球知名的民宿预订平台。

整体而言，在线预订便捷、移动支付智能、入住智能化、服务与管理个性化是我国共享住宿市场的智能化表现。共享住宿平台使用户可以租住本地人的房间或公寓，在为旅行者提供更多元化住宿体验的同时，也为房主创造了一个财源。然而，随着市场的发展，共享住宿也面临着监管、安全、隐私以及服务质量等方面的挑战。政府和业内人士正致力于建立和完善相应的规范和标准，以保护消费者权益，促进市场健康有序地发展。

四、其他的共享生活服务

共享生活消费是指人们共享与使用各类生活消费品和服务，这种模式通过降低个体使用成本，增加资源利用效率，已成为现代消费的新趋势。共享平台还延伸到其他领域，比如共享充电宝、共享雨伞等，极大地提高了日常生活的便利性。还有一些金融服务，P2P 借贷和众筹平台的兴起使得个人和小企业能够更容易获得资金，改变了传统的融资方式。网上二手交易和共享平台（如闲鱼）鼓励循环使用物品，减少浪费，促进可持续消费。共享经济促使消费者从拥有转向使用，人们更注重体验而不是物质占有，这促进了更加环保和高效的资源利用。

其他的一些生活服务，比如共享充电宝。在众多公共场所（如餐馆、商场、机场等），共享充电宝服务提供了便捷的手机充电解决方案。用户通过扫描二维码租赁充电宝，使用后随时归还至任一服务点。还有共享雨伞、共享购物车等，在雨天的商圈、公交站点提供方便，以及在超市、商场内提供共享购物车服务，这些服务通常通过 App 来管理租借和归还。再比如共享健身，有健身房会员共享、运动器材共享等，让用户能够更加灵活地安排自己的健身计划。

这些智能化共享通常依赖于先进的技术支持，如物联网、移动支付、大数据分析和云计算等。它们在提升用户体验的同时，促进了资源的高效使用。这些变化所带来的便利和经济利益，促进了我国共享经济的突飞猛进，同时也引领了社会文化的新潮流。然而，共享经济与传统消费模式不同，面临法律法规、隐私保护、服务质量以及信用体系挑战，如监管问题、质量控制、数据安全和用户隐私等。政府和企业都在积极探索如何更好地发展共享经济，以保障各方的合法利益，维护市场秩序。

第三节 智能交通与出行自由化

我国投入巨资发展智能交通，在城市智能交通系统建设、研发自动驾驶技术、推广电动汽车等多个方面取得了令人瞩目的成绩。

一、智能交通的政策支持和规划

我国政府在智慧交通领域制定了一系列的政策和规划，比如《交通强国建设纲要》《智能交通系统发展战略》等，明确了智慧交通系统的发展目标和路线。这些政策促进了相关技术和应用场景的发展。

高度重视科技创新体现了我国政府对智能交通的政策支持和规划。早在 2012 年，交通运输部就发布了《关于加快推进智能交通系统建设的指导意见》，随后又出台多个相关规划，不断完善智能交通系统的建设与发展。《交通强国建设纲要》是为统筹推进交通强国建设制定，由中共中央、国务院于 2019 年 9 月印发实施。这是我国政府提出的一项长远规划，旨在通过技术创新和制度创新，将我国建设成为交通强国。智慧城市的建设在我国《国家新型城镇化规划（2014—2020 年）》等文件中得到了强调，其中构成智慧城市重要组成部分的就是智慧交通。《“十四五”交通强国发展规划和 2035 年远景目标纲要》的编制，以习近平新时代中国特色社会主义思想为指导，坚持新发展理念，突出统筹兼顾、绿色智能、改革创新、内外联动、安全发展，确立发展目标、主攻方向、重大任务和重点工程，为加快建设交通强国提供了原则遵循。另外，我国对自动驾驶汽车的测试和商用化有明确的规划和目标。例如，原计划在 2025 年前实现部分自动化驾驶车辆的商业化运营。同时，针对智能交通领域的监管，我国有关部门也在制定配套法规。例如，对自动驾驶汽车测试和路权分配等问题进行立法工作，保证技术的发展在安全有序的环境中进行。这些政策支持和规划覆盖了广泛的领域，通过政策引导和资金投入，推动了我国在智能交通领域的快速发展。随着政策的不断落实，我国智能交通系统有望发挥重要作用，提高运输效率，保障交通安全，降低环境影响。

二、智能交通技术应用和创新

我国技术公司在智能交通系统及智慧交通领域进行了大量的技术应用和创新。智慧交通系统涉及大数据、云计算、人工智能、物联网等多个领域。科技公司例如华为、腾讯、阿里巴巴、百度等，都在大力进行智慧交通相关的技术研发和应用推广。

大数据应用方面，主要是通过分析海量交通数据，预测交通流量、优化路线规划、提前识别可能的拥堵点等。我国有大量的用户数据，比如移动互联网和支付系统这些数据，可以提供给进行深度分析和决策支持的智慧交通系统。云计算平台为支持实时数据大规模数据存储的智慧交通系统提供了强大的计算资源。企业提供强大的云服务能力，如华为、阿里云等，让交通信息处理更快速、更智能。人工智能（AI）技术在智慧交通中扮演着核心角色，用于图像识别、语音交互、自动驾驶等多个方面。例如，通过 AI 技术，交通监控摄像头能够实现自动识别交通违法行为，自动驾驶系统能够实现复杂环境下的车辆控制。物联网（IoT）技术使得车辆、道路设施、交通信号灯等各种终端设备可以相互连接和通信。它为实现车辆与车辆之间、车辆与道路基础设施之间的信息交换（V2X 通信）提供了可能。车联网技术作为未来交通网络的关键技术之一，是车辆在智能交通体系中实现智能化的基础。我国公司如华为在 C-V2X（蜂窝车联网）方面已经进行了深入的研究和推广应用。自动驾驶技术是智慧交通系统的核心组成部分，我国在这方面也展现出雄厚的技术实力。百度的 Apollo 平台为自动驾驶研发提供了一个开放性的合作平台，并吸引了全球众多车企和技术公司的参与。此外，随着 5G 网络的推广，我国智慧交通的相关技术和应用有了更广阔的发展空间，5G 网络的低延迟和高带宽特性能够极大地提升智慧交通系统的实时反应能力和数据处理能力。我国科技公司的积极参与，不仅促进了国内智能交通技术的发展和应用，也使我国在世界范围内发挥了创新和推广智能交通的重要作用。随着我国市场的不断扩大和技术的持续进步，预计这些科技企业将继续在智能交通领域发挥领先的作用。

三、我国的智能交通系统建设

我国的智能交通系统建设是国家战略计划的重要组成部分，致力于通过先进的信息通信技术改善交通管理，提高交通效率，并促进交通系统的可持续发展。近年来我国在智能交通系统（ITS，Intelligent Transportation Systems）的建设方面取得了显著进展。

在城市交通管理系统建设方面，我国许多城市都在推行智能交通信号系统。它利用传感器、摄像头和数据分析软件，对城市道路状况进行监测和管理，实现交通信号动态调整、交通流量优化以及拥堵程度降低。我国大力推广高速公路电子不停车快捷收费系统（ETC），以提高收费效率和减少拥堵。截至 2023 年，我国 ETC 用户数量和覆盖范围都已经达到了世界领先水平。一是推进公交智能化建设。我国大城市通过推进公交车辆 GPS 定位、电子客票、实时乘客信息系统等建设，方便市民规划出行，提高公共交通使用效率，实现公交系统智能化。建设包含智能监控、交通设备管理、交通指挥等多种功能的智能路网系统，通过安装传感器和摄像头，对重要路段、交通流量控制、事故应急响应等进行数据分析。二是推动智能停车管理。利用物联网技术、大数据分析等手段，开发和部署智能停车解决方案，减轻城市停车难问题。推动车联网（V2X）技术应用，我国正在推进自动驾驶技术发展中尤为重要的车辆与道路基础设施之间的通信技术。相关技术的测试和应用正在多家汽车制造商和技术公司展开。三是推动自动驾驶技术应用。我国在自动驾驶技术的研发和应用上也取得了很大的进步。一些城市已经开始布局测试区域，并允许无人驾驶车辆在特定区域和条件下进行路测。不断提升公众出行体验和城市运行效率，最终实现交通强国的目标，就需要建设互联互通、高效便捷、绿色环保的现代化交通网络，这也是我国智能交通系统建设的目标。随着技术的发展和城镇化进程的不断推进，可以预见我国智能交通系统将继续得到加强和优化。

第四节　智慧城市与高品质生活

智慧城市的建设是一项全面而复杂的系统工程，涉及城市治理、信息技术应用、基础设施建设和服务提升等多个方面。智慧城市旨在通过集成和应用新一代信息技术，提高城市管理的智能化水平，改善城市居民的生活品质，实现经济、社会、环境的可持续发展。

一、政务服务的电子化

电子政务是使用信息和通信技术来提供政府服务、交易处理、信息沟通等，以提高政府的工作效率、透明度和公民参与度。我国推行了一系列电子政务工程，在网上办事、政务数据公开等方面不断推进。

推行政务服务平台电子化、网络化，使政务服务更加方便快捷，为群众办事提供便利。例如，我国为降低行政成本，提高工作效率，推出了通过政务服务网、手机App等平台提供在线服务的“互联网+政务服务”模式。全国已推出“政务服务网”“全国政务服务平台”等多个支持网上政务的电子政务平台。随着智能手机的普及，移动政务服务发展迅速，很多政府服务可通过手机应用提供，如“支付宝城市服务”和“微信城市服务”。我国政府不断推进内部流程和公共服务的数字化改造，以提升数据处理和服务交付效率，也正在努力实现政府部门之间数据的共享，并逐步推动数据的开放使用，以支持更加透明和高效的决策过程。电子政务不限于政府与公民之间的互动，我国还放宽了跨境电子商务的规定，促进电子政务在国际贸易中的应用。随着电子政务服务的发展，我国政府也在不断加强对信息安全和公民个人隐私的保护。

我国在电子政务推进方面正在不断发展。随着技术的进步，我国政府为提高服务效率和灵活性，越来越多地将云计算和大数据技术运用到电子政务领域。这一举措包括建立政务云统一平台，利用大数据分析推动决策支持与资源优化。为提高服务质量和政府工作智能化水平，我国政府积极探索将人工智能应用于电子政务服务，其中就包括利用人工智能进行信息分析的智能客服等。在电子政务框架下，加强不同政府部门之间的协调和合作至关重要。我国已经在推进政务服务“一网通办”方面努力打破信息孤岛。保障网络安全和数据保护，成为电子政务规模不断扩大的重中之重。我国在网络安全和数据隐私领域，通过相关法律法规的制定和完善不断提高标准。

二、数字基础设施建设

我国智慧城市建设以加强5G、物联网、云计算等新型基础设施建设为主，为智慧城市发展提供技术支撑，数字基础设施是其核心组成部分。

数字基础设施建设包括很多方面，在智慧城市的建设中都得到了重点关注。一是宽带网络和5G部署。智慧城市的关键支撑技术是宽带互联网和第五代移动通信（5G）网络。我国在这两方面进行了大量投资，推动5G网络的广泛布局，意在提供高速、低延迟的互联网服务，为城市各种智能应用提供基础。二是物联网（IoT）。IoT技术可以让城市设施和服务与网络相连，实现数据的收集和实时交换。我国在物联网基础设施，包括智能交通、环境监测等系统的发展方面投入巨大。三是云计算平台。云计算是智慧城市数据和应用服务的核心。为了集中管理大量数据，提供灵活的计算资源，我国政府鼓励利用云平台支持城管、政务服务和企业发展。四是大数据中心。为帮助决策者了解城市运行状态并做出决策，大数据中心用来处理和分析收集城市的各种数据。我国在多个城市设立了大数据中心，支持智慧城市的运营。五是智慧公共服务。包括智能医疗、在线教育、智能安防等服务的基础设施，旨在使用数字工具改善居民生活质量和提供便利。六是一卡通系统建设。可集成公交、身份验证、缴费等多重功能的多功能智能卡系统或移动支付服务，方便居民生活。七是城市管理和服务平台建设。智慧城市综合管理平台等多个管理系统和服务集成的平台，可以对城市管理的各项活动进行统一协调，提高应急响应和日常运行维护的效率。智慧城市将这些基础设施整合起来，可以优化资源配置，提高城市管理效率，提高人民生活水平，对经济发展起到推动作用。关于智慧城市建设的未来，随着技术的进步和政策的完善，对可持续性、包容性、居民实际体验服务等方面的关注将会越来越多。

三、集成数字平台建设

在我国智慧城市的发展过程中，实现城市智能管理与服务一体化的关键一环就是融合数字平台。这些平台通常被设计为承载大量数据处理和应用服务功能的政府部门、企业和为公民提供支持的平台。

目前的一些重要的集成数字平台建设方向：一是城市运营管理中心（城市大脑）。这些中心通过整合来自城市各种传感器和系统的实时数据，如交通信号、监控摄像机、气象站等可以进行城市运行监测、预警、分析和决策支持。二是政务服务平台建设。实行政务信息化、服务自动化，提供一站式政务服务。比如行政审批、社会保障、身份认证等服务，市民可以通过政务服务网或手机 App 轻松完成。三是公共服务平台建设。构建包含医疗卫生、教育资源、交通出行、社区服务等多方面内容的、以居民为中心的综合服务体系。四是智慧交通平台建设。为优化交通流量，减少拥堵，将交通管理、智能导航、公交系统、出租车调度、停车场管理等功能融为一体。五是环境监控平台。将空气质量检测、水质监测等环境数据进行整合，为环保提供科学依据，持续监测。六是安全监控与应急响应平台。整合公共安防摄像机监控网络等各类安防监控系统以及应急管理系统，对突发事件、灾难进行快速响应。七是社区服务平台。用于包括智慧家庭、社区医疗等服务在内的品质提升。八是推动不同政府机构、部门间信息共享和业务协同，打破信息孤岛的数据交换与共享平台。九是数字化企业服务平台。这些平台依靠科技的结合和应用，比如云计算、大数据、物联网、人工智能，为企业提供包括工商登记、纳税服务、财务支持等在内的数字化的各种服务与支持。我国强调标准化建设，注重数据安全和个人隐私保护，在推进智慧城市发展的过程中，力求让技术服务于城市管理效率的提升和居民生活品质的提升。

得益于技术的不断成熟和创新，得益于国家政策的不断推动，我国智慧城市建设进展较快，北京、上海、深圳、杭州等多个城市已启动并实施相关智慧城市建设工程。未来几年，我国智慧城市的建设将更加深入和广泛，将为居民提供更加智能、便捷、绿色的居住环境。

第四章

智能治理与社会秩序

社会治理是指通过一系列机制、流程、关系和制度，对社会运行进行指导、协调、管理和控制的一种社会治理方式，其以维护社会秩序、增进民众福祉、推动社会公正和永续发展为目标。智能科技成为现代社会发展的重要推动力。智能技术在社会治理领域的广泛应用，不仅是我国技术发展的体现，更是适应社会治理模式变革的必然结果。

第一节　社会治理中现代技术的应用

我国社会治理中，现代技术的应用广泛而深入。其运用体现多方面，且正推动社会治理朝着更有效率、更加精细化的方向发展。

一、大数据

大数据技术被广泛应用于社会治理的各个领域，如公共安全、城市管理、环境保护等。政府通过对海量数据的收集和分析，可以对社会动态、民生需求等有更准确的了解，从而做出科学的决策。例如，在公共安全领域，大数据技术可以帮助政府实时监测和分析社会安全形势，预测和防范潜在风险。

大数据在监测分析社会治理中占有重要地位。通过大数据分析技术，政府可以对社交媒体、新闻网站等渠道进行实时监测，了解公众对社会热点、政策法规等的态度和看法，及时发现和应对可能引发社会不稳定的问题。这对政府更好地掌握社会舆论，提高决策的科学性、民主性，都有很大的帮助。比如公共安全与应急管理，通过视频监控、智能交通等系统采集、分析数据，提高城市治安等级和交通管理效率，可以利用大数据进行城市公共安全领域的应用。在应急管理方面，大数据能够对各种风险因素进行实时监测和分析，对自然灾害、意外灾害等造成的损失做到提前预警、快速反应。再比如社会信用体系建设，大数据可以建立完善的社会信用体系，通过整合政府、企业、个人等各方面的数据资源，记录和惩戒失信行为，这对维护社会稳定，提高社会整体诚信水平都是有一定帮助的。在城市规划与管理方面，通过分析人口流动、交通拥堵等数据，优化城市空间布局和交通网络设计，将大数据用于城市规划和管理领域。同时，大数据也能对城市环境状况进行实时监控，使城市管理精细化程度得到提升。大数据能够帮助政府在优化配置公共服务资源方面更好地了解民众需求从而优化服务。例如，通过医疗、教育等公共服务领域的数据分析，政府可以制定更加科学合理的政策，提高公共服务的质量和效率。显然，大数据在社会治理中大有可为，但在实际应用中，确保大数据在社会治理中发挥积极作用，还需要重视数据的隐私保护、数据质量和安全性。

案例：江苏昆山应用大数据技术提高社会治理效能

昆山市在社会治理中充分利用大数据技术，显著提升了治理效率和民众满意度。首先是公共智慧底座建设。昆山市在全国县域范围内率先建设公共智慧底座，统一各类数据标准规范，汇聚全域信息、视频、算法等数据要素，打破“数据孤岛”，消除“数据烟囱”。这一举措为各类智慧场景应用建设提供了有力支撑。其次是数字化应用场景开发。昆山市开发了一批“切口小、方法巧、效果灵”的数字化应用场景，如“鹿路通”城市服务总入口、“牡丹停”智慧停车应用、“畅行昆山”智慧交通服务平台等，这些应用覆盖了住房、出行、医疗等多个领域，为市民提供了便捷高效的服务。三是推进社会治理现代化水平。通过大数据平台，昆山市实现了多部门、多层级联防联动，有效提升了社会智治质效。例如，昆山市社会治理现代化综合指挥中心整合了“12345”、网格化、数字城管等业务系统，实现了突发事件的统一指挥和快速响应。四是推进民生问题的快速解决。昆山市利用大数据平台，及时收集和处理居民反映的问题，确保群众反映的问题第一时间得到“专人受理、快速回应、高效办结”。这一举措显著提升了居民的幸福感和满意度。五是提高安全生产监管效率。昆山市应急管理局打造和运行“应急365平台”，通过大数据技术对企业安全生产进行全流程闭环管理，有效落实了企业安全生产主体责任和监管责任。

二、人工智能

在社会治理中，人工智能技术也扮演着举足轻重的角色。例如，通过应用人工智能技术，政府可以实现对社会问题的智能识别和预警，提高治理的精准性和效率。此外，人工智能技术还可以用于辅助政府决策，提高决策的科学性和前瞻性。

人工智能能够帮助政府和社会更好地解决各种复杂问题，在社会治理中应用得非常广泛。例如，在智慧城市建设方面，人工智能可以对城市的各种数据进行汇总和分析，从而协助城市规划者和管理者更好地把握城市的发展方向和制定治理策略。在智慧城市建设方面，人工智能可以有效地协助城市运营管理，提升城市服务的质量和效率，如智能交通管理可以减少交通拥堵，智能环境监测可以实时掌握环境质量。在安防方面人工智能也有很好的应用，如人脸识别技术、基于图像识别算法的智能视频监控系统等。这些技术能够对公共场所的治安状况进行有效监控，从而增强治安防范能力，使人民的人身、财产安全得到更有效的保障。在社交服务方面，人工智能能够优化社交服务，比如通过智能语音交互系统提供24小时服务，或者通过大数据分析对大众需求进行预测，做到未雨绸缪。此外，人工智能还可应用于辅助诊断提高医疗服务质量和效率、助力智能健康发展。人工智能能够为政府决策提供支持，例如，大数据分析和机器学习，通过预测模型为制定政策提供科学依据，以此来预测人口、经济和环境等方面的未来趋势。

三、云计算

云计算技术为社会治理提供了强大的计算和存储能力，使得政府能够更高效地处理和分析数据。政府可以通过云计算平台提高治理的协同性和效率，实现数据的共享和协同效应。

云计算在社会治理中同样具有广泛的应用。云计算可以支持政府建立一个集中存储、共享和管理信息的电子政务平台。例如，某市政府通过云端存储和数据共享的方式，利用云计算技术搭建了一个快速传递和处理政务信息的综合电子政务平台。让居民可以通过该平台在线办理各项政务业务，既提高了办事效率，又减少了不必要的人力和物力资源消耗。社区管理部门可以通过云计算技术，解决基层社区治理中信息沟通不畅的问题，实现信息共享和有效沟通。同时，云计算也能够整合和分析社区内部产生的各种数据，辅助决策以利于社区治理。通过视频监控、智能交通等系统采集和分析数据，提升城市治安等级和交通管理效能。此外，云计算在出现自然灾害、意外灾害等突发事件时，能够对各种风险因素进行实时监控和分析，做到事前预警、快速反应。智慧城市的建设离不开云计算的支持。云计算能够将城市的各种资源进行整合，将便捷高效的服务提供给市民。同时，云计算还能深入挖掘和分析城市数据，为城市管理者提供决策支撑。

四、物联网

物联网技术通过连接各种设备和传感器，实现对社会的全面感知和监控。在社会治理中，可以利用物联网技术对交通状况、环境质量等社会动态进行实时监测和分析，提高治理的反应速度和效率、更及时地发现问题。

物联网技术在社会治理中具有广泛的应用。在公共安全和监控方面，可以将物联网技术应用到公共安全领域，如通过智能摄像机、传感器等设备，实现对城市的全方位监控和管理，从而提高城市公共安全水平。在社区场景中，通过在门禁系统、小区出入口管理、智能路灯等方面加强智能化建设，如构建视频监控卡口系统等，实现对小区的全方位监控管理。物联网技术可应用于环境保护领域，通过无线传感技术提高环境监测的水平和效果，对水、陆、空环境中的信息实施数据传输。及时发现并解决环境问题，对生态环境的保护大有裨益。物联网技术能够帮助政府在公共服务资源的配置上更好地了解民众的需求。例如，在医疗领域，物联网技术能推动远程医疗等解决方案的落地实施，从而提高医疗诊断效率和服务质量。此外，物联网技术还可以应用于人脸识别、指纹识别、虹膜识别等领域，通过图像采集与处理、模式识别、机器学习等技术手段，提高识别准确率和效率，为公共服务场所的安全运行提供重要保障。

五、区块链

区块链技术应用于社会治理，其特点是去中心化、安全性和透明性。例如，通过区块链技术，政府可以实现政务数据的公开透明和防篡改，提高政府的公信力和治理效率。

我国社会治理中，区块链技术的运用正在按部就班地进行。区块链技术能够在同一区块链中放置政府各部门之间的数据。由于区块链数据具有不可篡改性，因此可以确保数据的真实性，实现跨层级的电子证照互认互通等，不少地方政府已尝试将区块链应用于存证、数据共享和减少程序。同时，区块链技术的去中心化特性也能有效避免数据被篡改的问题，提高数据的透明度和可信度。区块链中保存每个人的信用记录，政府可以通过区块链查看个人的信用记录，在个人出现问题时确定个人的信用等级。这有助于建立公正透明的信用评价制度，提高社会治理的效率和公正性。区块链技术应用于供应链管理，可以追踪产品从生产到销售的全过程，增加供应链的透明度，帮助维护食品、药品安全等，以打击假冒伪劣商品，确保产品的质量和安全。捐赠过程和使用结果可以通过区块链技术进行记录和跟踪。这在打击慈善领域欺诈行为的同时，有助于增强慈善组织的透明度和公信力。为了确保各种信用记录的真实性和不可篡改性，提高社会信用体系的效率和可靠性，区块链技术可能被整合到社会信用体系中。

区块链技术的运用不仅可以提高社会治理的效率，而且可以增加治理过程的透明度，对构建社会信用体系也会有很大的帮助。未来在我国社会治理中，随着科技的发展和政策的支持，可以预期的是，区块链技术应用会更加广泛。

第二节　智能化应用与治理效能

现代技术的运用在提高社会治理效率和精准度的同时，也让治理能力现代化的进程迈出了坚实的步伐。我国在智能化方面的应用和对社会治理效率的提升表现在多个方面。政府积极推动人工智能、大数据、物联网等前沿技术与社会治理的有效融合，以提升治理能力和效率。与此同时，政府也在推动建立相应的法律法规、标准体系和道德规范，旨在确保智能技术能够科学合理、安全可控地发展，同时提升社会治理的有效性。然而，智能化应用也带来了隐私保护、数据安全和岗位置换等一系列社会问题，这些问题的解决需要多方面的努力和智慧。

一、提升决策效率和准确性

政府通过对海量数据的收集和分析，能够对各类问题的社会动态、民生诉求、根源等有更准确的了解，提供科学的决策依据。这种以数据为基础的决策方式，在提高决策效率的同时，也增强了决策的精确性、预见性。

我国运用智能化手段提高决策的效率和精准度主要表现在以下几个方面：一是开放共享政府数据。各级政府数据的开放和共享，打破信息孤岛，这样可以确保决策者在进行决策时，能够基于更全面的数据进行分析，提高决策的质量。二是建立数字平台。政府在决策过程中使用各种数字化工具，如电子政务系统、智慧城市管理平台等，这些工具聚合了大量的实时数据和历史数据，可以辅助决策者快速了解情况，预测趋势。通过大数据可视化技术，有助于决策者快速理解复杂信息、精准凸显关键数据，从而更加合理及时地辅助决策。三是人工智能技术应用。利用机器学习等人工智能技术对大数据进行分析，发现数据之间的潜在联系和模式，预测可能出现的结果并提供决策支持。四是支持海量数据的存储和快速处理，保证决策所需数据的实时性和高效性。通过云计算技术，可以实现对计算资源的集中管理和动态分配。构建专家系统和知识图谱来整合行业知识和经验，帮助政策制定者更好地了解具体情况，从而做出更加专业和精准的决策。五是建立智能审批和自动流程。应用智能算法优化审批，减少审批过程中的人为差错，提升政务服务效能。

总而言之，我国政府在推动智能化手段以提升决策效率和准确性的过程中，不断地融合新兴科技，提升政府的治理能力，同时也在关注智能化带来的社会伦理和法律挑战，努力在促进科技发展与保护个人隐私、数据安全等方面取得平衡。

二、进一步优化公共服务

我国正在积极利用智能化手段优化公共服务，以提高服务效率和质量，满足人民群众日益增长的物质和文化需求。

这些具体的做法比如数字化政府服务，通过建立在线政务服务平台，实现线上提交申办各类证照、查询政府信息、缴纳税费等操作，避免了排队等待和烦琐的流程，大大提高了办事效率。同时，政府还可以通过社交媒体平台及时发布公告信息，回应市民关注的问题，增强政府与市民之间的沟通和互动。例如，智能交通管理，通过管理系统能够对交通流量进行实时监控，对信号灯进行优化控制，提供交通路况信息，从而减少交通事故。此外，公交系统还可应用智能交通管理系统，提供公交、地铁等实时路况信息，方便市民出行。比如智能化教育服务，通过在线教育平台，可以实现远程教学、在线课程资源共享等功能，让优质教育资源更加均衡地分布。同时，智能化教育服务还可以提供个性化学习方案，根据学生的学习情况和兴趣爱好，推荐适合的学习资源和课程。比如智能化医疗服务，通过智能化医疗服务系统，可以实现远程医疗咨询、线上预约挂号、电子病历管理等功能，方便市民就医。同时，智能化医疗服务还可以应用于健康管理领域，提供个人健康监测、健康风险评估等服务，帮助市民更好地管理自己的健康。比如智能化社区服务，通过智能化社区服务系统，可以实现社区信息公告、物业服务管理、社区活动组织等功能，提高社区管理效率和服务质量。同时，智能化社区服务还可以应用于智能家居领域，提供家庭安全监控、智能家电控制等服务，让市民享受更加便捷、舒适的生活。

我国正在通过数字化、网络化、智能化等技术手段，提高公共服务的效率和质量，为人民群众提供更加便捷、高效、优质的服务。同时，政府还需要加强相关法律法规和伦理道德规范的建设，确保智能化应用的合法性和公正性，保障人民群众的合法权益。

三、加强社会预警和应急管理

通过实时监测和分析社会动态数据，政府可以及时发现潜在的社会风险和危机，以采取相应的应对措施。比如大数据可以帮助政府快速响应，有效调配资源，在自然灾害、公共卫生事件发生时减少灾害损失。

目前，我国在社会治理中加强社会预警和应急管理的智能手段主要包括：① 大数据分析和应用。就是利用云计算技术，针对各类数据资源进行自动汇聚、识别、关联、融合，开展大数据分析和应用。这可以提高综合监测能力，增强多灾种灾害链的实时监测、动态分析能力，进而实现及早识别风险和预测预警。② 建设数字化乡村治理体系，推动人工智能、机器人、新一代应急信息技术在乡村治理体系中的应用，加快陆海空一体化、数字化、智能化装备的发展。实施“互联网+基层治理”行动，强化乡镇（街道）属地责任和相应职权，构建多方参与的社会动员响应体系。③ 建立社区应急管理平台，就是利用大数据、人工智能、手机 App 等现代化信息技术手段，提高社区治理效率，大大节约人力资源成本，提高突发公共事件防控和应对的精准性和前瞻性。同时，实现各级政府搭建的数字化防控平台与社区的应急管理平台互联互通，确保各级政府部门第一时间掌握事态发展情况并作出科学决策。推进网格化管理就是要以网格单位为基础，以信息化为核心，以精细化管理为目标，以社会化为手段，强化社区网格化管理，提升基层社会治理精准化水平的城市治理新模式。以坚持和发展新时期“枫桥经验”为指引，以推进网上调解、智慧法律援助为抓手，推动预防和排查化解矛盾纠纷源头工作，提升社会矛盾化解能力。提高社会治安防控体系智能化水平，加强“雪亮工程”和公安大数据平台建设，深化数字化手段在国家安全、社会稳定、打击犯罪、治安联动等方面的应用，提高预测、预警、预防各类风险的能力。应急监督管理、指挥救援、物资保障、社会动员等方面的数字化、智能化水平将得到优化完善，应急指挥通信网络的响应能力得到全面提升。

通过这些智能手段的应用，可以更有效地进行社会预警和应急管理，提高社会治理能力，保障社会的稳定和安全。而且，通过建立数据分析驱动的预警机制，政府可以对潜在的社会、经济问题进行早期识别，及时调整政策措施，减轻或避免不良影响。政府利用计算机仿真技术可以模拟和预测虚拟环境下产生的影响，这对于城市规划、交通布局、环保等领域的决策优化都有帮助。

第三节 社会治理的技术依赖性

应用智能技术可以提高治理效率，降低人力成本，让治理效率更高。在我国，随着城市化的加速和社会问题的增多，传统的治理方式已经难以满足现代社会的需求。因此，在复杂的社会问题面前，智能化技术的应用就成了提升治理效率和应对复杂社会问题的有效手段。但在技术应用中，有些地方或领域又出现了技术的依赖性。

一、监控的“过度”问题

社会治理中的“过度监控”问题，确实是一个值得关注和讨论的话题。大规模的视频监控和数据跟踪，可能引起公民对权利和个人自由的担忧。有人认为，过度监控会损害公民的个人生活隐私。

过度监控可能带来一系列的问题和挑战，包括侵犯个人隐私、限制个人自由、降低社会信任等。过度监控往往涉及对个人行为的全面跟踪和记录，可能导致个人隐私的泄露和滥用。如果监控数据被不当使用或泄露给第三方，个人的隐私将受到严重侵犯。过度监控可能导致个人自由受到限制。当社会监控无所不在的时候，人们可能会觉得行为拘束不能随心所欲地各抒己见。这种约束对个体心理、社会生活都可能造成不良影响。过度监控可能导致社会信任度降低。当个人感到自己时刻受到监控时，他们可能对政府和其他社会机构产生不信任感。这种不信任感可能破坏社会凝聚力和稳定性。过度监控还可能导致技术的滥用。监控技术可能被用于非法或不当的目的，如迫害、歧视或监控特定群体等，这样的滥用对社会公正、公平的影响也许是消极的。

为了避免过度监控带来的问题，应该采取一些措施来平衡社会治理和安全需求，比如制定合理的法律法规。政府应该制定明确的法律法规，规定监控的范围和限制，确保监控行为符合法律要求。同时，应该加强对监控数据的保护和管理，防止数据泄露和滥用。要强化监管和透明度，应该加强对监控行为的监管，确保监控行为符合法律法规。提高监控行为的透明度，让公众了解监控的目的、范围和结果，增强公众对监控行为的信任和理解。尊重个人隐私与自由，对个人的隐私与自由应该在社会治理中予以尊重。监听行为要避免侵害个人隐私，保证个人自由不受约束。鼓励公众参与和监督社会治理过程，通过公众的参与和监督，增加社会治理的透明度和公正性，减少过度监测的可能。

二、对技术的“过度信任”

社会治理过程中对技术过度信任，指政府部门、企业、以及个体在实施政策、作出决策时，可能过分依赖技术系统的建议或输出，而忽略了人的直觉、经验和批判性思维。

过度信任可能导致以下几个方面的问题。一是忽略人类专家的判断。尽管技术系统能够对大量数据进行高效的处理和分析，但对复杂的社会现象或人类行为却未必能够准确理解。人类专家能够提供基于经验和直接观察的重要见解，这是单纯依赖技术难以实现的。二是忽略技术局限性。所有技术系统都有其局限性，如算法偏见、数据质量问题、软件错误等，这些问题可能导致错误的决策和预测。如果对技术过度信任，可能就会没有足够的警觉性去识别和处理这些问题。三是削弱应对突发事件的能力。当突发情况出现时，对现有技术的过度依赖可能会使人的应变能力下降。因为预设的程序和模型可能无法应对非常态的复杂情况，这时候需要灵活的人为应急处理。四是侵蚀责任与问责机制。过度信任技术可能使人们在出现问题时将责任归咎于技术，而忽视了责任主体应承担的责任。这会影响治理的透明度和公众对政府或公司的信任。五是阻碍创新和协作。应对复杂的社会问题时，融合与协作至关重要。信赖现有技术可能阻碍接纳新的、可能更有效的解决方案，同时，可能限制了跨部门或跨学科的协作。

为了避免社会治理过程中的对技术过度信任问题，需要定期对技术系统进行审查和评估，确保其始终适用于当前的社会治理需求。要敢于对技术给出的结论质疑，以保持政策制定和决策过程中的批判性思维。在可能的情况下，建立纠错机制和备选方案，保证在技术失效时依然能够继续进行有效治理。通过这些方式，可以更好地减少对技术的依赖，增强社会治理的适应性和弹性。

三、系统的脆弱性问题

社会治理中所应用的信息系统通常依赖于大量的数据和先进的技术，

这些系统虽然为处理复杂的管理任务提供了巨大帮助，但其中也存在一些脆弱性。

系统的脆弱性主要体现在可能存在的网络安全威胁、数据质量和准确性、技术故障和技术断裂、算法偏见和准确性以及供应商对信息的掌握不全等问题。在网络安全方面，由于数据泄露、损毁或丢失信息，系统可能遭受黑客攻击、钓鱼、恶意软件病毒等各种形式的网络犯罪。在数据质量和准确性问题方面，信息系统的有效性在很大程度上取决于输入数据的质量。如果输入的数据不准确就有可能造成分析、决策失误。从技术故障和系统断裂问题来看，对社会治理造成影响的可能是硬件故障，可能是软件错误，可能是电力中断，也可能是自然灾害。即使是设计最精密的系统也难以避免在使用 AI 和机器学习算法时出现无意的偏见。此外，算法的决策过程可能不透明，使得监管和问责变得困难。可能存在技术和需求不匹配的问题，可能由于技术发展过快，部分系统很快过时，也可能由于新技术不完全符合社会治理的实际需求，造成资源浪费和投资失效。

针对这些脆弱性，需要采取多重措施以确保信息系统的韧性和安全性。比如，定期进行网络安全评估和加强网络防护措施，实施数据质量管理和验证流程，建立强大的系统备份和灾难恢复计划，对系统进行持续的维护和升级，采用多元化技术和服务，鼓励算法的透明性和审计，开展持续的技术评估和需求分析，强化信息系统的整体安全性，减少脆弱性，提升社会治理过程的稳定性和效率。

四、人与人的“物化”问题

在社会治理过程中，对技术的大量依赖就有了“物化”人的可能性。这里的“物化”，主要是指人的社会互动被削弱，个体之间的联系变得更加机械化和匿名化。

这种过度依赖技术所导致的“物化”集中体现在以下几个方面：一是缺乏人际交往的温度。随着技术介入的增多，面对面的互动减少，导致人们在沟通时缺少体现感情的非语言信号，如肢体语言、微表情等，降低了交流的温度和亲密度。二是降低同理心与情感投入。通过技术工具而不是直接面对面交流，人们可能会降低对他人情感的感知和同理心。长此以往，可能会使人的感情投入和关爱他人的能力逐渐减弱。三是人际关系的表面化。技术可以使沟通变得更便捷，但也可能促使人们发展出大量的浅层次关系，而不是深度和有质量的社交联系。四是沟通的异化效应。由于缺乏必要的面对面交流环节，网络沟通的匿名性和即时性可能会增加技术依赖性。对社会治理产生深远的影响，既有正面的推动作用，也存在一些负面影响。

为了解决因技术过度使用而导致的人际关系“物化”问题，可以鼓励人们在使用技术的同时，保持和增强面对面的交流和互动。可以教育人们认识到维持深层次社交联系的重要性，并提供相关的社交技能培训。可以为人们提供充足的机会去理解和实践真实的同理心，如志愿服务、社区参与等。通过这些措施可提高人们的意识，减少技术对人际关系可能产生的负面影响，同时发挥技术在促进社会治理和增进人际互动方面的积极作用。

第五章

人工智能与新质生产力

新质生产力是指在生产过程中引入新的生产要素、先进的生产工具和生产方式，从而提高生产效率、降低生产成本并创造新的价值。随着人工智能技术的发展与应用，我们迎来了一个由数据驱动、智能化决策的全新时代。人工智能的本质是对人类智能的模拟与扩展，即通过机器学习、大数据分析、自然语言处理等技术，赋予机器类似甚至超越人类的思考、学习和解决问题的能力。人工智能的兴起不仅代表着信息技术的飞跃，更标志着生产力的质的飞跃。它正在改变我们的生产方式、商业模式乃至社会结构。人工智能作为一种先进的生产工具，其深度学习能力、决策能力可以使生产过程的智能化程度大大提高，从而促进形成新质生产力。随着技术的不断进步和应用领域的拓展，人工智能将在新质生产力中发挥越来越重要的作用。

第一节　人工智能是一种新质生产力

人工智能（AI）被视为一种新质生产力，是因为它超越了历史上的技术革命，带来了转型性的变化，影响生产方式、产品和服务的性质以及整个经济的结构。人工智能作为新时期的生产力，不仅在提高生产效率、优化产业结构方面发挥着重要作用，而且在催生新商业模式、促进经济结构转型升级等方面具有深远影响。它通过对大数据的分析与应用，能够在更大范围、更深层次上实现社会生产力的解放和生产关系的优化。

一、传统生产力与新质生产力的区别

技术革命带来的影响和变革体现了传统生产力与新质生产力的主要区别。新质生产力，如人工智能（AI）技术，不是对旧有技术的增强或改进，而是通过引入完全不同的工作和思考方式，来根本性地改变生产和经济活动。

（一）技术基础不同

一般而言，传统生产力以机械化和电气化技术为基础，专注于通过实物输入（如资本、劳动力和原材料）的增加来提高产出，而新质生产力则以信息化和智能化技术为基础，特别是人工智能和大数据，专注于生产过程效果的改进，通过算法、数据分析和自动化来实现。传统生产力时代的核心是通过发明和使用实体机械来替代或辅助人力，使产出和生产力大幅提高，如蒸汽机、纺织机、流水线等。随着电力的广泛应用，生产设备的动力来源和照明系统发生革命性变化，允许工厂连续运作，进一步提升了工业生产的效率。大批量、高效率的生产方式是通过实现规模经济和采用流水线生产来实现的。为传统生产力的提高提供了重要支撑的是化学肥料、塑料等化工产品的大量生产和新材料的开发。新质生产力中，计算机、互联网和通信技术革命使得信息的存储、处理和传输变得迅速和高效，为新质生产力提供了根本的工具。AI 技术能够模拟人类的认知功能，实现自我学习和决策，不断优化生产过程，并在数据分析、模式识别等方面超越人类的能力。工业自动化和机器人技术将生产过程中的手工操作转变为自动化操作，提高了生产的精度和一致性。海量数据的分析和处理能力，以及通过云计算实现资源共享和弹性扩展，为创新和智能化生产提供了强大的后盾。设备和设施通过互联网相连，使实时数据交换和监测成为可能，推动了智能制造和智慧城市等领域的发展。这些新技术不仅是对传统生产工具的改进，更重要的是使生产和管理方式发生了本质改变，系统间的互联互通得到加强，效率和产能得到大幅提升，在新一轮产业革命中处于领先地位。

（二）生产方式不同

传统生产力与新质生产力在生产方式及效率上的差异体现得非常明显。这些差异不仅影响了生产过程本身，还对劳动力需求、生产效率以及整个产业的发展路径产生了深远影响。传统生产力通常是依靠规模经济来实现成本下降和效率提高，这意味着要通过大规模的生产来实现固定成本的分摊。许多传统行业（如制造业、农业等）依赖大量的人力进行操作和维护，生产效率受到劳动力技能和数量的限制。传统的生产模式大部分都是标准化生产，依靠流水线和标准化的生产流程，以实现批量生产和降低成本为目标，但在处理定制需求时，这种方式显得比较生硬。传统生产力的效率提升往往需要较长的投资回报期，通过提升技术、扩张规模或改善管理等手段来实现。新质生产力强调生产过程的灵活性和适应性，能够通过智能技术快速调整生产线，以适应市场需求的变化，例如 AI 和机器学习。通过大规模部署自动化设备和智能系统，显著降低生产环节对人力的依赖，在提升产能效率的同时实现更精准的质量控制。借助数字技术，新的生产力能够以较低的成本实现产品的个性化定制，满足市场对多样化和个性化的需求。新质生产力通过各种方式实现效率的提升，如优化供应链、减少资源浪费、提高能源利用效率等。这种提升不仅限于生产本身，还包括了物流、管理和市场响应等方面。新质生产力的灵活性、自动化程度和对个性化需求的响应能力明显优于传统生产力。新质生产力效率、适应性和创新能力的综合提升，不仅推动了产业的发展和升级，也为企业和社会带来了更广阔的发展前景。

二、人工智能影响到传统生产力模式

人工智能对传统生产力模式产生的影响是多维度的。它不仅优化和提高了生产过程的效率，还推动了产业结构的升级转型，为企业创造了新的增长点。

（一）生产方式的革新

AI 技术可以分析消费者行为，预测市场趋势并针对个人需求定制产品。这种能力使得个性化生产成为可能，企业可以在不牺牲效率的情况下生产定制商品。自动化与机器人技术相结合，使得复杂的生产线可以实现自动化作业。机器人可以降低人力成本，提高生产安全性，在精确控制下进行高重复的危险操作。AI 技术可以通过机器学习对历史数据进行分析，对设备故障进行预测并预先采取措施，从而降低非预期的停机时间，提高生产线的整体效能。AI 技术可以通过持续学习和分析生产流程中的数据，发现瓶颈和效率改进点，进一步优化整个生产过程。AI 技术有助于通过智能算法来优化资源分配和能源使用、降低生产成本、减少浪费、提高原材料和能源的利用率。通过数据分析和模式识别，AI 技术可以在供应链中实现更高效的库存管理、需求预测和物流规划，从而减少延误和成本，提升整体效率。利用 AI 技术优化物流路径，实现货物的快速、准时配送，甚至可以配合无人驾驶技术，实现智能化物流运输。

（二）供应链和物流优化

利用人工智能技术，可以有效地优化供应链管理和物流配送。AI 能够对复杂的数据集进行分析，对供求关系的变化进行预测，并对库存管理进行自动化的供应链调整和优化，在物流效率和精确度方面显著提高，如智能路径规划、仓库系统自动化等应用。AI 技术能够利用历史数据和市场趋势来预测未来的需求，这对于准确的库存管理和避免过剩或缺货非常关键。通过更准确的需求预测，企业可以更有效地规划产量、库存和配送，减少浪费。AI 技术能够对库存水平进行优化，保证货物在供应链各个环节高效有序地流动。机器学习算法可以分析多个因素，比如销售趋势、季节性变化和市场情况，以动态调整库存策略。通过 AI 技术与物联网（IoT）技术的结合，企业可以从原材料采购到最终的产品交付，对供应链中的产品流向进行实时跟踪。这种透明度有助于及时发现和解决供应链中的问题，提高整体的运行效率。AI 技术可以帮助物流企业优化配送路线，对运输方式、天气状况、配送距离等因素进行分析。这样既减少了配送时间，又减少了运输费用，提高了能源利用效率。在仓库管理方面，AI 技术能够通过自动化的货物识别、拣选和打包过程，显著提高仓库作业的效率和准确性。同时，通过自动化机器人的使用，在降低人力成本的同时也能减轻人力负担。无论是在供应链规划、库存管理还是运输配送等环节，AI 技术提供的数据分析和洞察力都能帮助决策者做出更明智的选择，AI 技术的使用意味着决策效率更高。

（三）开创新的商业模式

人工智能在改变生产模式的同时，也在创造新的商业模式，为企业带来收入流。通过利用 AI 技术进行数据分析和洞察，企业可以开发新的产品和服务，提升顾客体验，开拓新的市场领域，彻底改变传统行业和市场的运作方式。作为服务的平台（XaaS[①]），AI 技术使作为服务（SaaS、PaaS、IaaS）[②] 的软件、平台或基础设施的概念得以延伸。现在，几乎所有东西都可以作为服务提供，包括 AI 自身。这使得企业不需要进行大量投资，也可以利用先进的 AI 算法和计算能力加快创新速度，降低创新门槛。随着自动驾驶技术的成熟，AI 不仅促进了新的商业模式，如无人车运输和配送服务的发展，也对共享经济产生了重大影响，使得共享汽车和出行服务的运营更加高效和安全。

AI 的数据分析能力使企业能够提供高度个性化的产品和服务。AI 能够提供基于消费者特定需求和偏好的定制化解决方案，打造个性化的用户体验。AI 和机器学习技术的进步，使企业能够在复杂的市场环境中，为企业客户提供更精准的商业决策，提供基于数据的智能咨询服务。这种类型的服务，尤其适用于金融、市场营销和供应链管理等领域。

三、人工智能作为新质生产力的特点

人工智能通过其学习和适应性、智能化决策与推动创新等属性，体现了新质生产力高效、自动、精确等特点。

（一）自动化与高效性

AI 作为新质生产力，在自动化和高效性方面表现尤为突出，极大地改变了生产方式、工作流程和服务模式。在制造业中，由 AI 驱动的机器人可以自动完成包括焊接、涂装、组装等任务在内的装配流水线上的精确作业。这样的自动化在提高生产效率的同时降低了人工费用，误差率也会降低。AI 能够自动处理大量的客户服务请求，通过聊天机器人（chatbots）和虚拟助理提供全天候不间断服务支持。这种自动化服务在减轻人工客服负担的同时，提升了顾客的满意度。AI 可以对海量数据进行自动处理和分析、识别趋势、预测未来，驱动决策制定。这种自动化的数据分析为企业提供了强大的竞争优势，其速度和准确度都超过了传统的方法。通过 AI 的自动化，代码生成和测试变得更加快速和高效。AI 可以帮助识别错误、自动修复

---

① XaaS（Everything as a Service）是一个涵盖了云计算领域中各种服务模式的广义术语。它代表了一种将各种 IT 资源和服务以按需访问和使用的方式提供给用户的理念。

② 这是三种 XaaS 的服务类型，分别为：Software as a Service，软件即服务；Platform as a Service，平台即服务；Infrastructure as a Service，基础设施即服务。

Bug，甚至在某些情况下会自动生成片段。

AI 系统对复杂问题的处理和分析能力远远超过了人的处理能力。这种高效性使得 AI 在医疗诊断、科学研究和金融分析等领域成为不可或缺的工具。AI 能够以人类无法比拟的速度执行任务，如在金融交易、网络安全和物流管理中实时分析和响应，确保流程的高效运行。通过高效的数据分析和预测，AI 可以更好地管理和分配资源，无论是在供应链管理领域还是在能源分配领域抑或是规划领域，都显著提高了操作的灵活性和效果。AI 不仅提高了生产力，也为人类社会开启了新的可能性，如自动驾驶车辆、智慧城市等。这些技术进步不仅加快了日常任务的处理速度，也在更广泛的层面上增强了我们解决复杂问题的能力。AI 技术的应用促进了经济增长，提高了生活质量，并推动着社会向更高效、更智能的方向发展。

（二）精确性和个性化

作为新质生产力，AI 深刻影响了商业运作、消费者体验和工作流程。AI 能够从庞大的数据中迅速提取有用信息，准确识别模式和趋势，提供关键洞见。这一点在金融分析、市场调研、用户行为研究等领域尤为重要，可以显著提升决策的准确性。AI 在图像识别领域展示了高度准确性，不仅能够识别人脸、场景和物体，还能用于医学影像分析，帮助诊断疾病。这种精确性是通过深度学习实现的，同时也是通过大量的训练资料达到的。AI 通过 NLP 技术能够理解和生成人类语言，从而在语音识别、机器翻译、自动摘要等领域得以应用。这种能力使得与机器的交互更自然流畅，并提高了信息检索和处理的精度。

AI 技术通过分析消费者的购买历史、搜索历史和偏好来提供个性化推荐。无论是网络购物平台、视频流媒体服务还是数字广告，AI 的个性化能力都可以增强用户黏性，提升用户满意度和忠诚度。在医疗领域，AI 的个性化应用包括基于个人健康记录和遗传信息的定制化治疗方案。这种个性化医疗不仅提升了治疗效果，还有助于预防医学的发展。AI 使得教育内容能够根据学生的学习速度、兴趣和能力水平进行个性化定制。这种个性化的授课方式对于学习效率的提升和满足不同学生的教育需求都有很大的帮助。在用户界面（UI）和用户体验（UX）设计中，AI 能够分析用户的互动方式和偏好，从而定制界面设计和用户路径。这就使得产品和服务可以更好地满足用户的具体需要和内心期待。

（三）适应性与可扩展性

作为一种新的优质生产力，AI 还表现出了“巨大的潜力”和“扩展性”两方面的优势。AI 系统能够从新数据中学习并不断调整自己的行为，特别是基于机器学习和深度学习的模型。这种适应能力意味着 AI 可以优化其性能，应对变化的情况和需求。AI 不局限于特定的行业或任务，它可以被训练并处理各种类型的数据和任务，从而适用于许多领域，例如健康护理、金融服务、运输零售管理。在动态环境下，AI 能够接收到实时的反馈，并据此做出相应的调整。例如，在科技产品的用户体验中，AI 可以分析用户反馈和行为，自动修改算法以提供更好的服务。大部分 AI 系统都能感知环境的变化，适应新的环境。AI 系统可以通过学习，快速适应市场条件的变化和工作场景的更替。

在 AI 中，有效的算法模型一旦被开发出来，就可以被复用在不同的领域，也可以复用在大范围的资料集中。一个领域中，训练好的模型通过迁移学习，可以从零开始减少训练的需要，迅速适应其他领域的任务。AI 系统设计通常具备良好的可扩展性，能够伴随业务的增长而轻松添加更多资源，如服务器、存储和计算能力。利用现代计算技术，人工智能依托云计算基础设施的分布式架构，可实现大规模并行计算，有效解决复杂问题。这使得 AI 项目能够高效地拓展，并满足不断增长的需求。在许多应用场景中，AI 系统可以在不同的环境中部署，无须进行大规模重构或重新配置，从而降低了扩展业务的成本和复杂性。

第二节　人工智能将引领生产力变革

人工智能（AI）正在引领生产力变革的浪潮，并预期在未来几十年内重塑经济格局和劳动市场。人工智能的进步代表着一场深刻影响经济、社会、文化方方面面的生产力变革。

一、技术变革推动了生产力飞跃发展

推动生产力飞跃发展的关键因素是技术变革。历史上伴随生产方式革命和生产力显著提高的是每一次重大技术革新和变革。这些变化在改变人

们生产商品、提供服务方式的同时，也对整个社会结构和经济体系进行了重塑。

（一）工业革命

工业革命（Industrial Revolution）是从18世纪末、19世纪初在英国开始的，之后蔓延到欧洲其他国家和北美，通过引入机械化生产方法和新技术极大地促进了生产力的飞跃发展。机械化生产的引入是工业革命最显著的特征之一。以纺织业为例，许多发明如詹姆斯·哈格里夫斯的珍妮纺纱机、理查德·阿克赖特的水力纺纱机和爱德蒙·卡特赖特的动力织布机等，极大地提高了纺织品的生产效率和产量，显著降低了生产成本。詹姆斯·瓦特对蒸汽机进行的改进，使得机械能够从水力和风力等自然力量的限制中解脱出来，可以在任何时间和地点进行高效的生产作业。蒸汽发动机的应用不仅促进了制造业的快速发展，更通过催生铁路和蒸汽船等新型交通工具，大幅提升了运输效率，进而推动了全球贸易的繁荣。其后逐步出现生产组织方式的改变，工厂将劳动者和机器集中在一起，实现了生产过程的标准化和专业化，进一步提高了生产效率和产量。这些变化共同作用，带来了生产效率的大幅提高、商品成本的降低、市场规模的扩大以及经济增长和社会变革。工业革命不仅仅是生产力的飞跃发展，还标志着人类社会从农业社会向工业社会的转型。

（二）电力革命

电力的广泛应用是在19世纪末至20世纪初。电力（Power）的推出彻底改变了生产模式，使工厂可以实现更加灵活高效的生产布局，同时也催生了电气工程、电子产品等一系列新的产业和技术。电力的引入使得工厂中的机器能够从蒸汽引擎和水力转向更高效、更可靠、更经济的电动机。电动机可以持续运转，保持稳定的速度，且维护成本较低，大大提高了生产效率和产量。与蒸汽机或水轮机相比，电动机的尺寸可以灵活多变，这种转变使得生产线的布局更为灵活，生产过程能够根据需要进行调整和优化。电力的广泛应用催生了多种新工业和技术的发展，如电气工程、电报和电话通讯、电动交通（如电车和地铁），以及家用电器（如冰箱和洗衣机）。这些新产业在提高生产力的同时，也使老百姓的生活品质得到了提高。电力的广泛应用推动了大规模生产和分销系统的发展，使产品可以更经济地生产并运输到市场。这反过来推动了消费的增长，形成了进一步促进经济发展和提高生产力的正向循环。电力的广泛应用显著推动了生产力的飞跃发展，加速了从工业社会向现代信息和消费社会的转变，对 20 世纪的社会经济格局产生了深远影响。

（三）信息革命

20 世纪末到 21 世纪初，数字化、网络化和智能化信息技术革命对生产力的飞跃发展起到了巨大的推动作用。计算机和互联网的出现和普及极大地提升了信息处理的速度和效率，促进了全球化，改变了商业、教育和政府等多个领域的运作方式。信息技术通过自动化办公和生产流程，显著提高了工作效率。计算机和软件的应用使得数据处理、信息管理和文档处理等工作大大加快，减少了人力需求和错误率。互联网的普及使人们的交流方式发生了变化，即时通讯在全球范围内得以实现。这使得企业可以更快速地响应市场变化，更有效地管理供应链，也促进了远程工作和全球化团队合作的发展。信息技术促进了云计算、大数据分析、人工智能（AI）和物联网（IoT）等新技术的发展和应用，对提高生产力产生了重大影响。通过这些方式，信息技术革命极大地促进了生产力的飞跃，使全球经济增长加快，转型加快。它是当代最重要的社会经济变革之一，不仅改变了生产和管理方式，而且重塑了人们的生活方式。

二、人工智能与前期技术革命之异同

人工智能的革命可以和前面几次大的技术革命相比吗？目前，社会各界有不同的看法，但笔者认为，它同样具有根本性地改变生产方式、经济结构和社会生活的潜力，因此是能够与之相提并论的。就像蒸汽机革命使得机械化生产取代手工劳动，电力革命进一步促进了大规模工业生产，以及信息技术革命促进了数字化和网络化转型一样，人工智能革命正在推动从简单的自动化向智能化决策和创新发展，影响到生产、管理、服务等各个领域。人工智能革命和之前的技术革命类似，使生产效率和生产力都有了显著提升。更重要的是，通过机器学习和数据分析，人工智能还能够辅助或独立进行创新和决策，这在以往的技术变革中是难以实现的。每一次技术革命都伴随着就业结构的变化和社会关系的重组。人工智能的发展也引发了人们对未来工作的广泛讨论，特别是关于它可能取代某些类型的工作并产生新工作机会的讨论更是让人们津津乐道。和以往技术革命一样，人工智能的影响是全球性的，无论是发达国家还是发展中国家，都在积极探索和应用人工智能，以求在新一轮的技术和经济竞争中获得优势。

因此，人工智能的出现不仅可以和前几次技术革命相比，它在某些方面所引发的社会变革的深度和广度或许更大。正处于发展初期的人工智能革命，其全方位的冲击还在持续，未来的潜在变革与挑战也将史无前例。人工智能（AI）的兴起被认为是继蒸汽机、电力、信息技术之后的又一次技术革命，在推动社会生产力和产业发展方面，与前几次技术革命有一定的相似性，但也有显著区别。

（一）相似之处

首先体现在生产力的提升方面。生产效率和生产能力在每一次技术革命中都有明显提高。人工智能通过自动化和智能化，提升各行各业的工作效率，就像蒸汽机、电力和信息技术一样。其次是创新的推动力。每一次技术革命都会激发新产品的发展。人工智能也不例外，它正催生着包括自动驾驶、智能医疗、财经分析等在内的新行业和新模式。再次是人工智能可能引起经济和社会结构变革。每一次技术革命都会对经济结构和社会组织形式产生影响，人工智能也正通过对就业结构、创业模式和生活方式的变革，深刻地影响着整个社会。

（二）差异之处

一是发展速度和范围不同。人工智能的发展速度更快，影响范围也比前几次技术革命要广。AI 技术凭借数据的、算法的进步，在几年的时间里突飞猛进，对各个行业都产生了影响。二是智能化和自发性不同。与前几次主要通过机械化、自动化来提高生产效率的技术革命不同，人工智能的核心在于具有一定的自主决策能力，能够进行学习、推理甚至创造，实现智能化的任务处理。三是对人类劳动的替代性不同。虽然所有技术革命都改变了工作方式和就业结构，但人工智能在某些领域内对人类劳动力的替代性更强，尤其是在需要认知与决策的任务上。

尽管人工智能革命在一定程度上与前几次技术革命具有延续性，都是以前沿技术为基础推动生产力的飞跃发展，但其智能化的发展速度以及由此带来的社会挑战，都表明了这场革命的特殊性与复杂性。

三、人工智能引领生产力变革的表现

人工智能不仅通过技术优化和自动化提升生产效率和降低成本，还通过对数据驱动的深入洞察来推动决策制定，这些都是人工智能引领生产力变革的明显表现。随着AI技术的不断发展，其在提升全球生产力方面的潜力巨大且仍在增长。

（一）提高生产效率

通过对任务处理流程的自动化和优化，应用智能机器人和自动化系统，AI能够显著提高工作效率。在制造业中，可以使用AI来设计更优化的生产流程，减少浪费和提高生产速度。采用智能机器人的生产线能够做到24小时不间断工作，比人工的效率要高出很多。采用AI技术的机器视觉系统可以高速、高精度地检查生产线上的产品。例如，通用电气公司利用AI检测飞机发动机部件的准确率高达99.9%以上，大大减少了人工检查的时间和误差。通过分析机器设备运行数据，AI可以预测设备的潜在故障并提前进行维护，从而减少停机时间和维修成本。再如西门子公司利用AI分析系统，对风电场的维护需求进行有效预测。据报道，这一系统使维护成本降低25%左右。另据统计，一些企业在推出智能机器人后，生产效率提高超过30%。

AI还在办公自动化方面起到关键作用，如自动处理大量文字和数据，并利用自然语言处理（NLP）技术有效降低人力需求。在农业领域，通过应用人工智能技术进行精准农业管理，如智能灌溉、施肥和病虫害监测等，可以显著提高农作物的产量和质量。有数据显示，采用智能农业技术的农田，其产量比传统农田提高了20%以上。

（二）降低运营成本

AI有助于降低运营成本。企业可以通过人工智能技术的应用来优化生产流程，从而降低生产成本，减少浪费。通过精确的数据分析和预测模型，企业可以对库存进行更有效的管理，防止库存过多。同时，AI的预测性维护能够在设备出现问题之前进行警告和修复，从而减少昂贵设备的停机时间。智能机器人能够对物料的使用进行精确控制，使废品率降低，生产成本也随之降低。人工智能还可以帮助企业实现能源的高效利用，降低能源消耗成本。据统计，在智能建筑中，空调、照明等系统的运行可以通过人工智能技术的应用进行优化，大约可以减少20%的能耗。例如，自动驾驶技术的发展正在改变交通运输行业，使交通工具的事故率降低，运输效率提高。Waymo①、特斯拉等多家公司已在多地开展自动驾驶车辆路测，未来有望大幅降低交通事故处理时间。在智能物流系统中，AI 技术被用来优化物流和供应链管理，例如亚马逊的配送机器人（Distributer Robot）和智能仓库系统。

（三）提高产品质量

AI 能够处理和分析大量数据，并在此基础上提供精确的业务洞察和决策支持。在金融服务领域，AI 被用于帮助公司做出更明智的投资或商业决策的风险评估、市场分析和客户行为预测。在制造业中，可以应用智能质检系统对产品质量进行实时监测，发现产品质量问题并及时处理。这不仅可以提高产品的质量水平，还可以避免因质量问题而导致的退货和索赔等风险。在医疗领域，也可以通过应用 AI 技术来提高诊断的精确性，提高治疗的有效性。例如，医疗影像分析系统可以通过深度学习算法自动识别和分析医学影像资料，辅助医生进行更准确的诊断。这样既能改善诊断质量，又能缩短就诊时间，提高就医效率。

另外，人工智能（AI）引领生产力变革的方式还体现在创新加速、改善用户体验等方面。AI 激发新的产品和服务创新，带动传统行业变革。在医疗领域，从药物发现到疾病诊断，人工智能的应用对医疗技术具有巨大的推动作用。在交通领域，自动驾驶车辆的研发和实施不仅可能改变我们的驾驶习惯，更有可能重新定义整个城市的交通系统。AI 通过个性化的服务和产品来满足消费者的需求，提升用户体验。在零售业，AI 可以推荐个性化商品，并通过对消费者购买历史和行为的分析来提高销量。同样，在在线服务领域，AI 支持的聊天机器人能够提供全天候不间断的顾客支持，改善服务质量。

第三节　人工智能驱动下的新生产模式

人工智能（AI）驱动的新生产模式正在通过智能化、自动化提高生产效率，降低成本，改善产品质量，推动可持续发展，彻底改变制造业和产

① Waymo 公司是一家专注于研发自动驾驶汽车的公司，隶属于 Alphabet 公司（Google 母公司）。

业生态。AI 驱动下的新生产模式将是多方面的，旨在增强制造业的灵活性、生产效率和创新能力。

一、自动化和机器人集成

自动化和机器人集成是人工智能驱动下生产模式变革的核心之一。这一趋势正逐渐改变各行各业，特别是制造业的生产和运营模式。AI 结合先进的机器人技术，让制作工艺更自动化。通过 AI 的决策支持，机器人可以进行更复杂的操作，如自动组装、精确焊接和质量检验，从而提高生产速度和质量。

自动化和机器人集成给生产模式带来的影响：一是生产效率的提升，企业可以通过机器人技术的集成，实现 24 小时不间断的生产过程。机器人能够无须休息并保持持续工作状态，使生产效率和产量都得到显著提升。其次是生产质量的提升，机器人在执行重复任务时，精确度和一致性都很高，减少了人为的误差，最终产品质量也因此得到了提升。三是实现复杂任务替代，一些先进的机器人系统结合 AI 技术，可以在恶劣环境下执行工作或处理极其微小的部件组装等人类无法或难以完成的复杂任务。四是劳动力结构优化，自动化和机器人集成可以替代人类从事劳动强度高的工作，减少工作场所的安全事故，优化劳动力结构，将人力资源转移到需要更高技能和创造性的工作岗位上，这是劳动力结构优化的一大特点。五是实现成本节约，虽然机器人和自动化系统的初期投资相对较高，但长期来看，它们能够显著降低生产和运营成本，尤其是在劳动力成本较高的地区。

同时，现代自动化系统和机器人技术在多个应用场景中具有高度的灵活性和可扩展性，能够在轻松实现规模扩张的同时，满足定制化和小批量生产的需求，轻松适应生产线的变化，最终促进服务的发展，进而促进制造业和其他产业的创新。虽然自动化和机器人一体化带来了显著生产模式优势，但同时也带来了挑战。例如对工人的技能升级和重新培训的需求，以及可能影响到的就业结构。因此，企业和政策制定者需要共同努力，确保这一转变过程中各方受益，实现平衡发展。

二、增材制造（3D 打印）

增材制造，通常被称为 3D 打印，是一种通过逐层叠加材料来构建物体的制造技术。这一技术的发展与运用，在AI的强力推动下，产生了一场意义非凡的生产方式变革。AI应用于3D打印技术，使得设计和制作工艺更具个性化。AI能够帮助实现打印参数的优化和材料行为的预测，从而制造出更好的性能和更复杂的外形。

具体体现在这样几个方面：一是设计自由度提高。增材制造可以让设计师创造出复杂的几何形状，是传统制造方法难以实现的。AI能够提供设计阶段的优化建议，通过对产品性能的模拟和分析进行预测，并对设计参数进行自动调整，以达到特定的要求。二是实现定制化生产。3D打印技术结合AI，能够以极高的灵活性生产出完全根据消费者个性化需求定制的产品，无论是医疗领域的定制植入物，还是时尚产业的个性化配饰，都能快速响应个性化需求。三是生产效率与速度大幅提高。AI能够帮助优化3D打印的生产过程，通过智能调整打印参数和策略，减少材料浪费，加快生产速度。同时，AI的介入也可以实时监控打印过程，预测并解决可能出现的问题，进而提高生产的成功率。四是实现材料创新。AI的数据分析能力可以用于探索和开发新的打印材料，这些材料能够在特定条件下展现出优异的性能。例如，以AI模拟的方式对材料的行为进行预测，并在实验室阶段对新材料的研发进行加速。

AI驱动的增材制造，不仅加速了从设计到成品这一过程，同时也让产品快速迭代成为可能。设计人员和工程师可以通过快速修改设计来实现产品优化和创新，产品功能基于用户反馈或新的性能数据得以不断更新。增材制造在一定程度上能够减少材料浪费和能源消耗，特别是在采用环保型材料进行打印时。与传统制造工艺相比，增材制造对促进制造业可持续发展意义重大。这些变革将随着AI技术和增材制造领域的不断创新和进步而进一步深化，并为制造业带来更具可持续性的新生产方式。

三、智能供应链管理

AI能够对来自全球供应链的大量数据进行整合和分析，实现需求预测、库存优化、物流安排等功能，使供应链的反应速度和成本效率得到提升。在此基础上，企业可根据当前生产条件和市场需求，实现生产计划和资源配置的实时优化调度和动态调整。通过数据分析持续优化产品设计和生产流程，实现从设计、生产到用户反馈的信息闭环，实现产品快速迭代和持续改进。

智能供应链管理是利用先进技术，如人工智能（AI）、物联网（IoT）、大数据分析等，对供应链全流程进行优化与自动化管理的战略。这种智能化不仅提高了供应链的效率和灵活性，而且增强了应对复杂市场环境和不可预见事件的能力。首先，AI 技术可以对历史销售数据、市场走势、季节性波动甚至天气变化等因素进行分析，对未来的产品需求进行精准预测，有助于实现需求的精准预测和库存优化。这种极高的预判准确度，使企业在降低仓储成本的同时，优化了库存层次，减少了积压。其次，AI 技术有助于数据的实时分析和可视化智能供应链，可以通过物联网技术对产品的每一个环节进行实时跟踪，从生产到交付都是如此。这些数据通过大数据分析被转换为有用的信息，帮助管理者做出更快和更准确的决策。同时，供应链的可视化提升了透明度，能帮助各方及时调整策略。最后，AI 技术有助于自动化和协同工作，可以自动执行订单处理、支付、退货等诸多供应链常规任务。此外，AI 系统还可以借鉴经验，通过机器学习对这些过程进行优化，提高供应链参与者之间的协同效率，确保信息流通、顺畅。

另外，智能供应链管理还有助于增强风险管理和应对能力，优化供应商关系和采购策略，甚至实现自适应供应链网络。智能供应链管理系统、预警系统对管理人员进行潜在风险点的识别和提前告知。利用 AI 进行风险评估和决策支持，企业可以快速响应外部变化，如供应中断、突发事件等，从而减少风险带来的影响。AI 可以帮助企业评估和选择供应商，通过分析供应商的历史表现、信用等级和交付能力等信息，制定更有效的采购策略。这样既提高了采购效率，也使供应商关系更加稳定，互惠互利。智能供应链系统可以随着市场和技术的变化，对供应链的结构和流程进行自动调整和优化。通过不断学习和实时的数据分析，使供应链能够不断地适应新的商业环境和要求，这就是供应链的自我适应性。

供应链管理将是企业战略中不可或缺的一环。随着新技术的不断进步和应用，对企业竞争力影响深远的智能供应链管理，将继续推动行业朝着更智能、更高效的方向发展。

第二部分
社会结构重塑与社会形态变迁

第六章

经济形态：转型升级与数字化经济

在智能时代，经济形态正经历着翻天覆地的变化，这些变化以人工智能（AI）、物联网（IoT）、大数据、区块链等先进技术为驱动力，正在重塑经济的各个领域和层面。它不仅加速了技术革命和产业变革，为解决传统经济模式中存在的诸多问题提供了一条新的路径，而且对政策制定、教育培训、社会管理等方面都提出了新的挑战和要求，对经济形态的深度调整起到了推波助澜的作用。智能时代的经济形态是一种新的经济模式，以技术创新为核心，为人类生活质量的提高服务。这不仅对产业结构、就业市场、消费行为和经济政策提出了新的要求，也在不断推动全球经济向更高效、更环保、更智能的方向发展。面对智能时代带来的深刻变革，各国和企业需要积极拥抱技术创新，培养面向未来的核心技能，同时构建更加包容和可持续的发展策略。

第一节　技术驱动的经济增长

通过创新和技术应用促进产业发展，提高经济效率，创造新的就业岗位，从而推动国家整体经济增长和社会进步，是现代社会的显著特征之一。在智能时代，技术革新是推动经济增长的关键因素。AI 和机器学习（Machine Learning，ML）的广泛应用，推动了从制造业到服务业的全面自动化和智能化，促进了生产效率的提高和产品服务市场周期的缩短。同时，这些技术的集成使得产品设计、市场营销、顾客服务等环节更加精准、高效，从而推动经济增长。

一、经济学理论的解释

经典的增长理论、创新经济学以及新增长理论等多种经济学理论，从不同的角度阐释了技术是如何促进经济增长的。

（一）索洛模型（Solow Growth Model）

罗伯特·索洛（Robert Solow）的增长模型，即索洛模型，是理解经济长期增长中技术进步作用的一个基础框架。1956 年该模型被首次提出，用来分析不同因素对经济增长的贡献，特别是技术进步所起的作用。索洛模型认为，长期经济增长主要受到三大因素的影响：一是资本积累，指的是物质资本的增加，如工厂、机器和设备等。二是劳动力增长，即劳动力数量和质量的变化。三是技术进步，在模型中，技术进步被视为提高每单位劳动和资本的生产效率的外生因素。

在索洛（SOLO）模型中，技术进步被认为是推动经济增长的主要动力之一。技术进步提高了生产的总要素生产率，意味着投入同样的资本和劳动力可以获得更多的产出。在索洛模型的传统设置中，技术进步被视为外生的，即其改善不依赖经济体内的任何决策或行为，而是由外部因素推动。这种假设简化了模型的分析，但也引发了批评，因为它没有解释技术进步的来源和如何通过经济政策有意识地影响技术创新。SOLO 模型的一个重要概念是“SOLO 残差”（SOLO Residual），即在剔除资本和劳动力投入的贡献后，经济增长中由技术进步驱动的剩余部分。通过计算索洛残差，可以量化技术进步对经济增长的贡献。

索洛模型为理解技术进步在推动经济长期增长中的核心作用提供了一个强有力的理论基础，也为后续更复杂的经济增长理论的发展奠定了基础。

（二）创新经济学（Economics of Innovation ）

创新经济学常与约瑟夫·熊彼特（Joseph Schumpeter）的理论联系在一起，主要研究创新如何影响经济体系，如何推动或阻碍创新的发展。熊彼特的理论强调了企业家精神和技术创新在推动经济变革和增长中的核心地位。

熊彼特提出了“创造性毁灭”（Creative Destruction）的概念，认为经济发展的过程是旧技术被新技术所取代的过程。这种摧枯拉朽般的革新推动着经济的进步和社会的进步。“创造性毁灭”解释了为何经济会经历周期性的增长与衰退，同时也指出了技术进步和创新对于维持经济发展的重要性。熊彼特认为，企业家不仅是创新的实施者，而且在经济发展中，企业家也是一支不可缺少的重要力量。企业家不断推动经济前进，靠的是识别和利用新的市场机遇，引进新的原材料供应源。推动长期经济增长，企业家精神和创新能力必不可少。

熊彼特提出了五种创新类型，即产品创新、过程创新、市场创新、资源配置创新和组织创新。这些创新影响的不仅仅是单个企业的竞争力生产结构、经济增长轨迹等，而且对整个经济体都会产生影响。创新经济学研究创新如何转化为经济增长的动力，包括创新推动生产力，创造新的就业机会，形成新的产业，再造旧的产业。此外，创新还可以带来更广泛的社会福利，比如提高生活质量、促进可持续发展等。

创新经济学提供了理论框架，对技术创新与经济发展的关系进行了理解和解释。认识创新的重要性，以及如何通过政策和企业家精神来促进创新和经济增长，对于现代经济体的繁荣至关重要。

（三）新增长理论（Endogenous Growth Theory）

新增长理论中的一个重要流派主要由保罗·罗默于1986年提出，之后被罗伯特·卢卡斯、塞吉奥·雷贝罗等经济学家进一步发展。该理论的核心观点是强调无形资产在经济增长中的核心作用，如知识、创新和技术等，并认为这些因素是长期推动经济增长的主要动力。新古典增长模型中，技术进步是外生的，而新增长理论尝试将技术进步内生化，即认为经济体内部的决策和行为能够影响技术变革。代表性的理论家包括保罗·罗默（Paul Romer）和罗伯特·卢卡斯（Robert Lucas），他们强调，人力资本积累、创新和知识的积累对经济增长具有持续推动作用。罗默的模型中，技术进步是通过研发投资产生的，而这种研发活动又受到市场激励和产权保护的影响。

新增长理论对技术驱动经济增长的解释包括：知识的非竞争性和非排他性、技术创新的内生性、人力资本的重要性、政策环境和制度框架等几个关键因素。新增长理论指出，与传统的物理资本不同，知识资本具有非竞争性和非排他性。知识或技术一旦被创造出来，在不被消耗的情况下可以无限使用。这使得知识和技术成为支持持续经济增长的重要因素。传统的经济增长理论往往把技术进步看作是一种外生给定因素，而新增长理论则把技术进步看作是内生性的，也就是经济系统内在行为使然。企业和个人通过投资研发活动创造新技术，这些活动受到经济激励和市场机制影响。与其他生产要素不同，知识和技术可以实现规模经济。新增长理论认为可以通过分摊技术创新成本，在经济规模扩大的情况下相对降低成本，从而促使更多的研发投入和创新活动得到鼓励。新增长理论强调，在提高劳动力技能和创新能力方面发挥教育培训的功能。开展有效的研发和创新活动需要优质的人力资本。新增长理论还着重指出了政府在创造有利于技术创新和知识扩散的政策环境中的作用，包括知识产权保护、研发补贴、教育投资和市场规则等，这些都是影响创新和技术进步的关键因素。

新增长理论提供了解释和促进技术驱动经济增长的框架，凸显了技术和知识经济发展的重要性。这也说明了一些国家和地区能够通过加强创新和技术发展来实现经济快速增长的原因。

这些经济学理论共同为技术和经济增长关系描绘了一幅多维图景。技术不仅是推动生产力提升的直接因素，还通过改变人们的行为、企业的运营模式、产业结构以及整个市场的竞争局面，从多个层面影响经济增长。为适应这一变化，政策制定者、企业和个人需要不断学习和适应新技术，以充分利用技术发展带来的机遇。

二、美国技术支撑的经济增长

美国通过包括信息技术、生命科学、太空探索以及新能源技术在内的多个高科技领域的创新，实现技术驱动的经济增长。这些领域的公司不仅为美国经济贡献了大量的 GDP 和就业机会，同样也带动了全球技术和经济的发展。这种以技术创新为核心的经济增长模式为其他国家提供了宝贵的经验。

（一）强大的技术创新系统

美国经济的增长和发展在很大程度上受益于其强大的技术创新体系。这个系统由多个关键组成部分构成，包括顶尖的研究型大学、风险资本市场、先进的制造业和服务业，以及支持创新的政策环境。美国政府和私营部门对研发（R&D）的投入持续增长，为技术创新提供了强大的支持。据美国国家科学基金会（NSF）统计，美国的研发支出位居世界前列，其中既有政府的直接投入，也有私人企业在新技术等方面的大手笔投入。这些促进科技创新的研发活动对经济增长起到了推动作用。

硅谷是全球创新和科技创业的象征，也反映了美国如何通过建立一个有利环境支持技术创新。这包括有效的知识产权保护、活跃的风险资本市场、与产业关联紧密的大学研发中心，以及一套鼓励创业的文化和政策。这样一个吸引全球人才和投资的生态系统，不断产生促进经济增长和就业的新企业。美国拥有众多世界级的研究型大学和学院，如麻省理工学院、斯坦福大学和哈佛大学等，这些机构是全球科研创新的领头羊。这些高等教育机构不仅进行基础研究，也与企业界紧密合作，将研究成果转化为市场上的新产品和技术。美国在科技创新方面的领先地位，通过教育和培养高素质人才进一步得到加强。

对于科技创新和经济增长，美国政府通过各种政策予以支持。这包括提供税收抵免、直接资助关键技术领域的研究项目、加强知识产权保护，以及通过教育政策培养STEM（科学、技术、工程和数学）领域的人才。这些政策形成全力为技术创新提供了有力的政策支持，促进了经济的增长和就业。

（二）核心领域的技术创新

一是互联网和信息技术革命。硅谷的崛起以及苹果、谷歌、Facebook等信息技术公司的发展，不仅改变了全球通讯、媒体和商业模式，而且对美国经济的增长起到了巨大的推动作用。据国际数据公司（IDC）统计，信息技术在全球范围内的开支在2019年约为4.3万亿美元，美国市场在其中占据了相当大的份额。这些领域的公司在创造就业、增加GDP以及税收方面都发挥了重要作用。

二是生物技术在医疗领域的创新。基因泰克、阿莫金等生物技术公司的成立和发展代表了美国在生物医药领域的创新。这些公司开发了多种新药，为疾病治疗提供了革新性解决方案。根据美国生物技术产业组织（BIO）统计，生物技术产业直接和间接为美国经济贡献了约1400万个就业岗位，展现了其对经济增长的推动作用。

三是航天和防务技术的突破。美国国家航空航天局（NASA）和SpaceX等私营企业的合作，在促进太空科技进步的同时，也带动了包括制造业、软件和服务业在内的发展。NASA的经济影响报告显示，2019年，NASA的活动对美国经济贡献了约640亿美元，并提供了约312,000个就业岗位。

美国通过包括信息技术、生命科学、太空探索以及新能源技术在内的多个高科技领域的创新，实现了技术驱动的经济增长。这些领域的公司不仅为美国经济贡献了大量的 GDP 和就业机会，同样也带动了全球技术和经济的发展。这种以技术创新为核心的经济增长模式，为其他国家提供了宝贵的经验。

三、我国技术支撑的经济增长

在我国，科技创新在提高生产效率、推动经济增长的同时，也改变了消费模式，导致市场需求发生变化。如促进资源有效配置和资金流动技术的普及和应用，人工智能的发展给工业制造、物流、金融等领域带来了巨大的效益。

（一）科技创新引领新兴产业发展

我国在人工智能、大数据、区块链、量子通信等新兴技术领域取得了显著进展。这些技术的应用推动新业态快速发展，如智能终端、远程医疗、在线教育等。我国数字经济规模已居世界第二位，太阳能光伏、风电、新型显示、半导体照明、先进储能等新兴产业在技术突破的推动下不断壮大，同样规模居全球前列。在电子商务、移动支付等领域，阿里、腾讯等公司都进行了革命性的革新。支付宝、微信支付对我国的数字经济产生了巨大的推动作用，全国范围内的消费、支付行为都受到影响。根据我国互联网络信息中心（CNNIC）的报告，截至 2022 年底，我国电子商务用户规模达到 8.13 亿。支付宝和微信支付的普及率非常高，几乎覆盖了所有智能手机用户，极大地促进了消费和经济的增长。

（二）科技助推传统产业升级

我国通过不断地进行技术研发，在新能源汽车领域已经形成了比较完整的创新布局，连续 7 年产销量全球第一。此外，我国立足于以煤为主的能源禀赋，加快煤炭高效清洁利用，连续 15 年研发布局百万千瓦级超临界高效发电技术，大大降低了电煤消耗，并在全国推广了这一占煤电总装机容量 26%的技术和示范工程。在推动国内汽车产业转型的同时，在全球市场竞争中，比亚迪、蔚来汽车等中国公司在新能源汽车领域成绩斐然。据我国汽车工业协会统计，我国新能源汽车在 2022 年产销量分别达到 705.8 万辆和 688.7 万辆，同比分别增长 96.9%和 93.4%，市场份额上升较快。

（三）重大工程建设中的科技支撑

我国在一系列重大工程中取得了技术突破，包括特高压输电工程、北斗导航卫星全球组网、复兴号高速列车等。同时，研制成功的“深海一号”钻井平台正式投产，标志着我国海洋石油勘探开发进入1500米超深水时代。这些重大项目的建设和运行与科技支撑密不可分。由中国国家铁路集团有限公司主导建设的高速铁路网，这一创新在提升国内运输效率的同时也成为我国高科技的标志。截至2021年底，我国高速铁路营业里程达到3.8万千米，稳居世界首位。这一庞大的建设和运营规模，使经济活动的效率得到了极大的提升，并带动了一大批产业链的发展。

科技创新将在更多领域发挥作用，为经济提供新的增长动力。因为人工智能、物联网、区块链等领域不断取得突破，互联网经济规模将不断扩大并带动新兴产业的崛起，如电子商务、网络娱乐等；人工智能的普及将使产业格局发生变化，生产力得到提升；新能源技术的发展也将对经济增长产生积极影响。这些技术的快速发展，不仅改变了我国人民的日常生活和工作方式，也显著推动了国内外经济的发展，增强了我国在全球经济中的竞争力。

第二节　产业结构的深刻转型

当今世界正处于产业结构深刻转型的时期，这一转型主要由数字化、全球化、环境可持续性的需求，以及技术革新等因素推动。智能技术正引领着产业结构的深刻转型，特别是对制造业和农业等传统行业的巨大影响。例如，在制造业中，通过智能机器人、自动化生产线、数字化Twins① 等技术实现高效率、低成本、定制化生产，智能制造已经成为产业升级的关键路径。农业方面，智能农业通过精准农业管理、无人机监测、智能灌溉系统等技术，提高了农作物产量和品质，降低了资源浪费。当前正在进行的产业转型主要有以下表现在几个方面。

---

① 数字化Twins（Digital Twins）是指以数字化方式拷贝一个物理对象，模拟对象在现实环境中的行为，对产品、制造过程乃至整个工厂进行虚拟仿真，从而提高制造企业产品研发、制造的生产效率。

一、向数字化模式的转变

当今世界经济发展的一个显著特征就是经济形态向数字模式的转变。这一转变是由包括技术进步、全球化、政策支持以及消费者行为改变在内的多种因素所推动的。随着云计算、大数据、人工智能（AI）和物联网（IoT）技术的成熟和广泛应用，在数字化和信息技术革命的条件下，各行各业都在经历着从传统模式向新模式的转变。这种转变波及零售、金融、制造、教育等各个行业，不仅改变了企业运营模式，也影响了消费者行为和市场结构。这一转型不仅重塑了商业模式和服务交付方式，还重新定义了工作方式和消费者行为。

（一）数字化的推动力

技术是推动经济数字化最直接的动力。互联网、移动通信、大数据、云计算和人工智能等技术的突破和应用，极大地提高了信息的传输速度和处理能力，降低了交易成本，改变了生产、分销和消费的方式。技术进步在推动传统产业数字化转型的同时，也推动了电子商务、共享经济、远程办公等新型业态的产生。全球化促进了资本、商品、信息和人员的自由流动，也加速了经济数字化进程。在跨国数据流动、国际电子商务发展要求经济活动更大程度数字化的同时，全球范围内的市场连接和竞争，激励着企业采用数字化技术来提高效率、增强竞争力。

政府政策是推动经济数字化转型的重要因素。全球多个国家和地区都出台了政策措施以推动数字经济发展，包括数字基础设施建设的投资，数字经济发展规划的制定，支持数字转型计划的实施，以及出台法律法规对数字发展进行优化等。这些政策不仅为数字技术的应用营造了良好的外部环境，也为经济体的数字化转型提供了直接支撑。

消费者是经济活动的核心，其行为变化直接影响着经济形态的演变。在线购物、数字支付、在线娱乐等数字化服务和产品，越来越多地被数字时代的消费者所使用，这促使企业为满足消费者需求而加速数字化转型。此外，社交媒体和数据分析技术的应用，也让企业能更好地理解消费者需求，从而为消费者提供更加个性化的产品和服务。

（二）美国等国家的数字化模式

在形成经济形态的数字化模式方面，美国和其他发达国家走在世界前列。这主要得益于其强大的技术创新生态系统、先进的数字化基础设施、能有效推动经济形态向数字化模式转变的企业创新以及政策推动等。

在强大的技术创新生态系统方面，美国硅谷汇聚了众多科技公司、创新者和VC资本，是全球科技创新的标杆。这种集中的创新环境促进了新技术的迅速发展和商业化，包括互联网、人工智能、大数据和云计算等。类似的科技中心也在欧洲的某些国家形成，如英国的剑桥集群、德国的慕尼黑和法国的巴黎。在先进的数字基础设施方面，包括广泛的宽带互联网覆盖和高速移动通信网络在内，美国等发达国家普遍拥有高度发达的数字基础设施。这为数字技术的普及和应用提供了基础条件。此外，网络安全立法、数据保护立法、电子商务等政府的政策支持，也为数字经济创造了有利的发展环境。在企业的领导与创新方面，在美国，像苹果、微软、亚马逊和谷歌等全球领先的科技公司，不仅是技术的开发者，也是新业务模式和新服务的引领者。这些公司的创新不仅使他们所处的行业发生了变化，而且带动了整个经济朝着数字化的方向发展。例如，亚马逊不仅是电子商务的巨头，还通过其云服务（AWS）推动了企业的数字化转型。Google的搜索引擎和广告服务，使信息检索和广告行业的模式发生了革命性的变化。在政策推动和战略规划方面，美国等国家政府推动经济数字化。他们通过制定战略规划，为数字经济发展提供各种鼓励措施。例如，美国的《国家宽带计划》明确提出提高宽带接入的目标，欧盟推出了“数字单一市场”战略，旨在消除在线交易的障碍，提升数字经济的整体竞争力。

美国的硅谷是全球科技创新的中心，孕育了若干全球知名的科技公司，如谷歌、苹果和Facebook等。这些公司在人工智能、云计算、大数据等领域的突破和应用，推动了全球经济模式的数字化变革。欧盟通用数据保护法规（GDPR）作为重视数据保护和隐私权的象征，深刻影响了全球数字经济及其商业运作模式，强调个人数据保护在数字经济中的重要性。印度政府启动的Aadhaar项目创造了世界上最大的生物识别库，为超过12亿的国民提供了独一无二的身份识别号码。这一措施提高了人们获得政府服务的便利程度，同时推动了印度数字经济（Digital Economy）的发展。

（三）我国的数字化进展

我国的数字化进程是全球关注的焦点之一。政府在数字经济的推动上扮演了极其重要的角色。在国家层面，我国已通过一系列五年计划和长期战略，将数字经济明确列为国家发展重点。比如，我国优先发展数字经济，推动数字技术在各行各业的应用，在“十四五”规划和2035年远景目标中有所体现。我国在数字基础设施建设上的投入巨大，包括广泛的5G网络部署、大规模的数据中心建设以及互联网普及率的提高。特别是5G技术的推广，为各种新兴的数字应用提供了强大的网络支持，如智能制造、智慧城市和远程医疗等。

我国的数字化进程不仅仅是政府推动的结果，也得益于本土企业的创新和活力。企业如华为、腾讯、字节跳动等，不仅在国内市场上具有强大的影响力，同时在全球市场上也展示了其技术和创新能力。这些公司的发展带动了我国在全球数字经济中的竞争力，比如云计算、人工智能、大数据等领域。我国是全球数字支付和电子商务的领先者。支付宝和微信支付等移动支付方式在我国极为普及，几乎替代了传统的现金支付方式。据统计，我国移动支付交易规模到2022年底已近200万亿元。与此同时，阿里、京东等电商巨头推动消费模式发生根本性变化，并通过提供便捷的网购体验，推动物流、零售业数字化升级。根据我国电子商务研究中心的数据，2022年，我国电商市场交易规模已超过40万亿元人民币，呈现出快速增长的趋势。作为全球主要经济体中首个正式启动的数字货币项目，中国人民银行推出的数字货币电子支付（DCEP）——数字人民币，标志着我国金融科技领域又一重大突破。

经济的数字化转型是一场全球性的变革。它推动了产业结构和经营模式的根本变革，同时也带来了数据安全和隐私保护等新挑战。各国在享受数字经济带来的便利和效率提升的同时，也需要制定相应的法律、政策来应对这些挑战。未来，数字化经济将随着技术的进步和创新而不断深入，并进一步扩大其影响。

二、制造业向高端转变

制造业转型升级是全球经济结构变革中的重要一环，尤其是制造业正经历前所未有的变革，其动力来自当前的数字化和智能化。不同国家和地区正在采取不同的战略和措施推动制造业转型升级，其依据是各自的产业基础、技术能力和市场需求。制造业向高端化转型，涉及技术、管理、市场等方方面面的变革，是一个重要的发展方向。

（一）技术驱动高端制造业需要不断创新

高端制造业的转变首先受到技术的驱动。随着技术的不断进步，包括人工智能、物联网、大数据、云计算、3D打印等在内的新一代制造技术不断涌现，这些技术的应用使得制造过程更加智能化、自动化，从而提高了生产效率和产品质量。高端制造业的转变需要不断地创新。这个创新包括产品的创新、技术的创新、管理的创新等。企业需要不断地进行研发，推出具有竞争力的高端产品，不断地提升技术含量和附加值。高端制造业需要高素质的人才支撑。这些人才需要拥有扎实的专业技能，更重要的是要有创新能力、合作能力、知识的交叉。所以，高端制造业转型的一个重要环节就是培养和吸引高端人才。高端制造业需要大量的资本投入和市场支持。企业在积极拓展市场、提高产品知名度和市场占有率的同时，需要投入资金进行研发、技术改造和设备更新。

政府在高端制造业转变中发挥着重要作用。政府可以通过制定产业政策、财税政策、创新政策等方式，引导企业加大研发投入，提升技术水平，促进产业升级。高端制造业转型需与国际接轨，主动参与国际合作，包括技术引进、合作研发、市场开拓等方面，通过与国际先进水平接轨，提升自身的竞争力和影响力。

（二）高端制造业的一些典型案例

高端制造业的重要标志之一就是不断投入研发。举例来说，据德国商业银行（CommerzBank）数据，2019年德国研发支出占GDP比重达到3.2%，表明其对高端制造业的强大支持。衡量一个国家或地区制造业高端化程度的重要指标还包括专利申请量。WIPO（世界知识产权组织）的统计数据显示，2019年，我国的国际专利申请数量（PCT申请）达到了58990件，位居全球首位，反映了我国在高端技术领域的活跃度。

一些典型案例代表目前世界前沿的高端制造业。德国推动制造业高度数字化和智能化是通过其工业4.0战略，一个具体的案例是西门子的Amberg工厂。该工厂通过自动化技术和智能系统的应用，实现了生产效率和产品质量的显著提升，和几乎接近零缺陷的生产。我国高铁发展是高端制造示范项目中的突出案例。我国通过自主创新，在高速列车技术上以及高速铁路网建设方面达到了世界领先水平。我国铁路科学研究院发布的“复兴号”系列高速列车就是我国高端制造的代表，体现了高精尖技术的集成应用。特斯拉在电动汽车技术方面的创新，成功地将制造业推向了高端领域。通过整合先进的电池技术、自动驾驶软件和大数据分析，特斯拉在改变汽车行业格局的同时，也引领了新能源和智能汽车的发展趋势。

显然，国家和企业通过制造业的高端转型，显著提高了国际竞争力，获得了更大的市场份额。直接促进经济效益增长的将是研发投入和高端制造业的发展。举个例子，特斯拉的市值已经超越了很多传统汽车厂商，成为世界上市值最高的汽车公司之一。高端制造业发展还推动就业结构向更高技能领域转变。在德国，相关技术、管理和服务岗位的需求因高端制造业的发展而上升。制造业向高端化转型需要多方面的支持和推动，包括技术创新、人才资金政策等，它是一个综合性的过程。只有通过全方位的努力，才能实现制造业的高端转型，提升国家产业竞争力。

三、向绿色能源的转变

传统能源产业（如石油和煤炭）正逐渐向绿色能源（如风能、太阳能和电动汽车）转型，这主要是因为全球气候变化的压力和可再生能源技术的进步。这一转型旨在减少环境污染和温室气体排放，符合全球可持续发展的目标。向绿色能源转变是制造业转型升级的重要组成部分，它不仅有助于降低环境污染，还能提高能源使用效率，带来长远的经济效益和社会效益。

（一）向绿色能源转变的驱动力

首先是政策驱动。许多国家政府通过立法和政策支持，鼓励制造业采用可再生能源。例如，欧盟在 2018 年通过了要求成员国在 2030 年之前至少将可再生能源比重提高至 32%的一系列指令和法规。我国是世界上最大的碳排放国，实现碳达峰和碳中和的承诺是国际社会关注的焦点。我国政府已经正式承诺将在 2030 年前达到碳排放峰值，并争取在 2060 年前实现碳中和。

其次是技术驱动。技术进步是推动绿色能源转变的驱动力，包括不断发展的太阳能和风能技术，创新的能源储存技术——如锂电池技术，开发新材料以进一步提高效率等。技术创新是我国实现碳达峰和碳中和目标的关键驱动力。我国在加大了对电动汽车、太阳能光伏、风能的研发投入的同时，也加大了对核能的研发投入，取得了全球市场的领导地位。

再次是资本投资驱动。资本投资是推动绿色能源转型的强大引擎。资本投资可以有效地推动能源产业的低碳转型，通过资助研发创新技术部署并扩大成熟技术，建设必要的基础设施并获得政策的大力支持，达到经济发展和环境保护双重目标。全球绿色能源领域的投资持续增长，有助于加速相关技术的研究和商业化。例如，全球风能和太阳能市场见证了大规模的资本流入。

最后是绿色理念驱动。绿色理念在驱动社会向绿色能源转型的过程中，起到了基础而深远的作用。这种理念主张环境保护与可持续发展，倡导减少污染、节约资源和保护生态平衡，从而推动能源产业以及整个社会的绿色转型。随着绿色理念的发展，人们对环保产品的需求上升，并推动企业向绿色技术转型。更多的大众倾向于购买环境友好型产品，这会促使制造企业在生产过程中采用可持续做法。

（二）新能源转型的典型案例

向新能源转型成功的典型案例分布于全球多个地区，包括企业的战略转型以及地区能源结构的优化。

丹麦的风能转型。丹麦是全球风能利用的先锋，该国通过国家政策支持和企业的积极参与，实现了风能在其国家能源结构中的大规模应用。风电已成为丹麦国家电力供应的重要来源之一，丹麦政府更是制定了雄心勃勃的目标，力争到2050年实现完全脱碳。

德国的能源转型。德国的能源转型是一个全面转向可再生能源的国家政策计划，包括太阳能、风能和水能等。德国已经成为世界上可再生能源技术应用和发展最快的国家之一，通过政策激励、对可再生能源的大量投入以及公众的参与，这个转型不仅降低了对化石燃料的依赖，还提高了能源使用效率。

我国的太阳能扩展。我国的太阳能光伏发电全球领先，不仅在国内大规模部署太阳能发电项目，还通过投资和技术出口推动全球太阳能产业的发展。通过政府的政策支持、大规模生产和技术创新，我国成功降低了光伏产品的成本，促进了太阳能发电的全球应用。

美国加州的绿色革命。美国加州通过制定和实施一系列进步的环保法规和清洁能源政策，在推广新能源和绿色技术方面取得了令人瞩目的成就。加州的成功案例表明，包括碳排放交易制度、零排放汽车（ZEV）要求、对可再生能源的大量投资等举措，展示了如何通过政策创新和市场激励来促进能源转型。

瑞士的“2000 瓦社会”愿景。瑞士提出了“2000 瓦社会”的长远愿景，旨在通过提高能效和使用可再生能源来减少人均能源消费和碳排放。这一概念不仅推动了对节能技术的研究和应用，还为公众讨论和政策制定提供了关键依据，体现了向可持续能源系统转型的整体性思路。

这些成功案例表明了向新能源转型需要政府的政策支持、企业的技术创新、社会的广泛参与和国际合作等多方面的努力。每个案例在实施过程中都面临着不同的挑战，但它们共同证明了转型是可行的，并为其他国家和地区转型提供了宝贵的经验和启示。

第三节　数字平台经济的兴盛

数字平台经济的繁荣是当今世界经济发展的一大趋势。它涉及通过提供连接服务来改变传统行业和日常生活的各种在线平台。在数字化平台建立和扩展过程中，其业务模式是随着互联网、大数据、人工智能以及移动通信技术的迅猛发展而产生的。数字平台经济通过集中技术的力量，改变了传统产业结构，并创造了新的市场机会，既影响经营之道，又折射社会经济活动的深刻变革。随着技术的进一步发展以及相关政策的完善，在带来新的机遇的同时，数字平台经济有望继续扩大自己的影响力。数字平台经济的快速增长和广泛影响可以通过一些典型案例和相关数据来具体分析。下面是几个著名的数字平台以及它们的经济影响数据，以此来说明全球范围内这一趋势是如何重塑商业和社交活动的。

一、著名的数字化平台

（一）亚马逊（Amazon）

亚马逊（Amazon）是全球最大的电子商务平台之一，同时也是一个云计算服务巨头，通过其创新的业务模式和技术革新，对全球的零售和 IT 行业产生了深远的影响。它于 1994 年由杰夫·贝索斯（Jeff Bezos）在美国华盛顿州西雅图创立。从图书、电子产品、服装、食品到几乎所有消费品类，亚马逊是全球最大的网络零售商之一。通过其子公司亚马逊网络服务（Amazon Web Services，AWS），亚马逊在全球云计算市场占有领导地位，提供服务器、存储、网络、数据库和各种应用服务。其业务还包括 Kindle 电子书、Amazon Prime 会员服务、音乐视频串流服务、智能家居用品等。亚马逊在 2022 年的年营业额突破 4700 亿美元，市场规模和经济影响力越来越大。截至 2022 年，亚马逊的市场估值接近 1.6 万亿美元，是全球最有价值的公司之一。亚马逊不仅改变了消费者的购物习惯，提高了购物的便利性和效率，还通过其 AWS 部门推动了云计算技术在全球的普及和发展。亚马逊 CEO 安迪·贾西表示，2024 年的重点是发展生成式 AI 和成本控制。公司已经在成本控制方面进行了深入审查和优化，以发掘进一步降低成本的潜力。同时，贾西认为，生成式 AI 可能是云计算乃至互联网之后最大的一次技术变革，并预言由生成式 AI 主导的这场革命将会在云端轰轰烈烈地展开。

（二）阿里巴巴（Alibaba）

阿里巴巴于 1999 年由马云和他的 18 个合伙人创办于杭州。目前，阿里巴巴是我国最大的电子商务公司之一，也是互联网和人工智能技术领域的全球领先企业。通过强大的在线和移动商务平台，阿里巴巴已经深刻地改变了我国乃至全球的零售格局，推动了数字经济的发展。阿里巴巴集团旗下有多个著名电商平台，包括淘宝（Taobao）、天猫（Tmall）、阿里巴巴国际交易市场（Alibaba.com）和 1688.com 等，服务于全球范围内的消费者和企业。通过旗下的阿里云（Aliyun），阿里巴巴提供包括云服务器、数据存储、内容分发等一系列云计算服务。阿里巴巴通过收购和合作，建立了涵盖影视、音乐、体育等领域的数字媒体和娱乐业务。阿里巴巴还通过菜鸟网络（Cainiao）等物流合作伙伴，提供支付宝支付服务，构建全球物流网络。通过旗下的淘宝、天猫等电子商务平台以及支付宝这一支付工具，阿里巴巴对我国数字经济的发展起到了巨大的推动作用。阿里巴巴集团 2022 年收入近 1 万亿人民币（约合 1500 亿美元），服务活跃消费者超 10 亿。阿里巴巴在 2024 财年以 125 亿美元回购了总计 12.49 亿股普通股，成为我国互联网公司在该财年最大手笔的回购行动。这一举措显示了公司对未来发展的信心。

（三）Uber

2009 年，Uber 由加勒特·坎普（Garrett Camp）和特拉维斯·卡兰尼克

(Travis Kalanick）创办于美国加利福尼亚旧金山。Uber 是一家以革命性的打车应用闻名全球的科技公司，总部位于美国加州旧金山。这一应用连接了乘客和车辆，为用户提供快速便捷的出行服务。乘车服务是 Uber 的核心业务，通过提供多种类型的汽车服务，包括经济型、豪华型以及拼车等，满足不同用户的需求。此外，它还经营送餐、货运等服务。通过 Uber 这个平台，Uber 将食物从餐厅送到顾客手中，这让它的业务范围得到了扩展。Uber Freight 平台连接了货车司机和货物寄件人，旨在简化货运行业的操作。Uber 致力于开发自动驾驶技术，希望未来能提供无人驾驶汽车服务。

（四）字节跳动（TikTok 的母公司）

字节跳动（Byte Dance）是我国的一家互联网科技公司，2012 年由张一鸣创办于北京。因开发出全球广受欢迎的短视频平台 TikTok（在我国称为抖音）而闻名。此外，字节跳动还经营“今日头条”等一系列热门内容平台。TikTok（国际版）和抖音（中文版）是字节跳动最著名的产品，提供短视频分享和浏览服务。“今日头条”是一个新闻和信息聚合平台，使用算法向用户推荐个性化内容。字节跳动也经营多个内容和服务平台，包括但不限于懂车帝（汽车资讯）、飞书（办公通讯软件）等。作为一家私人企业，字节跳动的确切财务数据并不公开。但据报道，字节跳动的收入在过去几年中获得了显著增长，公司估值已达到数百亿美元，是全球最有价值的“独角兽”企业之一。字节跳动通过其先进的算法推荐技术，极大地影响了全球内容消费习惯，特别是在年轻人中推广了短视频的浏览和制作。字节跳动通过短视频平台 TikTok，迅速成为全球数字媒体和娱乐领域的一支重要力量，在年轻人中的影响力尤为巨大。据 Statista 发布的最新报告，截至 2024 年，TikTok 的全球月活跃用户约 15.6 亿，成为继 Facebook 之后世界上增长最快的社交媒体平台。

二、数字平台经济的特征

数字平台经济（Digital Platform Economy）是基于互联网技术，特别是基于移动应用和社交媒体等数字平台创造、传递和捕捉价值的一种新型经济模式。在这种经济模式下，平台企业通过提供一个中介的网络平台，促进交易和互动的实现，将服务提供者和买卖双方、内容消费者等两个独立的用户群体连接起来。数字平台经济有以下关键特征。

（一）多边市场

数字平台经济中的多边市场特征是其中的核心概念之一，这种特征说明平台是如何通过连接两个或多个不同的用户群体来创造和分配价值的。多边平台将不同的参与者，如买家、服务商、消费者、内容创建者和受众，通过技术桥梁进行连接。这样的不同群体可以在同一个平台上相互交流、各取所需，并在这个平台上获得价值。多边市场的核心动力之一是网络效应。这意味着由于选择和交易的机会增多，平台上的参与者增加，将带来更大的价值。正向网络效应表现为，用户越多，平台对每一个用户的价值就越大。而这种效应的产生，对每一个用户，例如社交媒体平台上的用户数增加，提高了其他用户加入和活跃的价值和动力。不同群体之间的互动在多边市场中产生交叉的网络效应。比如，在一个电商平台上吸引更多买家的卖家，会同样吸引更多卖家加入进来，买家也会更多，形成一个正反馈的循环。平台的成功在很大程度上依赖于这种交叉网络效应的有效管理。在多边平台中，各方的互动往往是不对称的。某一群体的增长或活动可能比另一群体对平台的整体价值影响更大。例如，在广告驱动的平台上，广告商的参与和投资可能对平台的财务成功至关重要，而用户则更注重内容和用户体验。多边市场推动了不同用户群体之间的价值共创。用户既是内容的提供者，更是提供服务的人。例如，Uber 的司机和乘客、Airbnb 的房东和旅客，都在各自的角色中共同创造价值，这是平台能提供的独特价值和服务的基础。

（二）算法驱动

数字平台经济的算法驱动特征，是其另一项核心组成部分。这使得平台能够处理大量数据，进行个性化推荐、优化服务以及高效地匹配供需关系。数字平台利用算法，通过收集和分析用户数据（包括行为数据、偏好、交互记录等），挖掘这些数据中的模式和趋势。这些信息帮助平台更好地理解用户需求，预测用户行为，并提供更为精准的服务或产品推荐。在算法驱动下，能够比较容易实现商品的个性化推荐、需求与供给匹配、动态定价和用户行为预测。算法使得平台能够为用户提供个性化推荐。例如，在内容平台（如 YouTube 或 Netflix）上，算法分析用户的观看历史、评分和偏好，向用户推荐可能感兴趣的新内容。这样的个性化提升了用户的满意度，也增加了平台的黏性。在共享经济平台（如 Uber 或 Airbnb）中，算法用于实时匹配服务提供者和消费者。算法考虑多种因素，如地理位置、价格、用户评价等，以最优化的方式配对双方，提高交易的效率和满意度。很多数字平台使用算法（也称浮动定价）来实现动态定价。价格根据供需情况、时间、用户购买历史等因素自动调整，旨在优化销售额和利润。例如，酒店预订平台可能会根据节假日或特殊事件调整房价。算法被用来预测用户行为和市场趋势，帮助平台和商家做出更加明智的商业决策。通过分析历史数据和用户互动，算法可以预测用户未来的购买行为、内容趋势，甚至是潜在的市场变动。算法是数字平台经济运作的核心技术之一，通过智能数据分析和自动化过程，极大地提高了平台的效率、个性化程度和用户满意度。数字平台经济高度依赖于数据分析和算法来进行个性化推荐、优化服务、匹配需求与供给，从而提升效率和用户体验。

（三）去中心化

数字平台经济的去中心化特征，是指通过分布式技术，如区块链和分布式账本技术（DLT），减少或去除控制和权力集中在单一中介或核心实体的现象。这种去中心化趋势旨在提高透明度、安全性和效率，同时降低对传统中心化权威（如银行、政府机构或大型企业）的依赖。数字平台经济的去中心化特征能够提高安全与透明度、降低单点故障风险、降低中介成本。去中心化平台利用区块链技术创建一个不可篡改和容易验证的交易记录。每一笔交易都公开记录在区块链上，所有参与者都可实时查看，增强了整个系统的透明度和信任度。这种透明度使得用户能够直接验证交易和数据，无须通过中介机构。在去中心化的系统中，数据和运算任务分散在多个节点上，不像中心化系统那样集中在单一的位置上，也不像中心化系统那样集中在少数的位置上，这种分散式的特性降低了单点失效的风险，并提高了系统的整体可靠性和抗击打能力。去中心化平台通过自动执行的智能合约来替代传统的中介服务，比如使用区块链技术自动处理付款和执行合同。智能合约是自主执行且符合预设条款的程序，减少了交易成本和时间，提高了处理效率。去中心化能够降低市场准入门槛，利用开放的技术平台让更多的创业者和小企业进行竞争。这就给更多的人提供了参与数字经济的机会，尤其是在那些传统金融服务不足的领域，数字经济的参与度更高。总体而言，去中心化是数字平台经济中一个重要且具有变革潜力的特征，尽管实施和广泛采纳仍面临诸多挑战，但它提供了一种全新的机会来重塑经济与社会的互动方式。

（四）价值共创

数字平台经济的价值共创特征体现了如何通过平台的互动性与协作性，使不同参与者（包括用户、服务提供商、开发者和平台自身）共同参与并创造价值。这种共创不仅促进了资源的优化配置，还增强了用户体验和服务质量。其价值共创特征具体体现在多方参与互动、用户生成内容、协作与分享、动态反馈和迭代等方面。数字平台生态圈内可实现多主体间的交互。例如开发者在应用商店发布应用，用户通过使用这些应用创造内容和数据，而平台则提供必要的基础设施和市场接触。这种多方的交互创造了一个动态的环境，促进了创新和改进。用户不仅是消费者，也是内容创造者。在社交媒体平台、在线论坛和评论系统中，用户生成的内容（UGC）极大地增加了平台的价值，这些内容包括评论、评分、视频、博客等。这些内容能帮助其他用户做出更明智的选择，同时增加了平台的吸引力和参与度。共享经济模型是价值共创的一个典型例子，如 Uber 或 Airbnb，它们通过平台连接空闲资源的拥有者（如车辆、房屋）与需要这些资源的用户。双方通过平台这一媒介，以创造双赢的结果，实现资源的最优利用。数字化平台可以实时收集用户反馈和数据，使得平台能够快速迭代和优化产品或服务。数字平台通常不单独运作，而是与其他服务和平台集成，形成一个复杂的价值网络。例如，电商平台可能会与支付服务、物流服务和社交平台集成，以提供无缝的购物体验。这样的整合提升了整个网络的价值，用户可以在连贯的环境中享受到各种各样的服务。所以，数字平台经济可以通过共创活动，为每个参与者增加个人或企业的价值，创造一个互利共赢的环境。

随着信息技术的迅猛发展，数字平台经济已成为全球经济的重要组成部分，其影响力渗透到各个行业与领域，重塑了商业模式、消费习惯乃至社会结构。作为一种新兴的经济形态，数字平台经济在带来前所未有的机遇的同时，也伴随着一系列挑战与问题，需要我们以理性的视角进行深入思考。数字平台经济的核心在于“平台”二字。平台作为连接供需双方的桥梁，通过数据驱动、算法匹配，极大地提高了资源配置效率。这种效率的提升，不仅体现在商品和服务的交易上，更体现在信息的流通与价值的创造上。平台经济打破了传统经济的地域限制，使得交易双方可以跨越时空界限进行互动，极大地拓展了市场的边界。然而，平台经济的快速发展也带来了一系列监管难题。一方面，平台的跨界融合特性，使得传统的监管框架难以适应。例如，一个集电商、社交、支付于一体的平台，究竟应该归哪个部门监管？如何确保监管既不过度干预市场创新，又能有效防范风险？另一方面，平台的数据垄断和算法黑箱问题日益凸显。平台通过收集用户数据，形成数据垄断优势，进而可能损害消费者利益，抑制创新。同时，算法的复杂性和不透明性，也使得监管者难以判断平台行为是否合规。在数字平台经济中，数据已成为新的生产要素，其价值不言而喻。然而，数据的产权归属、使用权限、隐私保护等问题却尚未得到妥善解决。数据的泄露和滥用，不仅侵犯了个人隐私，也可能对国家安全构成威胁。因此，建立健全数据治理体系，明确数据权属，规范数据使用，是数字平台经济健康发展的必要条件。此外，数字平台经济对就业市场的影响也不容忽视。一方面，平台经济的发展催生了大量新的就业机会，如网约车司机、外卖骑手等。另一方面，平台经济的灵活性也带来了就业的不稳定性，劳动者的权益保障成为亟待解决的问题。如何平衡平台的灵活性与劳动者的权益，是数字平台经济发展中必须面对的挑战。

第七章

就业结构：升级迭代与社会分化

智能化，特别是通过人工智能、机器学习、物联网、自动化和其他相关技术的应用，对就业结构产生深远的影响。一些低技能、重复性、高规律性的工作岗位可能会被机器和软件系统取代，同时又会出现更多要求解决复杂问题、创新和进行人机协作的高技能工作，造成技能和角色的转移。它既可能产生一些新兴的岗位，比如与 AI 相关的工作，像 AI 开发、AI 维护、数据分析、算法设计、用户体验设计等新职位的出现，也可能增加对一些职业的需求，比如提供决策支持，提升专业人士在医学、法律和工程等领域的工作效率。智能化可能会增加合同工和自由职业者的数量，改变全职的传统工作模式，而且随着技术的不断发展，一些职业可能会经历更加频繁的起起落落。

第一节　技术替代与岗位迭代

人工智能的迅猛发展以及智能技术的广泛应用，会导致部分传统的工作被自动化、机器人所替代。这种现象被称为技术替代，通俗来讲，就是智能机器代替人类从事一些重复性、低技能的工作，如生产线上的机械操作等。具体包括生产自动化、服务自动化所引起的劳动力替代及效率的提升，在任务自动化及决策辅助中引起的任务重组，等等。智能化通过自动化和技术替代不仅直接导致就业发生结构性改变，而且可能正在不断塑造全球就业格局和经济发展模式，显著影响可能正在发酵与酝酿之中。

一、工业的智能升级与工人岗位的迭代

我国被誉为“世界工厂”，拥有庞大的制造业劳动力群体。自动化和技术替代有可能导致传统制造业中的一些低技能劳动力岗位（例如装配线工人）逐渐减少，同时，随着制造业向着高技术和高附加值方向升级，对高技能劳动力如机器人操作员、设备维护工程师和自动化系统监控人员的需求将会增加。

我国工业自动化和智能升级正在影响工人的就业和岗位结构。这一过程通常被称为“工业 4.0”（Industrial 4.0），即将先进的自动化技术、人工智能（AI）、机器人技术、物联网（IoT）和大数据分析等技术结合起来，对制造过程进行改进。随着这些技术的引入，可能发生的影响和趋势包括：一是技能需求的改变。自动化和智能制造需要的工人技能与传统制造业不同。它需要更多懂得操作、维护和能够对自动化设备和软件编程的技术人才，而不是简单的劳动力。这促使工人必须升级技能或转换职业来适应新的要求。二是岗位结构的变化。简单重复的、低技能劳动岗位可能会逐渐减少，因为这些工作容易被机器人和自动化设备替代。但同时，也会创造新的工作岗位，比如数据分析师、机器学习工程师、系统集成师、智能制造技术的维护和服务人员等。三是劳动力市场的分化。自动化和智能技术普及可能加剧劳动力市场的分化。高技能工人很有可能会因为能够操作新技术而受到青睐，反之，低技能工人可能面临失业的风险。

富士康将大量自动化生产线和工业机器人引入我国工厂，是全球最大的电子制造服务企业之一。这些机器人被用来代替人工执行重复性高、危险或是对精密度要求很高的任务，导致对人力的需求发生变化。近年来，富士康为了提高效率和降低成本，也在积极推行自动化和智能化的生产线。这包括使用工业机器人和自动化装备替代部分传统的手工作业，可能会导致对于普通制造工人的需求减少。过去数年内，许多报道指出，富士康在我国的工厂员工数量发生了变化。例如，在 2016 年左右，富士康传出将通过自动化减少一定比例的工人数量的消息。

当然，影响普通劳动者的复杂的制造业智能化转型升级，最显著的影响就是职位减少。随着智能机器人和自动化生产线的广泛应用，许多低技能、重复性高的工作岗位将被机械化替代，直接导致一些普通工人面临失

业的风险。此外，也包括可能的技能失配，智能化转型升级需要工人具备更多的技术操作能力和维护智能设备的技术知识，而这可能与现有工人的技能不匹配。

我国是世界上工业化程度较高、制造业非常庞大的国家。不同行业的影响程度不同，自动化技术在我国的电子、汽车、化工等高端制造业中推广应用，比在劳动密集型行业（如纺织、家具制造等）更为广泛，因此，自动化对于不同行业工人的影响大不相同。地区发展存在差异，我国的东部沿海地区通常工业更为发达，自动化程度更高，而中西部和其他地区自动化程度相对落后，意味着自动化对就业的影响也会因地区而有很大差异。

二、农业智能自动化与职业农民的迭代

我国正在推进农业现代化。在这一过程中，自动化、智能化技术的应用将发挥重要作用，农业生产的效率和水平将得到提高。智能化农业设备和无人机的使用减少对传统农业劳动力的需求，推动原本较多依靠人力的农业向现代化农业转变。

随着我国对农业生产的智能化和自动化的投资增加，这些技术的广泛应用将引起农业职业和生产方式的变化，催生新一代的职业农民。一是农业生产对新技能和知识需求。新一代职业农民将需要理解和运用农业科技，如无人机、智能监测系统、精准农业工具、农业机器人等。他们需要具备较强的技术背景，能够操作新设备和理解数据分析。二是对精细化管理的要求。智能化的农业可以实现精细化管理，提高资源使用效率，减少农药和肥料的使用，保护环境，同时提高农产品的质量和产量。三是数据驱动的决策。根据土壤、天气状况和作物生长数据来决定播种、灌溉和收获，农业决策将越来越多地建立在数据分析的基础上。职业农民需要具备基本的数据分析能力。四是高效的资源管理。自动化技术可以帮助农民更高效地利用人力和物力资源。比如自动喷灌系统可以根据天气和土壤湿度的不同，对灌溉量进行相应调整。五是农场的数字化和网络化。使用物联网技术将整个农场变成智能化的数字平台，实时监控和管理各种农业活动。六是第一、二、三产业的融合。农业生产的智能化和自动化会与其他产业，例如物流、贸易、服务业等产生更多互动，农民也可能成为这些服务的提供者。

作为饲料及养殖业龙头企业——新希望集团的核心企业，新希望六和

在智能化、自动化等方面的进展，一定程度上影响了对员工的需求。随着智能化程度的不断提高，自动化设备和智能化管理系统正在取代一些传统的作业。例如，在养殖业务中，通过引入自动化饲料投放系统、智能监控设备、健康管理软件等，可以有效减少日常饲养、管理和监测等环节的劳动强度，减少对基础人力的需求。这些变化意味着，对于低技能或简单体力劳动的岗位数量需求可能会有所减少，因为这些工作可以由机械化设备或者智慧管理系统完成；同时，将增加对自动化设备维护工程师、智能系统操作技师、养殖过程数据分析及优化专家等专业技术人员的需求；员工的职位结构可能会发生变化，企业对人才的特质和能力需求会更倾向于多元化和专业化，即使总体人数不变或略有减少。

总之，随着科技的渗透，农业生产中对技术能力、管理能力的需求增强，对信息化素养、专业化服务、市场营销、合作沟通能力等方面需求增加。一方面农业领域将出现更多的创业机会和企业。另一方面，对农民的要求不再仅局限于传统的耕种技能，而是更多地转向综合性能力的提升，包括技术、管理、金融和市场营销等各个方面的能力。

三、服务行业的升级与服务人员的迭代

服务业是我国就业的重要部分。随着自动化和人工智能的融入，某些服务行业职位（例如收银员、客服人员）可能面临被机器替代的风险，但同时也将促成硬技术和软技能相结合的新型服务业职位（如健康护理、教育咨询等）。

随着服务行业采用更多的智能化技术，比如人工智能（AI）、大数据和机器人，从事服务行业的人员需要掌握更多与技术相关的技能，如机器操作、数据分析、系统维护等。这些技术的应用可能带来岗位结构重塑。智能化技术可能替代某些具有重复性和流程化的服务岗位，如收银员、客户服务代表等。同时，新的岗位也会因技术的发展而产生，如技术支持专家、数据科学家、系统分析师等，从而重塑现有的岗位结构。智能化升级能够提高服务效率和减少错误率，改善客户体验。服务行业从业者可以使用智能系统为客户提供更个性化的服务，但也会给就业岗位稳定性带来挑战。从事服务业的工作人员可能面临就业安全的挑战，因为某些工作功能可能会被自动化技术所取代。这就迫使职场人士为了适应瞬息万变的职场环境，

不断提高自己的职业技能和灵活性。在很多服务场合，人机协作会增多，智能化设备和人员需要协同工作以提供最佳服务。因而，服务行业人员需要学会与智能机器有效协作的方式，管理和监控智能系统的运作。从目前来看，尽管许多服务可以被自动化，但人际交往和情感智能（EQ）在服务行业仍然至关重要。高质量的人际互动与服务往往不能完全被机器替代，因此对此类能力的需求会相应增加。

在服务行业中，自动化和智能化的一个显著案例是美国的麦当劳（当然也包括在我国的多家门店）。最近几年，麦当劳一直在寻求通过技术创新提高效率，提升客户体验。这包括他们在全球范围内推出的自助点餐站和移动应用程序。许多麦当劳餐厅都有自助服务的触摸屏点餐站，顾客可以通过触摸屏自己点餐和支付，无须接触服务员。使用这些点餐站，顾客可以在菜单中自定义物品，直接完成订货付款。这样的创新降低了对前台的依赖，也会让点单的过程加快。麦当劳的移动应用程序允许顾客使用手机提前下单和支付，为顾客提供了更多的便利性和个性化服务。这同时也减少了餐厅内部对人工点单服务的需求。另外，麦当劳通过先进的预测算法和自动补货系统，更有效地管理库存和供应链，减少浪费。这些变化使得麦当劳的某些门店在人力结构上发生变化，一些点餐和支付方面的岗位有所减少，同时增加了对技术支持和客户服务人员的需求。工作人员的角色逐步由事务性工作向提升服务品质等方面转移。

要注意的是，尽管自动化和智能化改变了一些岗位，但它们并不一定完全取代所有的服务行业工作，而是对服务行业内工作岗位和员工技能需求进行了重新分配和调整。

四、对超越机器的创新性人才的强需求

由于自动化和智能化的推进，我国劳动力市场将更偏向于具有终身学习和适应新技术能力的劳动者。这可能导致劳动市场中对低学历劳动力的需求减少，对高技能、高教育背景的劳动力需求增加。随着我国在5G、云计算、大数据和AI等领域的投入和发展，这些行业相关的就业机会将大幅增加，需要数据科学家、云服务工程师等一大批懂管理、会开发的技术人才。

毫无疑问，未来的发展对有独到见解和创造力的优秀人才，特别是机

器能力之外的创新人才，确实有很强的需求。比如，高端产业发展需要大量创新型人才。我国正努力从“世界工厂”向高技术产业和创新驱动的经济结构转型。这需要大量能够进行原创性研究、开发前沿技术、推动科技成果转化为实际产能的创新型人才。国家战略需求大量的顶尖人才。我国在新一轮科技革命和产业变革中，制定了旨在提升国家创新能力的“创新驱动发展战略”，在人工智能、5G 通信、生物技术、新材料等领域吸引和培养顶尖人才的需求强烈。

我国政府正在努力吸引、培养更多创新型人才，并为这些人才的发展创造更好的环境。一是增加对科技教育的投入，特别是 STEM（科学、技术、工程和数学）教育，以培育未来的创新性人才。大学、研究机构和公司都在激励研究与开发活动，尝试通过教育改革留住和吸引更多有潜力的年轻科技人才。二是鼓励创新创业，提供资金及政策支持，以营造有利的环境吸引和留住创新性人才。例如，通过高新技术企业税收优惠、科技型中小企业融资支持政策和各类创新创业大赛来激励创新。三是努力引进海外高层次人才。我国启动了引进海外高层次人才和团队的“千人计划”和“万人计划”，希望通过“海归”科学家和工程师的力量，加速国内科技进步和创新。为给科研人员提供国际交流平台，我国积极参与国际科技合作和人才交流，与世界多个国家和地区签署了科技合作协议。

第二节　技能升级与岗位分化

专业化发展与技能升级不仅创造了全新的工作岗位，同时也对现有工作岗位提出了更高的要求。一方面随着技术的更新换代，一些传统岗位可能会逐渐减少或者销声匿迹。另一方面，技术进步也创造了新的就业机会和增长点，促进了人才结构的优化升级。

一、传统领域旧岗位的减少

在我国智能化的过程中，一些传统岗位由于自动化和智能化技术的引入而面临减少甚至消失的风险。在比较笼统的第一、第二产业（即农业、制造业）中，都是如此。工厂中的许多制造和组装工作可以通过自动化生产线和机器人实现，降低了对传统制造业工人的需求；精准农业和农业自动化技术的发展可能降低对传统农业劳动力的依赖，例如使用无人机进行作物监测和农药喷洒等。在第三产业一些传统且较为普遍的岗位方面，会计和审计人员，随着企业财务软件和自动化处理工具的发展，简单的账目管理、财务报告和税务处理可以被自动化系统所代替；银行柜员，线上银行、移动支付和自动柜员机（ATM）等技术的普及，减少了客户到实体银行办理业务的频率，从而影响到银行柜员的岗位数量；客服代表，人工智能客服、自动应答和在线聊天机器人开始在客服领域广泛应用，这可能减少对传统客服代表的需求；司机和运输工人，无人驾驶技术的发展可能长期影响运输和配送业的司机岗位，包括货运司机和出租车司机等；文件和数据录入工作人员，随着扫描识别技术和自然语言处理技术的提升，大量的记录和输入工作可以被智能化系统所替代；邮递员和快递员，对传统快递配送方式可能产生影响的是无人机送货以及智能配送系统的潜在应用；出纳员和收银员，随着自助结账技术和移动支付的发展，需要人工操作的收银工作正在减少；传统零售业职位，线上购物和自动化仓库管理系统的发展正在改变零售行业的就业结构，减少对传统零售工作岗位的需求；旅游导游，虚拟现实（VR）和增强现实（AR）技术的应用提供了新的旅游体验方式，可能减少对传统旅行导游的需求；保安和监控人员，随着监控摄像头和智能监控系统的普及，简单的监控任务越来越多地可以由算法来完成；图书管理员，随着数字化数据的普及，传统的图书管理员因为读者可以在线完成更多的信息存储和检索，其岗位需求正在减少。

我国作为全球制造业大国，在致力于通过智能制造提升产业效率和产品质量的同时，必然伴随着劳动力结构和就业模式的变化。需要注意的是，智能化带来的岗位减少和消失是否意味着总体就业机会减少存在一定争议，这是因为新技术同时也创造了新的职位和行业。例如，自动化和智能化需要更多的软件开发者、数据分析师、系统维护员和技术支持人员。

二、传统领域新岗位的增加

在我国，专业化和技能升级引起的就业岗位的变化非常显著。这里列举几个典型的领域。

电子商务和物流领域。电子商务的兴起带动了物流行业的快速发展，也催生了一系列新的就业岗位。比如电商运营类、策划类、管理类等职业需求量大增。这些职位要求从业者具备电子商务和物流方面的专业知识，能够熟练运用相关技能和工具，提高物流效率和客户满意度。

新能源和环保领域。随着环保意识的提高和新能源技术的不断发展，相关领域的就业岗位也在不断增加。例如，太阳能工程师、风能工程师、环保工程师等职位受到热捧。这些职位要求从业者具备新能源和环保方面的专业知识，能够开发和应用相关技术，推动绿色发展和可持续发展。

医疗卫生领域。随着医疗技术的不断进步和人们健康意识的提高，医疗卫生领域的就业岗位也在不断增加。例如，医疗影像师、健康管理师、康复治疗师等职位需求旺盛。这些职位要求从业者具备医学和相关领域的专业知识，能够提供专业的医疗服务，保障人民健康。

这些岗位都是在专业化和技能升级的背景下出现的新兴职位。它们要求从业者具备高度的专业知识和技能，以适应不断变化的市场需求和技术发展需要。简单地说，由专业化、技能升级导致的就业变化涉及各个行业，这在我国是非常显著的。这些变化要求从业者不断学习和提升自己的专业知识和技能，以适应市场需求的变化和职业发展的要求。同时，政府和社会各界也应加强职业培训和技能提升，为劳动者提供更多的就业机会和更好的职业发展前景。

三、新兴行业就业岗位的增加

智能化带来的不仅仅是一些传统岗位的减少和消失，同时也伴随着新就业岗位的大量涌出。新的专业领域会随着技术和应用的发展而出现。

人工智能和机器学习领域。这个领域需要大量的数据科学家、机器学习工程师、算法开发人员和 AI 研究人员。具体岗位如数据科学家、机器学习工程师、人工智能研究科学家、自然语言处理工程师、计算机视觉工程师、机器学习产品经理、人工智能伦理专家、机器学习运维（MLOPS）工程师、人工智能应用工程师、机器学习数据工程师等。这些新职位可能需要从业者具备特定的技能和知识，例如大数据处理、统计分析、编程语言（Python、RJava 等）、机器学习框架（Tensor Flow Pytorch 等）以及深度学习等方面的专业储备。

云计算和大数据领域。随着数据的重要性日益增加，对于云架构师、大数据分析师、数据工程师和数据库管理员的需求也在增加。云架构师、云解决方案架构师、云安全工程师、云运维工程师、大数据分析师、数据隐私专家、大数据产品经理等这方面的职业岗位，通常要求掌握数据处理、分析和云计算服务的知识，如 Hadoop①、Spark②、Kafka③、NoSQL④ 数据库、云服务提供商（如 Amazon Web Services⑤、Microsoft Azure⑥ 和 Google Cloud Platform⑦）的使用和管理，以及相关的编程语言（如 Python、Java 和 SQL）。

物联网（IoT）领域。涉及 IoT 的职位有硬件设计师、网络安全专家、系统集成师、IoT Solutions 架构师。这方面新的岗位，如 IoT 解决方案架构师、IoT 安全专家、IoT 系统开发者、IoT 硬件工程师、IoT 数据分析师、IoT 产品经理、IoT 测试工程师、IoT 运维工程师、网络工程师（IoT 专长）、嵌入式系统工程师、云平台工程师（IoT 专长）、用户体验（UX）设计师（IoT 专长）、IoT 咨询顾问等。这些职位可能需要专业知识和技能，包括对多种传感器和设备的了解，网络通信协议（如 MQTTCOAP）、微服务架构、数据处理和分析技术，以及 Python、C、C++等相关编程语言。

还有一系列的新兴产业，与之相伴的一系列新的就业岗位。比如自动化工程方面，随着工厂和生产流程的自动化，需要更多自动化工程师、控制系统设计师和维护技术人员。在新能源开发上需要更多的工程师、技术专家、维修人员，如太阳能、风能、电动车等新能源领域。在 5G、6G 技术方面，随着 5G 乃至 6G 的部署，相关的网络工程师、信号处理专家和电信技术支持等岗位需求也在增加。在智能制造方面，智能化机器人、3D 打印

---

① Hadoop 是一个由 Apache 软件基金会开发的开源分布式系统架构，主要用于解决海量数据的存储及分析计算问题。

② Spark 是一个基于内存的开源计算框架，最初由加州大学伯克利分校 AMPLab 开发，后成为 Apache 软件基金会的顶级项目。Spark 是一种“One Stack to rule them all”的大数据计算框架，提供了统一的数据处理平台，集成了批处理、流处理、机器学习、图计算等多种功能。

③ Kafka 是一个由 Apache 软件基金会开发的开源流处理平台，最初由 LinkedIn 公司开发。Kafka 是一个分布式、支持分区的、多副本的、基于 ZooKeeper 协调的分布式消息系统，具有高吞吐量、高水平扩展、高可用性和容错性等特点。

④ NoSQL 是“Not Only SQL”的缩写，泛指非关系型的数据库。

⑤ Amazon Web Services（AWS），是亚马逊公司旗下的云计算服务平台，自 2006 年发布以来，已成为全球市场份额最大的云计算提供商。

⑥ Microsoft Azure 是微软公司推出的全球云计算平台，自 2010 年正式发布以来，已成为全球领先的云计算服务提供商之一。

⑦ Google Cloud Platform（GCP）是谷歌公司提供的一套公有云计算服务，自 2008 年启动以来，已成为全球领先的云服务提供商之一。

和数字化制造技术需要机器人编程师、3D设计师和CAD工程师。在电子商务和数字营销方面，随着数字经济的发展，电子商务分析师、SEO专家、社交媒体经理和内容创作者等职业需求激增。

随着我国创新驱动发展战略的实施和对智能化产业的持续推进，越来越多新兴行业和岗位将继续出现。这些新岗位不仅需要技术技能，还需要创新能力和不断学习的意愿。因此，就业市场上对高素质、多技能和终身学习型人才的需求将会不断增长。

四、人机融合和岗位技能升级

智能化在我国的快速发展，尤其是在人工智能（AI）、机器学习、自动化和物联网等领域的应用不断扩大，正推动着人机融合不断深化和岗位技能升级的显著趋势。

人机合一主要是通过人机协同的方式实现生产效率的最佳化。随着智能机器人在制造业、物流和服务业的广泛应用，在未来的工作场所，人与机器并肩作业的场景将会愈发常见。工作模式将转变为人机协作，其中人类员工负责更有创造性、决策性或需要情感交流的任务，而机器助力完成劳动密集型、重复性或危险的工作。在这种情况下，随着技术的推进，一些职能不再需要人类去完成，但同时也有新的岗位和职责出现，这就要求员工进行技能升级。比如，制造工人要学会自动化设备的操作与监测，销售人员需要掌握数据分析以便更好地理解客户需求。这样，终身学习的重要性就凸显出来。为了保持竞争力，员工需要持续学习和适应新技能。企业和教育机构都可能推出在线课程、研讨会和培训班，以帮助职场人士获取最新知识和技术。无论是不是传统岗位，数字技能已经成为基本要求。对于大数据分析、云计算、网络安全以及各种专业软件的熟练使用，成为很多工作的标配。

而且，随着机器处理大量例行性任务，对于具备创新思维和战略规划能力的人才需求将会增加。因为智能技术的融合性，懂得跨领域协作、在不同的业务场景中应用技术的能力就变得特别重要，跨领域协作能力也有待大幅提升。人机融合、岗位技能升级将是我国推动制造业升级、服务业智能化、新型城镇化建设的一大趋势。为帮助工人和专业人员适应这些变化，确保劳动力市场平稳过渡，政府、企业和教育部门需要共同努力制定相应的政策并提供支持。

第三节　社会变迁与结构转型

社会结构转型理论（Social Structure of Accumulation Theory）认为，经济发展与社会结构（包括劳动市场、政府政策、公司形态等）是相互依存的，一个国家或地区的经济体系由一系列有序排列的结构组成，其中包括就业结构。这些结构随着时间的推移会发生变化和发展，并受到政治、社会、技术等多方面因素的影响。在智能时代，工作的时空超越可视为对劳动市场结构的重大转变，使得劳动关系和劳动过程更为灵活。这种转变可以带来生产效率提升，但也可能对工作的稳定性和劳工权益产生影响。

一、从职业类别到结构变化

社会转型理论（Social Transformation Theory）认为，社会将经历从传统社会到现代社会的转型过程。在这一过程中，社会结构、制度、文化和行为模式等方面都会发生显著变化。

智能时代，尤其是随着人工智能、机器学习、大数据、云计算和物联网等技术的发展与应用，职业类别变迁会带来就业结构改变。首先是新兴职业和技能需求。技术进步直接催生了一系列新兴职业，如数据科学家、人工智能工程师、云解决方案架构师、网络安全专家等。这些职业要求专业的技术技能和不断更新的知识体系。而且随着技能升级与再教育，原有的职业可能要求新的技能，或者完全被新的工作模式所替代。这种技能的转化和提升往往需要接受再教育，也需要终身进修。其次是低技能劳动力调整。自动化和人工智能的广泛应用可能会导致传统的、重复性高的低技能工作岗位减少，从而影响就业结构，尤其是对于具有较低教育水平和技能的劳动群体，这些群体可能需要转移至其他行业或接受重新培训以适应市场需求。最后是企业组织和管理变革也会带来就业结构的改变。智能时代的企业可能会采用强调敏捷性和适应性的组织结构，新的工作模式可能会逐渐取代传统的层级体系。与此同时，也会带来劳动力市场分割。创新能力强、掌握新技术的高技能劳动力和那些缺乏适应新技术能力的低技能劳动力，在智能时代的劳动力市场可能会更加分化，两者之间的差别会非常明显。

社会转型理论指出，社会和经济结构的这些变化往往伴随着制度和文化的适应性改变，例如，教育体系可能需要更新课程以满足新的技能要求，政府可能需要更新就业和社会安全政策以保护受影响的工作者，企业文化可能需要鼓励创新和终身学习。整体来看，智能时代对就业结构的影响是深远且多方面的，需要社会各界通力合作，以促进平稳过渡和适应新的就业需要。

二、从劳动力需求到结构变化

社会转型理论涉及社会、经济和文化的全面变化，并强调这些变化是相互联系和相互作用的。在智能时代，随着自动化和智能化技术在生产和服务领域的广泛应用，对低技能劳动力的需求减少，而对于具备高级技能和能够与复杂机器互动的专业人士的需求逐渐增加，劳动力需求必将发生显著变化，将直接影响就业结构。

因为一些重复性、低技能的工作被自动化取代，对高技能劳动力的需求增加，这就造成了就业结构倾向于那些要求创新的职业，比如，需要批判性的思考、需要解决复杂的问题、需要应用技术。为了满足市场对高技能劳动力的需求，教育体系可能需要进行重组，更多地侧重于科技、工程、编程、数据分析和创造性思维等技能的培养。智能时代的劳动力需要具备跨领域的知识和技能。举个例子，一个医学专业人士或许需要了解一些数据分析，而一个市场营销专家或许需要了解基本的 AI 知识。随着技术和行业日新月异，终身学习成为职业发展的关键，与之相适应的就业结构可能会呈现更多工作路径、更强的灵活性和混合型以及更多的升学机会。技术的进步使得远程工作变得更为普遍，可能导致就业结构从城市向郊区、乡村甚至不同国家转移，人们可以在没有地域限制的情况下工作，最终可能促成劳动力地理分布的调整。不仅如此，临时工、合同工、自由职业等非传统工作形式的增加，可能会导致就业结构更加灵活，而灵活就业的形式也会随着灵活就业的增长而变化。传统的长期、固定的就业关系可能会被更加动态和个性化的工作关系所取代。

就业结构的改变是社会转型过程的一部分。这个过程涉及人口、技术、教育、政策和企业战略等多个层面的变革，需要这些领域协调一致，才能实现平稳和包容的社会转型。在智能时代，为保证劳动力市场的平衡和全体劳动者的福祉，这种转型尤其需要公共政策的支持和私营部门的主动适应。

三、由专职向自由职业转变

基于社会转型理论，智能时代就业结构的改变，可被看作社会从传统的工作模式向现代、灵活化和技术驱动型的就业模式的转型。这种转变不是孤立的，而是与技术进步、经济全球化、文化变迁、政策调整等因素相互影响的结果。

全职工作转型为自由职业，可能是这一社会转型的重要表现。传统全职工作模式强调长期、稳定、固定的工作时间，自由职业则更加灵活，允许个体根据自己的时间安排和工作偏好来接取任务，这样的劳动关系通常更加短期和项目化。一是表现在工作地点的多样化方面。全职工作往往要求员工在固定的办公地点工作，而自由职业通常允许远程工作，这意味着自由职业者可以在全球各地工作，只需要有互联网连接和必要的工具。二是表现在工作模式的个性化方面。智能时代的技术工具使得个人可以更加灵活地展示自己的技能和服务，通过多个平台为不同客户工作，实现多样化和个性化的收入来源。三是表现在技能需求的快速变化方面。自由职业者需要不断学习和适应新技术，以维护其在市场上的竞争力。这种对快速应变能力的要求更高，是相对于技能需求稳定性更强的全职工作而言。

技术进步促成了从全职工作到自由职业的转变，并引发了社会结构和文化意识的变化。整个社会需要共同努力，以创造一个未来劳动市场，用更可持续的环境来适应新的就业形式。为确保社会转型过程中每个人的需求都得到满足，政府、教育机构、企业和劳动者自身都需要共同面对这些变革所带来的挑战和机遇。当然，所有的改变都不是孤立地发生的，而是整体经济、政治和社会体系相互影响的结果。政策制定者和企业需要认识到这些变迁，并采取相应措施来管理和引导就业结构的转变，以实现经济的持续增长和社会的稳定发展。

总之，因为智能化尤其是人工智能的出现和升级，就业结构正以前所未有的速度和方式发生转变。可以预见的是，智能的发展将对就业结构产生深远影响，包括技术替代、技能升级、新兴行业的崛起，以及个体的转行与职业适应。

第八章 工作形态：灵活多样与去组织化

智能化让工作变得更有效率，工作方式也更加灵活。智能化对工作模式的改变是以自动化、数据驱动和智能化为主要特征。它将改变传统的工作方式和业务模式，提高工作效率，降低成本并增加创新能力。在一线工厂中，由于智能化引入了自动化生产设备和机器人技术，使生产线更加智能和高效。许多生产环节通过自动化设备和机器人的应用，实现智能化的运作。在大量的办公环境中，智能化更是让大量的工作人员从纷繁复杂的文字工作中解放出来，超越原来的时空工作环境，引发工作模式的变革。

第一节 新型工作方式的主要特点

智能化技术正在工作中扮演着举足轻重的角色。从基本的劳动密集型任务到复杂的决策流程，智能化正以前所未有的速度改变着我们的工作方式。机器人流程自动化（RPA）和人工智能（AI）等智能技术可以自动执行数据输入、账单支付等许多重复的任务。这释放了员工的时间，使他们能够专注于更复杂、更具创新性的工作。通过大数据分析和机器学习，智能化系统能够处理海量数据并提供洞见，帮助员工做出更明智的决策。这种基于数据的决策方式减少了人为偏见和错误，提高了决策的准确性和效率。沟通协作模式发生了变化，即时通讯工具、协作平台、虚拟会议软件等智能化技术，让异地办公、跨地域协作变得简单起来。员工可以随时随地与他人沟通、共享文件和协作完成任务，大大提高了工作效率和灵活性。

一、智能化工具大量的应用

智能化时代的新型工作方式离不开数字化和智能化工具的应用，如大数据分析、人工智能、协作软件等。这些工具可以帮助员工更高效地完成工作任务。智能化工具在新型工作方式中得到了大量的应用，为工作方式带来了许多积极的变化和创新。比如一些协作软件的应用，包括但不限于 Slack、Microsoft Teams、Trello 等协作软件。这些工具帮助员工实现远程协作、实时通讯、任务分配和跟踪等功能，促进团队合作和项目管理的高效进行。比如一些项目管理工具的应用，诸如 Asana、Jira、Monday. com 等，帮助团队实现任务分配、进度追踪、资源管理等功能，有利于协调团队成员的工作和资源分配。再如一些远程会议工具的应用，如腾讯会议、钉钉、Zoom、Microsoft Teams、WebEx 等支持视频会议、屏幕共享、在线讨论等功能，有效地促进远程工作团队之间的沟通和协作。还有一些大数据分析工具，包括 Tableau、Power BI、Google Analytics 等，可用于收集、分析和展示数据，在业务决策和战略制定中发挥重要作用。像 We Tab 这样的虚拟助理、人工智能助理来说，可以帮助员工快速获取信息，处理日常任务，提高工作效率和生产力。大量云存储和共享工具，像 Google Drive、Dropbox、OneDrive 等云存储工具①，提供了方便的文件存储和共享功能，有效地解决了远程办公中文件共享和版本管理的问题。

这些智能化工具的大量应用，为新型工作方式提供了便利和支持，促进了数字化办公、远程协作和工作效率的提升。随着技术的不断创新和完善，智能化工具在新型工作方式中的应用将继续扮演重要角色，推动工作方式和流程的持续演进和改善。

二、协作和沟通方式的改变

智能化技术提供了更多便捷高效的协作和沟通方式。团队成员可以通过云端协作工具、在线协作平台和实时消息应用等，与其他人快速交流和共享文件，不再受到时间和空间的限制。这对团队协作有促进作用，信息流转速度和效率也会有所提高。

---

① Google Drive、Dropbox、OneDrive 都是知名的云存储服务，它们允许用户将文件、照片和文件夹安全地存储在互联网上，并可以从任何位置、使用多种设备访问这些文件。

智能时代的到来给协作和沟通方式带来了深刻的改变：一是实时沟通工具的普及。随着即时通讯工具（如 QQ、微信、企业微信、Slack、Microsoft Teams 等）的普及，团队成员可以通过文本、语音和视频等多种方式进行实时沟通，不再受制于时间和地点。这种实时沟通工具的普及，提高了团队协作的效率，减少了沟通的障碍，使得决策和反馈更加快速和及时。二是云端协作工具的应用。云协作工具的出现（如 Google Docs、Office365 等）使传统的文件协作方式发生了改变。组员可以在编辑文档的同时进行素材分享，还可以实时查看别人的修改，使团队协作效率大大提高。另外，云端协作工具也提供跨平台、多装置支援，让团队成员在任何地点都可以协同工作。三是远程会议和协作工具的普及。智能时代的远程会议和协作工具（如腾讯会议、Zoom、Microsoft Teams 等），让远程工作和跨区域协作变得更加便捷。

借助这些工具，团队成员可以进行远程会议、屏幕共享、远程培训等活动，减少了商务出差的成本和时间，提高了工作效率。以实时、多元、智能、便捷为主要特征的智能时代协作与沟通方式，让跨平台的团队合作变得更加顺畅，为灵活、高效、智能的工作方式提供支撑。

三、工作流程的优化和自动化

智能技术可以帮助工作流程更加优化，减少手工操作步骤的冗余。通过自动化工具和机器学习算法，一些常规的任务或流程可以被自动完成，节省时间和人力资源。

一是流程分析与优化。智能化技术可以通过对工作流程的数据分析和挖掘，识别出存在的问题或瓶颈，并提出改进的建议。通过对工作流程的优化，可以减少冗余、重复的步骤，并缩短整个流程的周期。这将带来效率的提升和成本的降低。二是自动化任务处理。智能化技术可以帮助实现常规的任务自动化处理。比如，一些简单重复的任务可以通过自动化工具和机器学习算法自动完成。这样既节约了时间又节省了人力资源，让员工把精力更多地集中到复杂和高附加值的工作上来。三是智能决策支持。智能化技术可以通过分析和学习大量的数据，提供决策支持。例如，基于大数据分析和机器学习的算法，可以帮助预测市场趋势、了解客户需求，从而更好地指导决策制定。智能化技术还可以基于规则和逻辑进行判断和推理，提供决策的建议和策略。四是数据集成和自动化流程连接。智能技术能够帮助进行数据的整合以及不同系统和平台之间的流程连接。通过API(应用程序编程接口)、中间件和集成工具，可以实现不同系统之间的数据共享和信息的自动传递。这样可以避免人工的数据转换和重复输入，提高数据的准确性和一致性。

借助智能化技术的发展和应用，智能时代的工作流程优化和自动化手段，可以帮助我们了解和优化现有的工作流程，提高工作效率，减少人为错误，并支持更智能、自动化的工作方式。

四、着重于创新和解决问题

在越来越智能化的时代，新型工作方式更加注重员工的创新能力和问题解决能力，鼓励员工提出新想法，挑战传统观念，并追求更加高效的工作方法和流程。因为随着科技的发展和智能工具的广泛应用，很多重复的工作都可以通过自动化、智能化的方式来完成。这就使得人们可以把更多的精力放在工作的创新和解决问题上。

创新在智能化时代的工作中占据着重要地位。员工被鼓励提出新想法、新方法，挑战传统观念，寻求更加高效的工作方式和解决方案。创新能够促进公司持续进步，并带来新的商机与竞争优势。智能化时代也强调解决问题的能力。员工需要具备分析问题、提出解决方案的能力，面对复杂的工作挑战时，能够迅速做出决策并采取行动。这样的能力对于工作效率、成本、流程的优化都是非常有意义的。智能时代的工作环境要求员工思维灵活、心态开阔，能较快地适应变革。适应不断变化的工作要求需要不断学习和掌握新技能。这种积极向上的学习态度和随机应变的能力，在智能化的时代也是工作中不可忽视的重要品质。

总的来说，智能化时代工作中更加着重于创新和解决问题，鼓励员工主动思考、发现问题、提出解决方案，并不断提升自身的能力和技能，以适应日新月异的工作环境。这种积极的工作态度和能力的发展，将有助于企业和个人在智能化时代取得成功。所以，创新和解决问题成为智能时代员工的核心工作能力之一。为了促进企业的不断发展保持竞争优势，企业还将积极推动创新文化的建设，鼓励员工提供创新理念并给予支持。

第二节 远程工作模式的大量应用

远程工作模式在智能时代得到了广泛应用，同时也推动了很多工作模式的发展。比如：远程办公模式，员工可以在家里或其他地方工作，通过互联网与团队保持联系。远程协作模式，通过在线会议、实时聊天、云存储和共享工具，团队成员可以共享文件，讨论工作，解决问题，提高工作效率。远程培训教育，通过视频会议、网络课程、提交作业等方式，实现师生互动交流。

一、"云办公"和协作工具应用

通过使用"云办公"和协作工具，员工可以从任何地方访问和处理他们的工作文件，与同事们进行实时的沟通和协作。这些工具包括让团队成员协作并工作的在线会议、即时通信和任务管理等。

"云办公"和协作工具对工作模式的改变可谓是翻天覆地，意义深远。他们给员工提供了更多的灵活性和便捷性，同时也影响了整个工作的进程。首先是灵活的工作地点。云办公和协作工具使得员工不再局限于传统的办公地点。只要有网络连接，他们就可以访问与工作有关的文件和系统，在家里、咖啡厅甚至海外都可以工作。其次是能实时协作与沟通，通过"云办公"和协作工具，团队成员可以即时共享文件和信息，快速协作完成任务。团队成员无论身处何地，都可以在同一平台上协同作战、实时交流。最后是能增强信息的可访问性。"云办公"和协作工具在云端存储文件和数据，让员工可以随时随地对这些文件进行存取和编辑。员工可以很方便地获取需要的信息，无论是在开会、出差途中，还是在家。"云办公"和协作工具改变了传统的工作方式，为员工提供了更灵活、更智能的工作环境，同时也提高了整个团队的效率和协作能力。

二、远程会议和视频通话

远程会议和视频通话工具，如 Zoom、Microsoft Teams、腾讯会议等，提供了远程交流和协作的功能。员工可以远程参加会议，进行屏幕共享，讨论问题，并进行实时的交流和决策。这种远程沟通方式减少了商务出差的需求，提高了会议的效率和效益成本比。

远程会议和视频通话深刻地影响了工作方式，具体表现在：一是跨区域协作。远程会议和视频通话使得地理距离不再是团队合作的障碍。无论是全球范围的跨国合作，还是国内不同城市之间的合作，团队成员都可以通过远程会议和视频通话进行实时沟通与协作。二是灵活安排日程。远程会议和视频通话使得员工能够更加灵活地安排自己的日程。他们可以避开繁忙的出差时间，更好地平衡工作和生活，以及更好地适应各种时区的工作安排。三是有助于加强沟通和互动。通过视频通话把面部表情、身体语言、语调传递得更好，所以对队员之间的沟通和互动能够起到更好的促进作用。由于员工可以在家里参加会议，远程会议和视频通话相比传统的面对面会议，节省了大量的时间和成本。这有助于提高工作效率，使团队决策速度更快，项目推进速度更快。远程会议和视频通话改变了传统的办公方式，使得工作更加灵活高效，提高了团队的协作能力，增加全球范围内的合作机会。

三、项目管理和跟踪工具

远程工作需要对项目的进展情况进行管理和跟踪，以保证团队成员之间的协作从而能按时完成工作任务。项目管理和跟踪工具（如 Trello①、Jira② 等）可以帮助团队分配任务、跟踪进展以及在远程环境下及时沟通工作状态，帮助团队协作。

在工作方式上，项目管理和跟踪工具都有了很大的变化。项目管理和跟踪工具能够帮助团队进行工作的组织和协调。团队成员可以将项目的进展情况、分配情况、工作时间等在同一个平台上进行查看，以便更好地协同工作。这些工具可以帮助项目经理将任务分配给适当的团队成员，并跟踪每个任务的进展和完成情况。这有助于确保项目按时完成，并允许项目经理进行必要的调整。项目经理通过项目管理和追踪工具，对工程进度进行更好地管理。他们可以利用工具中的时间轴和甘特图对项目进展进行可

---

① Trello 是一款基于看板的项目管理工具，以卡片和列表的形式帮助团队管理任务和项目。

② Jira 是一款由 Atlassian 公司开发的项目管理和问题跟踪工具，广泛应用于敏捷开发和软件开发团队的项目管理。

视化管理，对潜在的延迟和风险进行及时识别。这些工具为队员们提供了一个平台，方便大家交流和协作。组员可以在工具中进行留言、评论和文件的分享，以增进团队之间的交流，增进彼此之间的知识分享。项目管理和跟踪工具提供了数据分析和报告功能，可以帮助项目经理评估项目的整体健康状况。通过收集和分析项目数据，项目经理可以更好地了解项目的进展和问题，并采取相应的措施。也就是说，项目管理和跟踪工具使团队能够更好地组织、协作和管理项目，提高工作效率并确保项目按计划进行。这些工具能够简化项目管理流程，使项目管理更透明地提供实时访问关键数据和指标的功能。

四、虚拟团队合作平台

虚拟团队合作平台（如 Slack、Microsoft Teams、企业微信等）提供了集成的协作工具和沟通渠道，使得远程团队可以方便地进行项目讨论、文件共享、任务分配和即时通讯等操作。这类平台也可以提供团队的统一信息和文件存储，方便共享和查找。

虚拟团队合作平台在全球化和远程办公趋势的大背景下，对工作方式的改变是显著的。虚拟的团队合作平台让团队成员不再受到地域的限制，他们可以来自不同的地域。这使传统的办公环境消除了地理上的隔阂，让团队可以在世界范围内协同作战。虚拟的团队合作平台让团队成员更有主见。团队成员可以按照自己的时间和地点进行工作，而不受限于特定的工作时间和工作地点。这使得工作时间的安排更灵活，有助于提高工作效率和员工满意度。虚拟团队合作平台提供聊天、视频会议、文档分享等实时沟通协作工具。团队成员可以随时在线交流和协作，不受时区和地理位置的限制。这促进了团队之间的即时决策，使工作进程更加快捷。虚拟团队合作平台允许团队成员共享和存储文件、文档和其他信息资源。这消除了传统邮件或纸质文件的烦琐传递过程，提供了一个去中心化的存储和访问信息的平台。组员可以随时调取所需资料，工作效率和协作性都得到了提高。虚拟团队合作平台通常配备任务和项目管理工具，帮助团队成员追踪和管理任务以及项目的进度。这使得团队成员能够更好地协调工作、分配任务和监督项目进展，从而提高整体工作效率和项目的质量。虚拟团队合作平台通过打破地理限制，提供实时通信和协作工具，促进信息共享和存储，以及提供任务和项目管理功能，改变了传统的工作方式。虚拟团队合作平台使得团队能够更加灵活、高效地合作，适应了现代工作环境的需求。

总的来说，智能时代远程工作模式的大量应用，通过技术和工具的支持，为员工提供了更强的灵活性、更高的工作效率和更广阔的工作机会。在越来越多的机构和个人中，它已经成为工作的首选途径。它不仅可以提高员工的生产力，还可以降低企业的成本促进员工工作与生活的平衡。远程工作模式的兴起，特别是在2020年之后变得普遍，极大地改变了工作方式、社会互动以及人际关系。

五、对社会互动的影响

结构功能主义关注的是社会各部分如何协同工作以维护整体的稳定性。从这一视角出发，远程工作可以被看作是社会对突发公共卫生事件的适应过程，有助于维持经济和社会生活的连续性。然而，这种变化也导致了工作与家庭角色的混淆，为个体和家庭带来了新的压力源，需要社会构建新的规范与支持系统来应对。

符号互动主义强调日常社会互动中意义的构建过程。在远程工作模式下，面对面交流的减少导致社会互动的方式和意义发生了改变。例如，线上会议软件的使用增多，改变了团队互动的模式，影响了沟通效率和团队凝聚力。个体需要通过新的符号（如在线状态指示、虚拟背景等）来构建和展示自己的职业身份，这可能影响团队成员之间的信任和协作。

技术决定论认为，技术的进步是社会变化的主要动力。在这种理论下，远程工作模式的崛起被看作是技术发展，特别是数字通信技术发展的必然结果。这一模式加强了人们与技术的联系，人们在日常工作中更加依赖于计算机、智能手机和互联网。长期来看，这可能导致个体技能的改变，促进了对自主学习和数字素养的重视。

社会建构主义强调技术与社会是相互塑造的。从这一视角看，远程工作模式不仅仅是技术发展的产物，还受到了社会、文化和经济因素的影响。例如，新冠疫情期间，为了减少人员流动和接触，社会对远程工作的需求急剧增加，这促进了技术的迅速发展和应用。同时，远程工作也会反过来影响社会对技术的需求和使用，有助于在线会议、云计算服务等技术的进一步优化和发展。

第三节　智能辅助工作的应用

随着技术的不断发展，智能辅助的工作模式在很多行业和领域都得到了深入开展。在工作场景中，智能辅助的应用非常广泛。它们通过自动化和智能技术提高工作效率，改进工作流程，减少繁重的重复任务，提高工作质量。

一、智能辅助的工作场景

智能辅助在工作场景中的应用形式多种多样，能够提高效率，减少人为失误，有助于决策的制定。这样的工作场景是多样化的，比如自动化办公、信息整理和提取、智能日常管理、机器人聊天、数据分析和报告、文档处理和管理，还有一些会议支持等。

智能辅助可以用于自动化的办公任务，如自动化的资料输入、文件整理、日程安排等，这样可以节省时间，减少人为差错。Smart Assistance① 能够帮助员工通过自然语言处理和机器学习技术，进行信息整理和提取，从海量数据中快速找到所需信息，并进行汇总和分析。智能助手可以帮助员工安排会议，提醒重要事件，协调不同参与者的时间表，并提供个性化的日程管理服务。Smart Assistance 在客服和支持领域也有非常广泛的应用，企业可以利用 Smart Chatbot 为客户提供即时的帮助，并处理一些常见的问题，节省人力成本。智能辅助能够帮助员工进行数据分析，生成报告，并为加快决策进程提供洞察和建议。智能辅助在文档处理和管理方面发挥作用，包括文字识别、自动归档、版本管理等，提高文件整理和管理效率。智能辅助可以提供会议准备、记录会议纪要、识别重要内容等功能，协助员工更好地参与和管理会议过程。

智能辅助能够帮助安排会议、管理日程，提供实时翻译、生成会议总结。AI 驱动的诊断工具、治疗建议系统、个性化治疗方案和电子病历分析可以协助医生更精准地进行诊断和治疗。法律和合规应用，利用自然语言

---

① 通常指的是一种智能助手服务或设备，旨在通过人工智能和自动化技术，为用户提供便捷、高效的生活或工作辅助。

处理（NLP）的工具（如ROSS Intelligence）可以智能搜索法律数据库、辅助案例研究和合规性监测。数据分析与预测建模在个性化营销中应用非常广泛，智能辅助工具能够帮助创建目标用户画像，优化广告和内容推荐。人工智能可以应用于自动处理账单、预测现金流以及财务管理方面的风险评估。智能工具可以辅助筛选简历、预测员工离职风险、员工绩效跟踪和管理人事档案。辅助教育和学习，自适应学习平台根据学生的学习进度和理解能力，提供定制化的学习内容和评价。

总的来说，智能辅助包括但不限于办公自动化、信息处理、日程管理、客户服务、数据分析与报告、文档处理、会议支持等方面，其应用领域非常广泛。通过智能辅助，员工可以更高效地处理日常工作，降低错误率，节省时间，从而更好地专注于复杂的、创造性的工作任务。

二、智能辅助的工作模式

虚拟个人助理（Virtual Personal Assistant）是一款基于人工智能的软件应用。假设你是一位忙碌的销售经理，它能够帮助你管理和组织日常任务，提供实用的信息和建议，并与其他应用整合在一起实现工作效率的提升。在这些方面，虚拟个人助理可以为你提供以下帮助：一是日程管理。虚拟个人助理能够与你的日历应用程序集成，自动记录和管理你的会议、约会和任务。它可以发送提醒通知，确保你不会错过重要的事件，并在需要时自动调整日程安排。二是电子邮件管理。虚拟个人助理可以扫描你的电子邮件，并根据重要性和紧急性，帮助你筛选和组织收件箱，比如可以自动回复常见问题，也可以标注重要邮件的优先级。三是任务管理。你可以通过语音或文字与虚拟个人助理进行交流，委派任务或设定提醒事项。它会跟踪任务的进度，并在截止日期逼近时提醒你。四是信息检索。虚拟个人助理可以通过互联网进行实时搜索，帮助你找到具体信息、行业趋势或市场数据。你只需要提出问题或者描述你所需要的信息就可以了，相关的结果会很快提供给你。五是会议辅助。在准备会议或演示文稿时，虚拟个人助理可以提供建议和模板，并帮助你收集相关资料。也可作为记录员，在会议期间作为文字或语音备忘录，保存会议记录。六是出行支持。虚拟个人助理可以为你预订机票、酒店房间和租车服务，并提供旅行建议和行程安排。它还可以帮助你计划出差日程，包括提醒你关于航班时间和地点的重要信息。也就是说，虚拟个人助理可以通过信息管理、任务协调和个性化支持等方面来辅助员工的工作。这样一种智能辅助的工作方式能够提高员工的工作效率，使员工将精力更专注地投入战略任务和决策中。

语音识别助手可以采用语音识别技术，将人类的口头指令或问题转化为可加工的文字资料，在以下这些工作场景中，语音识别助手能够扮演重要角色。在会议中，语音识别助手可以实时转录和记录会议的讨论内容，从而不仅可以减轻繁重的记录工作，而且有助于保留会议信息并提供后续参考。语音识别助手可以通过语音指令集成到设备或应用程序中进行操作。例如，通过语音识别助手，你可以告诉智能家居设备调整温度，播放音乐，或者要求智能手机发送短信等任务，从而方便快捷地控制设备。通过语音输入搜索指令，语音识别助手可以快速为你提供所需的信息，而无须手动输入关键词。这对于医学和法律领域的研究，或者收集市场和竞争情报等需要快速获取特定信息的工作场景都是非常有用的。语音识别助手可以作为个人助理应用程序的一部分，帮助你管理日程安排、发送电子邮件、制定任务提醒等。你与助理通过语音进行互动，效率会更高。语音识别助手集成了语言翻译功能，可以实时将口语信息转化为其他语言文本，在需要和跨语言的团队或客户交流的工作场景中，这非常有用，可以帮助消除语言上的隔阂。语音识别助手在提供更加直观自然的交互方式的同时，能够大幅提高工作效率，减少重复劳动。语音识别助手可以结合人工智能技术和语音交互提供更简单、便捷、个性化的工作体验。

三、AI 和自动化工具应用

采用 AI 和自动化工具主要用于提高效率和改进工作流程。比如内容创作和编辑。使用 AI 工具（如 Grammarly、Quillbot）可以在写作时提供语法和风格建议，甚至自动生成文章和报告的初稿。比如安全监控与响应。智能监控系统利用图像和声音识别技术对安全威胁进行实时监控和预警，同时自动化响应以迅速处理事件。比如智能家居与办公自动化。智能家居系统能够显著提升居住舒适性与效率，从简单的语音控制灯光与温度到更复杂的场景感知与预设模式；比如科研辅助。AI 在科研中的应用，包括数据挖掘模式识别、预测模拟等，能够辅助科研人员进行高效的研究和发现；比如追踪健康数据。提供量身定制的健身计划和营养建议，甚至可以提前预知潜在的健康风险，这就是个人健康管理、智能穿戴设备和健康管理应用；比如风险管理与评估。在金融保险领域，AI 工具是用来对未来的风险进行大量历史数据分析和预测，为客户提供个性化的保险产品和投资建议的工具；比如项目管理。项目管理软件集成了智能工具，例如自动化任务分配、进度跟踪和资源优化；比如智能交通系统。通过对交通流量的实时监控和管理，AI 可以帮助缓解交通拥堵，提高交通系统的安全性和效率；比如环境监测。智能辅助可以用于环境数据的收集和分析，预测自然灾害，指导环境保护政策的制定；比如供应链优化。库存优化、需求预测、运输路线规划等智能工具可应用于供应链管理。

智能辅助的工作模式正在不断地拓展和深化，助力业务流程的自动化和优化，使得各种工作更加高效和便捷。智能辅助正在塑造新型的工作方式，不仅提升生产力，还在许多情况下改善决策质量并创造新的业务模式。随着技术的进步和创新，预计将有更多的职能和行业从智能辅助中获益。

第四节　超越时空限制的工作形态

工作方式在智能时代的改变正在超越时间和空间的限制，成为一种新常态。随着智能技术的迅猛发展与普及，传统的工作方式正在发生深刻变革。工作不再受时间和空间的限制是最显著变化之一，这使得工作人员可以随时随地开展工作。

一、强大的技术支持

物联网、云计算、大数据、人工智能等多项技术的融合，为远程工作提供了强有力的支撑。员工可以通过各种智能设备，如智能手机、平板电脑和笔记本电脑，随时随地访问公司网络、数据和应用程序。这让他们只要有稳定的网络连接，就可以在家里、咖啡厅、图书馆或者其他任何地方办公。

工作方式超越时空限制，得到了强大的技术支持，主要得益于以下技术的发展。一是通信技术。随着互联网的普及和移动通信技术的快速发展，如 4G/5G 网络、宽带互联网接入等，人们能够实现高速、实时的数据传输，即便身处世界不同角落，也能进行有效沟通。二是云计算。云服务提供商（如亚马逊 Web Services、微软 Azure、Google Cloud Platform 等）让企业可以使用存储、计算、数据库等基于云的服务和多种分析工具，让员工可以在任何地点访问企业资源。三是协作软件。像 Zoom、Microsoft Teams、Slack、Asana 等软件使得团队协作成为可能，不仅可以远程沟通，还能协助管理项目、任务和文档共享，即时更新团队进度。四是虚拟化技术。通过虚拟化技术，如虚拟私人网络（VPN）和虚拟桌面基础设施（VDI），员工可以远程连接到企业网络中，就像他们在办公室一样安全地访问和使用资源。五是自动化。自动化工具和 AI 能够执行聊天机器人和数据分析等原本需要由人在特定地点完成的任务，从而降低对人员体力的依赖。六是移动设备和应用。智能手机、平板电脑等移动设备以及各种办公应用程序，使得员工能够在任何地点进行工作，并保持生产力。七是增强现实与虚拟现实（AR/VR）。这些技术虽然仍在起步阶段，但它们在模拟面对面环境、提供沉浸式的远程协作体验方面潜力巨大。八是互联网和物联网（IoT）。让设备、机器和设施互相交流信息，可以实施远程监控和操作，支持灵活的远程工作并淡化办公室的传统边界。

这些技术使工作的形式和性质发生了很大的变化，也使工作方式的灵活性和工作效率都有了明显提高，传统的行业实践和社会工作也随之发生了很大的变化。也就是说，智能时代不仅使工作不再受到时空限制，而且使工作更能加强协作和沟通。虽然工作人员可能分布在不同的地理位置，但通过各种网络协作工具，工作人员之间还是能够实时交流和互相配合的。这些工具包括视频会议软件、即时通讯应用程序和在线协作平台等，它们能够模拟面对面的交流环境，提高团队协作的效率。另外，我们对工时的认知，也因为智能技术而发生了变化。传统的“9-to-5”工作模式正在被打破，员工可以根据自己的需要和偏好灵活安排工作时间。这种灵活性有助于员工更好地平衡工作和生活，提高工作满意度和生产力。

二、超越时空的一般特征

超越时空限制的工作形态，通常指的是远程工作、灵活工作时间、全球团队协作等方式，这些模式让工作不再受传统办公室空间和固定工作时间的约束。这种工作形态带来了许多社会学和组织行为学上值得探讨的问题，包括工作与生活的平衡、组织文化的变迁，以及全球化背景下的工作动态。

一是工作与生活的平衡。超越时空限制的工作形态提供了更大的灵活性，使员工可以根据自己的生活需求调整工作时间和地点。这种灵活性理论上有助于提高工作满意度和生活质量，因为员工可以更容易平衡职业和家庭、社交等其他生活领域的需求。然而，这也可能导致"工作渗透"现象，即工作时间和私人时间的界限变得模糊，增加了个体的压力和疲劳。

二是组织文化与团队协作。超越时空限制的工作形态对组织文化和团队协作有重大影响。团队成员可能分布在不同的地区，具有不同的文化背景，这要求组织发展出更加包容和灵活的文化来适应多样化的工作环境。同时，缺乏面对面交流可能影响团队的凝聚力和沟通效率，组织需要借助高效的技术工具和沟通策略来维护团队的合作和协调。

三是员工自主性和责任区分。超越时空的工作形态增强了员工的自主性，员工在完成工作任务的过程中拥有更高的自由度和选择权。这种自主性促进了员工的成就感和创造力，但同时也要求员工具备高度的自我管理能力和责任感。对组织来说，如何通过培训和管理来支持员工的自主性，同时确保团队目标的达成，是一个重要的挑战。

四是全球化与本地化的平衡问题。超越时空限制的工作形态，往往伴随着组织的全球化策略。在这种模式下，组织可以利用全球人才池和市场的多样性，但同时也面临着全球化和本地化之间的平衡问题。组织需要了解和尊重不同地区的文化特性和法律规定，在保持全球一致性的同时，适应地方特有的需求和条件。

这种工作形态的发展揭示了工作模式的未来趋势，也反映了社会、技术和经济因素相互作用的复杂性。组织和个人如何适应这一趋势，在各种潜在的挑战和机遇间找到平衡，是现代社会亟待完成的重要任务之一。

三、社会学理论一般解释

应用社会学理论来分析超越时空限制的工作形态，可以帮助我们更深入地理解这种工作方式对社会结构、人际关系以及个体身份的影响。结构功能主义认为，每个社会组件都对整体社会的稳定和功能有特定作用。从这个角度来看，超越时空限制的工作形态可以视为对现代社会需求的适应，其中高效、灵活的工作模式对应着全球化和数字化时代的需求。这种工作方式提高了工作效率，助力了经济的全球化，同时也可能促进新的社会规范和职业道德形成，如远程工作的普遍接受和优化。符号互动主义关注日常生活中的相互作用及其对个体自我认知的影响。在超越时空限制的工作形态中，员工与同事的互动模式发生变化——从面对面交流转变为通过电子邮件、视频会议等方式进行远程沟通。这种变化重新定义了工作关系和组织文化，个体如何在没有物理共现的情况下建立信任和团队凝聚力成为新的挑战。同时，工作和个人身份的界限变得模糊，员工需要重新构建自我在职业和家庭生活中的角色定位。社会冲突理论强调不同社会群体间的权力和资源竞争。超越时空限制的工作形态可能加剧已有的社会不平等。例如，那些拥有更好技术访问和较高技能的个体可能更容易适应这种新的工作方式，而那些资源较少的个体则可能遭遇挑战。此外，全球化的工作模式可能使某些国家和区域的劳工面临更激烈的国际竞争，影响其就业和收入。后现代理论认为现代社会特征具有多样性、不确定性和流动性。超越时空限制的工作形态恰恰体现了这一点。工作不再与固定场所相关联，个体可以在全球范围内流动；同时，职业身份也变得更加流动和多样。这种变化可能导致传统的工作和生活界限被打破，工作与个人生活之间的界限变得越来越模糊，从而影响个体的生活方式和价值观念。

应用这些社会学理论可以帮助我们更全面地理解超越时空限制的工作形态、对社会结构和个体行为的深远影响，以及这种影响背后的社会动因和后果。通过这种分析，我们可以更好地准备应对此类变革带来的挑战。瑞典地理学家 Torbjrn Hgerstrand 在 20 世纪 70 年代提出了“时间地理学”（Time Geography），主要研究时间和空间中个体的运动。按照这个理论，智能时代工作方式的变化表明，技术进步已经扩大了人们的“活动空间”，允许工人不受物理、空间限制而从事工作。这种灵活性提高了个体的“能量场”——即单个人可以在一定时间内到达和参与的地理范围。社会学家曼努尔·卡斯特尔斯发展的“网络社会理论”强调了信息技术对当代社会结构的影响。在智能时代，工作方式的时空超越体现在工作和生产的网络化。人们越来越多地在去中心化的网络结构中工作，可以进行远程工作、线上协作，大大改变了组织的结构和工作的本质。根据“理性选择理论”（Rational Choice Theory），在智能时代，由于技术提供了更多选择，个体可以根据自己的优先顺序做出更多理性的选择。就工作方式来说，员工可以选择更加灵活的工作时间和地点。从理性选择的角度这是一种优化资源利用和最大化个人效用的行动。

智能时代，工作方式超越时空限制的现象是一个多维度、跨学科的议题，其可以通过社会学的不同理论透视来分析，并理解其对个体行为、社会结构、劳动市场及经济系统带来的影响和挑战。智能时代的工作方式正在发生深刻变化，超越时间和空间的界限成为新常态。企业和员工需要积极适应这一变化，充分利用智能技术带来的优势，同时应对由此产生的挑战。

第九章

交往形态：人机互动与关系建构

数字化生活和无现金社会是智能时代的最显著特征。随着移动互联网、5G、物联网（IoT）等技术的普及，人们的生活日益数字化。智能手机成为日常生活的中心，从社交、娱乐到支付、学习，几乎所有的日常活动都可以在线上完成。在国内，支付宝、微信支付方式已深入百姓生活。这种无现金支付方式在促进金融科技发展的同时，也改变了消费习惯，提高了交易的便捷性。以此为基础，智能时代带来了新型生活形态，即在绝大部分工作、生活时，人们需要与智能机器携伴而行，处于共处状态。这些形态受到新兴科技的强烈影响，重塑了人们的日常行为、社会互动、工作方式以及消费习惯。

第一节　人机互动：一种新型的社会建构

社会建构主义（Social Constructionism）是另一种社会学理论，可以用来解释智能时代人机互动的生活形态。社会建构主义认为，个体的行为和意义建构是由社会互动和文化背景共同建构的。根据社会建构主义理论，人们对智能设备的使用和互动并不是固定不变的，而要受到社会和文化背景的影响。智能设备的形态和功能是在社会与技术互动的过程中逐渐塑造的。人们的需求和反馈影响了智能设备的发展；同时，智能设备的存在也改变了人们的行为和社会关系。比如，人们的消费行为和互动方式都因智能手机的普及而改变。

一、社会实践的建构

人工智能、机器学习、自然语言处理等智能时代的人机互动都是建立在先进技术的基础上的。这些技术的不断进步为人机交互提供了更多可能性，使得机器能够更好地理解和回应人类的需求和指令。同时，随着物联网、大数据等技术的发展，人机互动的场景和数据来源也更加丰富多样。

在智能时代，人与机器之间的互动关系变得更加紧密和复杂。机器不再只是工具，而是已经成为人类的合作伙伴，成为人类的助手，甚至成为人类某些事项的“决策人”。这种关系的转变对社会实践产生了深远影响，要求人类重新思考自身在人机互动中的角色和定位。社会实践也在随着人机互动关系的变化而改变。比如在教育领域，改变传统教学方式和学习体验的是智能教育机器人的应用；在医疗服务领域，远程医疗和智能诊断系统的出现让医疗服务更为便捷和高效。这些变化在改变人们生活方式的同时，也影响着社会的结构，影响着人们的价值观。

在智能时代，人机互动已成为人们生活的一个重要部分，社会实践在这个过程中的建构涉及多方面的影响和变化。建构是一个复杂且多维度的过程，涉及技术、社会、文化和伦理等多个方面。智能设备的设计功能和使用方式是社会实践的结果，反映了社会文化的价值观。如体现社会对便捷、高效、个性化体验需求的语音和语音识别技术的使用。人机交互创造了一种新的交流和学习模式。随着人机交互技术的发展，出现了更多新的沟通方式，比如聊天机器人、虚拟助手等。这些工具允许人们以前所未有的方式进行交流，对社会互动模式产生了影响。机器人和智能系统被用于辅助教学与学习。这不仅改变了人们对知识的获取方式，也对教育实践产生了深远影响，包括自主学习、远程学习与终身学习的概念。

二、社会文化的建构

不同的文化背景下，人们对于人机互动的态度和期望可能存在差异。例如，在一些文化中，人们可能更倾向于与机器保持一定的距离和界限；但是在另外一些文化里面，大家可能是更愿意接受对机器的亲密感。这种文化差异对人机互动的设计和实施提出了挑战，要求开发者需要充分考虑不同用户的需求和偏好。

智能时代，人机互动对社会文化产生了广泛而深远的影响，包括推动文化创新与发展、改变社交方式、引导价值观转变、带来伦理挑战以及加速全球化和多元化进程等方面。人机互动为社会文化的发展提供了新的动力。通过智能技术，人们可以更便捷地获取、传播和创造文化内容。例如，数字艺术、虚拟现实体验等新兴文化形式不断涌现，丰富了人们的文化生活，同时让传统文化更好地适应现代社会的需求。智能技术也促进了传统文化的创新和发展。人机互动改变了人们的社交方式。社交媒体、即时通讯工具等平台的普及使得人们可以跨越时空限制进行交流和互动。这种新的社交方式在改变人们交往习惯的同时，也影响着社会结构，影响着人际关系和其他方方面面。例如，虚拟社区、网络社交圈等新兴社交形态逐渐形成，为人们提供了更多元化的社交体验。人机互动对社会价值观产生了影响。一方面，智能技术的广泛应用使得效率、便捷性、个性化等价值观更加凸显。另一方面，人们对隐私、数据安全等问题的重视程度也越来越高。这些价值观的转变，不仅反映了人们对智能技术的认知和态度，也引导着社会文化的发展方向。

智能时代的人机互动加速了全球化和多元化的进程。通过互联网和智能技术，不同地域、不同文化背景的人们可以更加紧密地联系在一起，共享全球资源和信息。这种全球化和多元化的趋势，不仅促进了不同文化之间的交流与融合，也为社会文化的发展注入了新的活力。

三、社会规范的建构

在智能时代，人机互动成为日常生活的常态，需要重新审视和构建适应时代发展的社会规范。

一是伦理层面的规范。人工智能系统设计需要遵循不伤害人类、保护隐私、公平公正等通用伦理原则和道德规范。确保 AI 系统在设计和使用过程中，不会出现种族、性别或其他形式的歧视，也不会在无意中造成歧视。规范隐私保护，完善数据保护政策，确保在人机交互过程中个人数据不被不当收集、使用或泄露。用户应该对自己的数据拥有控制权和知情权。此外，智慧系统要尊重人格尊严，避免行为失当。这要求在智能系统的设计和开发过程中，应充分考虑伦理原则和价值观。

二是技术层面的规范。大量的个人资料在人机交互中产生、汇集、加工。为确保个人信息合法使用和保护，必须建立严格的数据隐私和安全规范。为了让人们了解它的决策过程和结果，智能系统应该具有可解释性和透明度。同时，要充分检测系统，保证它的可靠性和稳定性。确保用户对机器学习模型决策路径和逻辑的理解，加强人工智能系统的透明度。对于AI的决策结果应有明确的问责机制，以便在出现错误时进行修正。明确责任归属和追溯机制，对智能系统造成的损害或恶劣影响做到心中有数。这有助于确保公正和公平，并促进技术被更负责任地使用。

三是法律层面的规范。政府和相关机构应制定针对智能时代的法律法规，明确人机互动中的权利、义务和责任。这些法律法规应具有前瞻性和适应性，以应对技术的快速发展和变化。有效的执法和监管机制是确保法律法规得到遵守的关键。应建立专门的机构来负责监督智能技术的使用，并处理相关投诉和纠纷。人工智能应遵循相应地区的法律法规，潜在的、跨国界的人工智能技术滥用行为，需要制定国际共识框架加以监管。应确保在重要决策过程中保留人类的监督，避免将决策完全交给AI，特别是那些对人类福祉影响重大的情形。

社会规范在智能时代的构建是一个多维度的、复杂的、持续的人机互动过程。需要技术、伦理、法律等多个层面的共同努力和协作，以确保技术的健康发展并造福于人类社会。

第二节　身份重塑：身份建构与网络互动

符号互动主义（Symbolic Interactionism）关注人们日常生活中的互动与意义建构。在智能时代，人们的沟通方式和社会关系的构建，已经被新的沟通工具和社交媒体改变。例如，微信和抖音等平台成为人们构建个人身份和社会网络的主要工具，改变了人们在现实及虚拟世界中的表达方式和互动模式。在数字世界中，个体如何进行自我认同，如何被他人认知，这就是符号交互过程中的身份建构。包括社交媒体、网络论坛、游戏、虚拟世界等在内的多个平台都发生了这一过程。

一、数字化身份的形成

个人可以在线上创建一种或多种代表性的数字化身份。用户可以通过定制化的个人资料、头像和其他数字资产来塑造自己的网络形象。虚拟助手和机器人等智能代理可以根据用户的偏好和行为，进一步个性化这些数字身份，这就形成一种个体身份建构。在智能时代，个体通过社交媒体、博客、个人网站等渠道展示自己的生活、观点和情感。这种自我呈现的过程就成了构建个体认同的一个重要环节。个体在选择展示的内容、风格和方式时，会根据自己的价值观、兴趣和目标来进行筛选和调整，从而塑造出独特的自我形象。智能技术为个体提供了更多展示自己身份的途径和手段。例如，虚拟现实（VR）和增强现实（AR）技术允许个体创造出虚拟身份，在虚拟世界中体验不同的角色和生活方式。这样的技术赋能让个人的身份变得多样化，也变得更加复杂。

智能时代，个体身份的建构是一个多面向的过程。一般常用的是“数字化自我演示”(Self-Presentation)。在线平台提供一个展示自己的舞台，个体可以通过社交媒体、博客、个人网站等方式展现自己的兴趣、成就和生活方式。个人可以选择展现真实的自我，也可以塑造精心设计的线上形象。互联网允许个体有更多选择身份的自由，从使用实名到完全匿名或者采取假名。匿名性可以帮助个体在某些情况下更自由地表达自己的意见，或者在现实生活中不用担心后果的情况下探索不同方面的身份认同。另外，还可能推动技术介入自我表现过程。现代技术如增强现实（AR）、虚拟现实（VR）和混合现实（MR），为个体提供了新的身份表现和体验的方式。用户可以在虚拟世界中创造另一种自我，也可以在物理世界中借助技术改变自己的表现。

智能时代提供了超越地理限制的信息和文化交流，个体可以吸纳多元文化的影响，成为全球公民。同时，个体也在本地社区中实践和表达自己的身份，对本地文化和社会的参与同样重要。个人身份在智能时代的构建是不断进化的，个人需要在技术环境日益复杂的情况下，平衡并保持自我的连贯性和随机应变。随着技术进步和社会变迁，个体必须不断地学习和适应，以维护和发展自己的身份。

二、虚拟社区与网络互动

智能时代的虚拟社会，因互联网和智能技术，实现了一系列全新的人际互动形态。虚拟社区为塑造个人的社会认同提供了联系、沟通和建立关系的机会。网络互动可以让个人找到志趣相投的人，加入到一个对身份构建至关重要的特定群体中去。

智能时代虚拟社会中，人与人之间互动主要通过即时通讯与社交媒体。通过即时通讯服务和社交媒体平台，人们可以跨越地理限制实时互动沟通，分享生活点滴、观点和创作内容。个人可以围绕共同的兴趣、目标或身份加入不同的网络团体或社群。虚拟环境促进了人们在项目、开源软件、知识创造和创意活动中的协作和参与。特别是在网络游戏与虚拟世界中，提供了人与人相遇和进行各种形式互动的环境。增强现实（AR）和混合现实（MR）技术将虚拟元素融入现实世界中，为人际互动添加新的层次。同时，它们能够发挥一定的社交作用，如智能聊天机器人、虚拟助手等人工智能实体也越来越多地参与到人与人之间的互动中。当然，虚拟社会中形成的沟通与现实生活中的交互也存在很大的不同，例如使用网络语言（如网络迷因①）、沟通方式（如 DM②）。

智能时代的虚拟社会中，人与人之间的互动呈现出许多新的特点和趋势。比如去地域化。智能时代的虚拟社会打破了物理空间的限制，人们可以通过互联网在全球范围内进行实时互动，不再受地域限制。比如匿名性。在许多虚拟社交平台上，用户可以选择匿名或使用假名，这种匿名性有时会增加互动的自由度，但也可能导致不负责任的行为；比如多媒体化。交互不再局限于文字，在虚拟交互中广泛应用了图片、视频、音频等多种媒介形式，使交互内容与形式更加丰富；比如算法中介。智能算法在虚拟互动中发挥着越来越重要的作用。推荐系统、搜索引擎等算法工具影响着人们获取信息和建立联系的方式。

新的沟通工具和平台将随着技术的进步不断出现，虚拟社会中的人际互动正在不断发展和变化。尽管互动的方式变了，但人类彼此连接、沟通和建立关系的基本需求仍然没有改变，重要的是要理解科技只是为这些需求提供了新的实现形式。

三、数据驱动的身份塑造

数据驱动的身份塑造也可以称为算法化的自我（Algorithmic Self），也

① 网络迷因是一种在互联网上迅速传播、具有特定文化含义和幽默感的信息单元。

② DM，即 Direct Message，社交平台私信功能。

就是智能算法通过分析用户的网络使用习惯、消费行为和社交互动，来构建用户的偏好和行为模式。这种算法化的身份可以影响个体接收的信息、广告和推荐，从而在一定程度上塑造个体的认知和兴趣。通过对用户进行网上行为分析，智能系统和算法构建出用户的数字识别剖面。推荐系统定制内容、广告和信息流是基于用户的身份和行为习惯。个体不仅在社交媒体上构建身份，还通过在线购物和消费习惯来定义自我。个体的消费行为被商家用来创建用户画像，这些画像在推送个性化商品和服务时被用来锁定目标消费者。

在智能时代，数据驱动已经成为身份塑造的一种重要手段。这一进程集中体现了个体与技术之间的互动，尤其是个体的行为、偏好和社交活动被大量数字化并转化为数据点时更为显著。这种身份的形成往往有这样一种过程：首先追踪记录个人在互联网上的历史购买行为，确定社交媒体互动地点信息。这些数据点反映的兴趣、行为习惯和消费方式形成一个量化的身份认同。其次利用这些信息对个体的行为进行预测，提供个性化的内容、产品和服务。智能算法对个体产生的大量数据进行分析，据此向用户不断推送其偏好的内容。算法在一定程度上又加固了用户的身份和兴趣，有时甚至可能限制用户接触新的观点和经验。最后形成通过社会化的数据强化个体身份的情况。个体通过社交媒体进行展示和交流，分享的内容由算法决定如何传播，通常这样会突出活跃用户或其内容的受欢迎程度。这些平台上的点赞、转发和评论数量可以塑造和强化个体的社会身份。

也就是说，通过反馈信息，如运动追踪器提供的数据、健康监测的结果等，能够改变个体对自我的认知。个体可能会根据这些数据来调整自己的行为和生活方式，从而潜在地改变他们的身份。不仅如此，网络效应也会促成群体识别，在线平台的网络效应也会影响身份构建，个体往往会在固化的网络关系中找到身份认同感。通过群体互动和数据互换，会形成群体文化和行为准则，并影响群体成员的身份。

第三节　社会关系：互动方式与新型关系

社会关系，作为构成社会生活的基本维度，亦在这场变革中悄然发生着转变。从人际互动到亲密关系，从信任建立到合作模式，智能时代的因子无处不在地渗透其中。线上社交平台的兴起，让人们跨越时空的壁垒，以全新的方式建立起联系；虚拟空间中的亲密关系，既带来多元选择，又面临真实性的挑战；而在信息爆炸与算法主导的背景下，传统信任机制遭受冲击，新的互作模式亟待探索与理解。

一、社会互动的改变

互动形式的多样化与虚拟化。在智能时代，社会互动的形式发生了翻天覆地的变化。传统的面对面交流逐渐被各种线上互动方式所补充甚至在一定程度上取代。社交媒体平台如微信、微博、抖音等的兴起，让人们可以通过文字、图片、语音、视频等多种形式随时随地与他人进行交流。人们不再局限于地域的限制，身处世界不同角落的人们都能建立起联系。例如，在一些专业领域的线上论坛中，来自不同国家的研究人员可以就某一课题展开深入探讨，分享各自的见解和研究成果，这种互动形式极大地拓展了人们获取信息和交流思想的范围。同时，虚拟现实（VR）和增强现实（AR）技术的发展更是为社会互动带来了全新的体验。通过 VR 设备，用户可以进入虚拟的社交场景，仿佛身临其境地参加虚拟聚会、虚拟会议等。在虚拟世界中，人们可以创建自己独特的虚拟形象，与他人进行互动交流，打破了现实外貌、年龄、性别等因素对社交的限制。这种虚拟化的互动形式为人们提供了一个全新的社交维度，满足了不同人群在不同场景下的社交需求。

互动节奏加快与即时性增强。智能技术使得信息的传递速度达到了前所未有的高度，这也导致社会互动的节奏明显加快。即时通讯工具的普及让人们习惯了随时随地接收和发送信息，信息的反馈时间大幅缩短。例如，在工作团队中，成员之间可以通过即时通讯软件迅速讨论工作任务、解决问题，无须像过去一样等待邮件的回复或者安排专门的会议时间。这种即时性的互动方式提高了工作效率，但也给人们带来了新的压力。人们需要时刻保持在线状态，随时准备回应他人的信息，导致工作与生活的界限变得模糊，可能会引发“信息过载”和“社交疲劳”等问题。

互动范围的拓展与社交圈的扩大。借助智能设备和互联网，人们能够轻松地与世界各地的人建立联系，社交圈不再局限于身边的亲人、朋友和同事。在社交媒体上，人们可以通过关注感兴趣的账号、加入各种主题的群组等方式结识来自不同文化背景、拥有不同兴趣爱好的人。例如，一位摄影爱好者可以通过加入线上摄影社区，与其他摄影爱好者分享作品、交流拍摄技巧和心得，从而拓展自己的社交圈。这种广泛的互动范围使得人们能够接触到更多元的思想和文化，丰富自己的视野和生活体验，但同时也可能让人在庞大的社交网络中感到迷失，难以维系深度的社交关系。

二、亲密关系的改变

维系方式的多元化。智能时代为亲密关系的维系提供了多种多样的手段。情侣、夫妻之间可以通过手机视频通话保持每日的亲密交流，即使身处异地也能感受到彼此的陪伴和关怀。此外，各种情侣专属的 App 也应运而生，它们可以记录双方的恋爱纪念日、共同制定旅行计划、分享生活点滴等，为情侣之间增添了不少浪漫和趣味。在家庭关系中，智能设备也让家庭成员之间的互动更加便捷。例如，父母可以通过智能监控设备随时查看孩子的在家情况，与孩子进行远程对话；家庭成员还可以建立家庭群组，在群里分享生活中的喜怒哀乐，增强家庭凝聚力。

表达方式的创新与挑战。新的技术手段带来了亲密关系表达方式的创新。人们可以通过发送电子情书、制作电子相册、制作个性化的视频等方式向爱人表达爱意。在情人节等特殊节日，还可以利用虚拟礼物平台为对方送上一份独特的虚拟礼物，让对方感受到与众不同的惊喜。然而，这些新颖的表达方式也可能带来一些挑战。过度依赖线上表达可能会导致面对面的交流减少，使得亲密关系缺乏真实的情感互动和肢体接触。而且，虚拟礼物等线上表达方式可能在一定程度上削弱了礼物的真实价值和情感厚重感，让一些人感觉缺乏诚意。

关系的拓展与新型亲密关系的出现。智能时代还催生了一些新型亲密关系的出现，如网络恋爱关系、多人线上亲密社群等。网络恋爱突破了传统的恋爱模式，让两个人的关系建立在虚拟的网络空间之上，通过文字、语音、视频等方式培养感情。这种恋爱关系存在一定的风险和不确定性，因为双方可能对彼此的真实情况了解不够全面。此外，一些人还通过线上社交平台结识志趣相投的人，形成多人参与的亲密社交圈，在其中分享情感、互相支持。这种新型亲密关系的出现反映了人们对亲密关系需求的多样化以及在智能时代社交环境下的适应和探索。

三、信任与互作的重塑

信任基础的转变。在传统社会中，信任的建立往往基于个人的声誉、面对面的互动以及长期的关系积累。而在智能时代，信任的基础逐渐向数据和算法倾斜。例如，在线上购物平台，消费者对商家的信任很大程度上取决于商家的信用评分、用户评价以及平台的推荐算法。消费者通过查看这些数据来判断商家的可信度，决定是否购买其商品。同样，在社交媒体上，人们也倾向于相信那些经过平台认证、拥有较高粉丝量和良好口碑的账号所发布的信息。这种信任基础的转变意味着人们越来越依赖智能系统所提供的数据和评价来做出信任决策，但也带来了新的问题，如数据造假、算法偏见等可能会影响信任的准确性和可靠性。

互作模式的创新与挑战。智能技术促使社会互作模式不断创新。共享经济模式就是其中的典型代表，如共享单车、共享汽车、民宿短租等。这些模式通过智能平台将闲置资源的所有者和需求者连接起来，实现了资源的高效利用和共享。在共享经济中，互作双方主要依靠平台的规则和评价体系来进行交易和互动，打破了传统的交易模式。例如，在民宿短租平台上，房东和租客之间通过平台进行沟通、预订和评价，双方的信任和合作都建立在平台所设定的一系列机制之上。然而，这种新的互作模式也面临着诸多挑战。一方面，互作双方的权益保障问题需要进一步完善，如在共享出行中，乘客和司机的安全如何得到充分保障；在民宿短租中，房东的财产安全和租客的隐私安全等问题都需要妥善解决。另一方面，平台的垄断和规则制定的公正性也可能引发争议，影响互作双方的信任和公平竞争。

信任危机与修复。尽管智能时代为信任与互作带来了新的机遇，但同时也引发了信任危机。信息过载、虚假信息传播、个人隐私泄露等问题让人们对智能技术和网络平台产生了不信任感。例如，网络上频繁出现的虚假新闻和谣言，可能会误导公众舆论，破坏社会信任体系。此外，一些企业在数据使用和管理上的不当行为，如未经用户同意收集和滥用用户数据，也引发了公众对企业和智能技术的信任危机。修复信任，需要多个方面共同努力。企业要加强自律，严格遵守数据保护法规，提高数据安全管理水平，增强透明度，赢得用户的信任。政府应加强对智能技术和网络平台的监管，制定严格的法律法规，打击虚假信息传播和数据滥用等行为。同时，公众也要提高自身的媒介素养和风险意识，学会辨别信息的真伪，合理使用智能技术，在享受其便利的同时保护好自己的隐私维护自己的合法权益。

总之，在智能时代，社会关系正在经历一场深刻的变革。社会互动方式的改变、亲密关系的新特征以及信任与互作的重塑相互交织，共同影响着我们的生活和社会的发展。我们既要积极拥抱智能技术带来的机遇，充分利用其优势促进社会关系的优化和拓展；也要正视其中出现的问题和挑战，通过合理的制度设计、技术创新和个体意识提升等手段，引导社会关系在智能时代的健康重塑，构建一个和谐、稳定、充满信任的社会环境。

第十章

文化形态：数字文化与社会认同

智能技术渗透深刻影响文化，催生了新的文化形态。在智能时代背景下，文化形态因技术的快速进步和普及而经历了显著转型，不仅使文化形态变得更加多元化和互联网化，也让文化传播更迅速、广泛，同时带来了传统和现代、本土和全球之间的交流与融合。在这样的转型过程中，文化也在不断地适应着数字化、网络化和智能化的新要求。智能时代新型文化形态的形成是一个复杂而多元的过程，受到技术进步、社会变革和全球化等多种因素的影响。这种新型文化形态不仅丰富了人们的精神文化生活，还对社会发展和人类文明进步产生了深远的影响。

第一节　文化虚拟化

智能时代的文化形态在数字化和虚拟化方面有着显著特点。这些变化不仅反映技术进步的影响，还体现了人们生活和思考方式的转变。智能时代的数字化与虚拟化文化以其独特的魅力和影响力，正在深刻地改变着我们的生活方式和思维模式。它们在推动文化创新发展的同时，也为我们提供了一种全新的文化体验方式。

一、虚拟社群文化

数字化技术的发展促使了虚拟社群的兴起，如各类论坛、网络社区和社交媒体上的兴趣小组等。这些社群经常聚集在虚拟空间中，围绕共同的兴趣或目标进行沟通与合作，形成一种新的文化。这种文化现象具有实质的社会影响力。

虚拟社区并不是实体空间的组织形式，而是一群人借助电脑网络互相沟通、互动的一种社群。他们因共同的兴趣爱好、信息共享或互相关照而走到一起，结成了一个网络团体。这种社群结构突破了地域和时间的限制，让人们在任何时间和地点都能参与到社群活动中来。与实体社群不同，虚拟社群成员可以根据自己的时间安排参与社群活动，无须同时在线。虚拟社群的建立源于兴趣驱动，通常是围绕某一类特定的主题或活动而形成的。兴趣爱好成为联系人们的主要纽带。虚拟社区打破了物理空间的限制，让来自五湖四海的人们聚集在一个共同的虚拟空间，从而增强了文化沟通的多样性和包容性。

虚拟社区文化（Virtual Community Culture）是指通过网络平台形成的社区，以共同的兴趣、目标、价值观或活动为基础，在虚拟空间中聚集、交流、互动。虚拟社区文化作为一种新的文化形态，呈现出独特的特点。社群成员之间的沟通语言，经过不断地重构和细化，更趋向娱乐化、平民化、符号化。这种独特的语言风格不仅增强了社群成员之间的认同感，也成为虚拟社群文化的重要组成部分。在传播活动的形式上，虚拟社群文化也有可圈可点之处。通过公告栏、话题评论、社区交流、张贴讨论等功能，社区成员之间互通信息，互动交流。这些活动形式既满足了社区成员对信息的需求，又对形成和传播社区文化起到了推动作用。另外，社群成员的文化心态也反映了虚拟社群文化的特点。社群成员在文化交流中逐渐形成一种开放、包容、多元的文化心态，这得益于虚拟社群的开放性和多元性。这种心态使得虚拟社群文化更加丰富多彩，也更具包容性和创新性。

虚拟社群文化作为智能时代的一种新型文化形态，以其独特的语言风格、传播活动形态和文化心态，影响着人们的文化生活和思维方式。随着网络技术的不断发展和普及，虚拟社群文化将继续在网络空间中发挥重要作用，推动网络文化的繁荣和发展。一种基于技术平台的文化生产和消费模式在虚拟社群文化中得到体现。它带来了新的机会和挑战，同时已成为现代社会中不可或缺的一部分。随着技术的进一步发展，虚拟社群文化将继续演进，形成更具包容性和创造力的社会结构。

二、虚拟现实文化

虚拟现实（Virtual Reality，VR）文化，是一种利用计算机技术创造的模拟环境来产生身临其境感受的新型文化形态。VR 文化脱离了物理现实，使用户能够通过身穿传感器设备（如头戴显示器、手套、全身套装等）沉浸在一个虚拟的三维世界中。

作为一种文化形态，虚拟现实文化在很多方面都有着显著特征。一是沉浸性特点。通过模仿真实世界的视觉、听觉、触觉等感官，体验 VR 技术打造出的环绕式的环境，让使用者有身临其境的感受。二是交互性特点。用户可以在虚拟世界中与物体实时互动，并进行多种操作，从而在体验上更具参与感。三是逼真性特点。Virtual Reality 环境往往力求模拟真实环境的物理特性、纹理细节等，尽可能地让用户体验与现实接近。四是创造性特点。VR 文化为用户提供了一个自由创造、设计和打造个性化虚拟空间的可能性，从而培养了用户的创意和想象力。VR 文化为现实个体提供了一条逃离现实的娱乐路径，很多人通过身临其境的体验，借 VR 来逃离现实世界的压力和限制，放松自己。同时，VR 文化提供安全的学习环境和真实的操作体验，在模拟手术训练、历史场景再现等方面得到广泛应用。虚拟现实文化虽然目前仍在早期阶段面临一些挑战，如高成本的设备需求、晕动病问题和内容开发等，然而，随着技术的成熟和成本的降低，预计虚拟现实将会在娱乐、教育、医疗、工业设计等多个领域得到更广泛的应用，并形成更加独特和丰富的文化现象。

虚拟现实文化不仅改变了我们体验和理解世界的方式，还为我们提供了一个全新的、沉浸式的文化体验平台。Virtual Reality 技术能够打破时空限制，让用户随时随地体验不同的文化场景。例如，用户可以通过虚拟现实技术参观远古时代的遗址、博物馆的藏品，或者体验不同国家和地区的文化风俗。虚拟现实技术（Virtual Reality Technology）为艺术家和创作者提供了新的表达方式，他们可以通过虚拟现实技术以全新的方式让用户感受文化，创造出独一无二的艺术作品和文化体验。虚拟现实技术还可以促进社交和共享。多个用户可同时进入一个虚拟场景进行文化活动的互动与沟通。这种社交方式既能增进用户间的联系，又能推动文化的传播与沟通。随着技术的不断发展与进步，相信虚拟现实文化一定会日趋成熟与完善，带给我们的文化体验也会更加丰富多彩。

三、虚拟匿名文化

在线世界中，人们可以通过创建一个或多个虚拟身份来进行社交、游戏、购物等活动，享受不同于现实世界的体验，同时匿名性也让人们得以更自由的表达和探索。智能时代的发展促进了虚拟匿名文化的兴起和流行，这种文化允许用户在互联网上隐藏或掩饰自己的真实身份，并以匿名或假名的方式进行社交、发表意见和参与各种活动。在虚拟空间里，人们可以通过匿名的方式，将自己的真实身份隐藏起来进行沟通。这种匿名性使得人们能够更加自由地表达自己的观点和情感，同时也带来了一定的隐私保护问题。虚拟匿名文化是指人们通过数字化和网络化的方式，借助虚拟的角色、场景和交互的方式来进行交流和沟通。这种虚拟性让文化传播突破了地域、时空的局限，变得更为便捷，范围也更为广阔。虚拟匿名文化涵盖的内容十分广泛，包括文字、图片、音频、视频等多种形式。这种内容的多样性使人的思想和情感表达方式更加丰富多彩。

虚拟匿名文化的影响也是多方面的。从其积极性来看，虚拟匿名文化为人们提供了一个更加自由、开放和平等的交流平台。在这个平台上不用担心身份、地位等因素的限制，人们可以更加勇敢地发表自己的看法和见解。同时，虚拟匿名文化也有助于促进不同文化之间的交流与融合，促进文化的多样性和创新性发展。但是，虚拟匿名文化也有一些负面的影响。一是因为匿名性的存在，可能会有人利用这个平台进行造谣、传谣等破坏社会安定的行为。二是虚拟匿名文化可能会导致人们过度沉溺于虚拟世界，这会对个人心理健康造成不良影响，从而忽视社交与人际关系。

作为智能时代一种新型文化形态的虚拟匿名文化，是伴随互联网、人工智能、虚拟现实等技术的迅猛发展而兴起的。这种文化形式对人们的生活方式、社会结构等都有很大程度的改变，时代特征十分鲜明。虚拟匿名文化是智能时代的“双刃剑”，既有积极的一面，如为个体提供一个自由、宽容富有探索性的空间；也有消极的一面，可能催生不负责任行为，进而导致网络环境恶化。正因为如此，许多在线平台都在寻找合适的平衡点，以促进健康的匿名文化发展，并通过制定相应的政策和技术手段来遏制其负面影响。例如，一些国家和地区引入了网络实名制度以应对匿名文化带来的问题。

四、文化数字化

文化数字化的推进呈现出蓬勃发展的态势。首先，从政策层面来看，我国高度重视文化数字化战略的实施。党的二十大报告明确提出“实施国家文化数字化战略”，中央及地方各级政府纷纷出台相关政策文件，为文化数字化提供了坚实的政策保障。例如，《关于推进实施国家文化数字化战略的意见》从指导思想、工作目标、重点任务等方面进行了全面部署，为文化数字化指明了方向。其次，在技术层面，数字技术的快速发展为文化数字化提供了有力支撑。5G、人工智能、大数据、云计算等前沿技术被广泛应用于文化领域，实现了文化资源的数字化采集、存储、处理和传播。这些技术的应用不仅提高了文化资源的利用效率，还创新了文化传播方式，使得文化产品更加多样化、互动化。再次，在文化业态方面，文化数字化推动了文化产业的转型升级。在线教育、微短剧、移动游戏、数字阅读等新兴业态蓬勃兴起，成为文化消费的新引擎。同时，传统文化元素通过数字化手段焕发新的生机，如数字博物馆、虚拟展览等新型文化服务形式受到广泛欢迎。

比如，大运河文化作为中华优秀传统文化的标志性符号，正通过数字化手段深入到以青年为主的大学校园，焕发新的生机与活力。一方面，大学校园内积极搭建大运河“产学研”平台，汇聚多学科研究学者共同探索大运河文化的数字化保护与传承。通过数据采集、处理、3D 建模等先进技术，将大运河的遗产点如拱宸桥等“搬”到数字世界，还原其“前世今生”，为考古研究、历史研究、文物保护、公众教育等提供科学准确的数据支持。另一方面，高校结合当代年轻群体的喜好，创新打造基于大运河文化的数字文化产品。例如，利用漫画、音乐及数字媒体艺术等形式，制作发行相关多语种多媒体文化产品，推动大运河文化资源在多元空间中的数字化应用，促进国内外“Z 世代”对运河文化的关注与理解。同时，大学校园内还通过举办讲座、展览、知识竞赛等多种形式，将大运河文化融入日常教学中。例如，一些高校成立了大学生运河文化研究会，组织研究小论文、知识竞赛、专家讲座等活动，增强大学生的使命感，为运河文化建设做出贡献。此外，数字化手段还促进了大运河文化的跨学科融合。通过

“数字+”学科建设项目，高校将中国语言文学、历史学、传播学、信息技术等多学科知识理论和研究方法综合运用，推动大运河文化的传承与创新。

整体来看，智能时代的数字化与虚拟化文化，促进了信息的快速传播、文化内容的丰富多样以及社会交往的变革。这种文化的形成既离不开技术发展的支撑，也受到全球化趋势的推动，更与个人生活形态的改变息息相关。

第二节　网络文化形态

广义的网络文化（Cyberculture），是指随着互联网的普及和发展，围绕互联网用户行为、交流方式、信息传播、社会关系和文化创造而形成的一种文化现象。它包括所有通过电子网络进行的交流活动产生的社会和文化模式，涉及不同的亚文化、社交习惯、语言、艺术和信仰。狭义的网络文化主要是指现代信息技术、互联网技术发展到一定阶段的产物，在互联网环境下形成的文化形态。这种文化主要涉及网络社群文化表达形式下的网络媒体特性。狭义的网络文化更侧重于强调网络作为一种新兴媒介所特有的文化特性，在特定的网络环境下所产生的文化形式。

一、网络娱乐文化

网络娱乐文化是智能时代核心的文化形态之一。它通过数字技术将娱乐内容制作、分发和消费数字化，从传统的线下活动转到线上。在当今智能时代，网络娱乐文化作为一种新型文化形态占据着重要地位。它依托于数字技术和网络平台，以多元化、互动性和虚拟性为核心特征，深刻改变着人们的娱乐方式和生活习惯。

网络娱乐文化是一种多样化娱乐形式。数字技术的发展促进娱乐形式日益多样化，包括电子游戏、网络视频、音乐、流媒体服务、电子图书、虚拟现实（VR）、增强现实（AR）等。网络娱乐文化具有交互性和沉浸性特征。数字平台基于用户数据分析满足不同的个人娱乐喜好，可以为用户推荐个性化的内容。同时，数字娱乐如互动视频游戏、VR体验等，为用户提供了交互性强、沉浸感深的娱乐方式，以及传统娱乐所达不到的体验。数字技术降低了娱乐内容的创建和分发门槛，使普通用户也有机会成为内容创造者，如 YouTube、TikTok、Twitch 等平台的用户生成内容（UGC）。因特网的实时性，让体现全球化特征的网络娱乐文化得以即时传播，让使用者在几乎同步的时间内、在不同国家和地区都能享受到同样的娱乐体验。可见，无论是在线游戏、网络视频、数字音乐，还是 VR 体验，网络娱乐文化的多元化特征极高，为人们提供了丰富多样的娱乐选择。这种多样化不仅体现在娱乐形式丰富上，还能满足不同群体个性化需求，文化内容的丰富性也是一个重要的表现。

互动性是网络娱乐文化的另一个重要特征。数字娱乐更强调用户的参与性和体验性，而不是传统的娱乐方式。无论是在线游戏的玩家互动，还是社交媒体上的用户交流，都使得娱乐过程变得更加有趣和富有创造性。虚拟性为网络娱乐文化赋予了独特的魅力。人们可以通过虚拟现实和增强现实技术，沉浸在一个全新的虚拟世界中，体验到前所未有的感官快感。这种虚拟性不仅为人们提供了逃避现实的场所，还为文化创新提供了无限的想象空间。此外，网络娱乐文化还具有全球化和本土化的双重属性。数字娱乐产品，一方面可以在全球范围内快速传播，让不同文化背景下的民众分享到娱乐的喜悦。另一方面，本土化的数字娱乐产品也层出不穷，反映了不同国家和地区的文化特色和价值观。

网络娱乐文化在为用户提供更加丰富、便利的娱乐选项的同时，也在改变着传统娱乐产业的经营模式和用户的消费习惯。随着技术进步和市场的不断演化，未来网络娱乐文化将继续发展壮大，成为人们生活中不可或缺的一部分。网络娱乐文化作为智能时代的一种新型文化形态，以其多元化、互动性、虚拟性和全球化等特点，深刻影响着人们的娱乐方式和生活习惯。随着技术的不断进步和创新，网络娱乐文化将继续繁荣发展，为人们的精神生活带来更多精彩和可能。

二、网络表达文化

智能时代促进了网络表达文化的巨大变革，技术让个人创意、艺术作品和生活方式的创造、分享和扩散能力空前强大。

网络表达文化的形成源于社交媒体的发展。社交媒体的兴起是因为社交媒体平台（如 Facebook、Twitter、Instagram、TikTok 等）提供了让用户快速将自己的想法、感受、经验和创作分享到全世界的简单工具。而智能时代提供了广泛的工具，如智能手机的照相和视频拍摄功能、各种易于使用的编辑软件等，使得个人创作和编辑内容变得非常方便，内容创作简易化。

在这些条件的基础上，个人可以通过在线平台构建自己的品牌，例如博客、播客、视频博客（Vlog）、流媒体等，无须依赖传统媒体即可建立观众群。网络使得小众内容也能找到观众，个人不必迎合主流市场也能通过互联网发声，享有自己的粉丝和市场。不仅如此，个体表达还能与粉丝和市场实现实时互动和反馈，个人表达的内容可以即时得到公众反馈，如评论、点赞、分享等，这种互动性强化了个人表达的即时性和参与感。在数据驱动下，也就是基于算法和数据分析，个人可以了解其内容的受众和影响力，以更加精准的方式进行个性化的内容创作与推广。用户不仅是内容的消费者，也成为内容的创造者。平台如 Youtube、TikTok 等积极鼓励用户上传自己的作品，这也形成了用户生成内容（UGC）。智能时代让个人的表达不受地理位置限制，让思想和文化跨境流动更加频繁，丰富了表达的多样性，提升了其影响力，推动了跨文化交流的深入开展。

智能时代的网络表达文化让每个人都有可能成为信息的传播者，并以多元化的方式影响到广泛的受众群体。个人对社会的参与感和影响力大大加强，这种文化的发展在带来积极变化的同时，也带来了新的挑战——包括如何确保内容质量、对抗网络暴力、保护个人隐私以及确保网络环境的公正性和开放性。

三、网络流行文化

我们的微博、微信、抖音、快手等社交媒体平台，对互联网文化的推动是非常大的。这些平台使得信息传播速度快，形式多样，从而促进了新兴文化的迅速兴起和流行。例如，通过这些平台，网络用语、表情包、短视频等迅速蔓延开来，成为网络文化的重要组成部分。比如，网络文学和影视的融合。近年来，不少网络文学作品被改编为影视剧、动漫或游戏，如《全职高手》《三生三世十里桃花》等，不仅让网络文学获得了更广泛的认同，也推动着网络文化朝着更加多元化、商业化的方向发展。《全职高手》《三生三世十里桃花》这种跨媒介的融合，让流行文化在互联网的影响下进一步扩展。比如，电子竞技和直播文化的兴起。随着电子竞技的发展，直播平台如斗鱼、虎牙等吸引了大量年轻观众。游戏直播、生活分享等内容在这些平台上受到追捧，影响着年轻人娱乐方式，直播主和电竞选手成为新一代网红。比如，消费文化与网络营销的结合。随着网络购物的普及和年轻人消费能力的提升，网络营销成为流行文化的一个重要组成部分。品牌通过与流行元素如明星、热门 IP 等结合，使用社交媒体进行营销，促进了消费文化和网络文化的融合。与此同时，还有一些亚文化的兴起和多元化。不同于传统主流文化，亚文化在网络上有更广阔的生存空间和发展机会。从二次元文化到各种小众爱好，亚文化通过网络社区得以传播和发展，形成了多元化的网络文化生态。

我国网络流行文化的发展显示了社会变迁和技术进步的影响，同时也反映了年轻一代的价值观、生活方式和消费习惯的变化。我国的网络流行文化将随着技术的不断进步、社会的不断发展，呈现出变化多样、充满活力的发展趋势。

四、网络语言文化

网络语言文化既反映了社会变革与科技进步的趋势，也展示了年青一代对传统语言的创造力和幽默感，是我国网络流行文化的重要组成部分。最初主要表现为网络用语的创新和流行。新的网络用语伴随着互联网的普及而产生，并迅速扩散开来。这些用语往往源于网络社区、热门电视节目、电影或是日常生活中的趣事，具有鲜明的时代特色和地域特征，能体现网友对该事件的看法态度或情感状态，如“吃瓜群众”“打地图”“我都酸了”等。随后，又开始了表情包和网络迷因的流行。通过图像加文字的形式将更丰富有趣的信息传递出去，表情包成为网络交流中不可或缺的一部分。这些内容经常以幽默、讽刺的方式反映社会现象，成为网络文化中的一种独特语言。另外，方言和土语在网络上有复兴之势。互联网的去中心化特征使得各地方言和土语有了展示和传播的空间，许多带有地方特色的表达方式在网络上广为流传，甚至成为一种时尚。这既保留了地方文化的特色，也丰富了网络语言文化的多样性。同时，我国网络语言也受到一些二次元语言文化的影响。随着我国 ACG（动漫、漫画、游戏）文化的普及，大量二次元用语从日本传入，并结合中文产生了网络新用语。这些语言在特定人群中异常流行，足见对我国网络语言文化的冲击。

网络语言也产生了一些社会影响。网络语言在日常生活中逐渐影响了语言的使用，有些网络词汇甚至被正式收进了词典。同时，网络语言也反映了社会变迁、文化差异和群体认同，成为研究社会文化变迁的一个重要窗口。网络语言对社会文化的变化具有重要意义。网络语言文化的发展既反映了社会文化的动态变化，也反映了技术进步所带来的冲击。随着网络技术的进一步发展和社会文化的不断进步，作为研究我国当代社会文化的重要领域，网络语言文化将不断演变。

第三节　网络文化生态

我国的网络文化生态是一个多元的系统，是一个动态的系统，也是一个不断演变的系统。它既体现了我国社会经济的高速发展，也显示了我国文化在科技进步、全球化等方面所受到的冲击。

一、多样化的内容创作

随着个人媒体平台的兴起，更多的普通用户开始参与到内容的创作中来。从视频、博客到直播，内容形式多样，覆盖了生活方式、娱乐、教育、科技等众多领域。这些新兴的文化形式在丰富人们精神世界的同时，也对文化产业的发展起到了推动作用。多样化的内容创作主要表现在以下方面。首先，技术推动了内容创新。内容创造的可能性大大拓展，特别是人工智能、大数据、云计算等技术的应用，更让这种拓展愈发显著。例如，AI 能够对用户偏好进行分析，对内容进行个性化推荐；创作者可以通过虚拟现实技术创造一种身临其境的体验，让用户对文化艺术作品进行一种全新的体验。其次，跨界的融合创新。传统文化与现代科技之间的界限被网络、数字和虚拟文化打破，跨领域地推动融合发展与创新。如将传统艺术与数字技术相结合，创造出新的数字艺术（Digital Art）；文学作品通过数字平台的互动性，构建了与读者的新型互动关系。再次，出现用户参与的创作模式。创作者与观众在传统文化的创作过程中界限是显而易见的，但这一界限在网络文化等方面却显得模糊不清。用户不仅是内容的接受者，同时也是内容的创造者。用户通过社交媒体、网络论坛等平台，可以直接参与到内容的创造、评议和传播过程中。

智能化和网络化也推动了更大范围内的文化沟通。智能时代推动了文化的全球化传播，网络、数字和虚拟文化的内容可以在全球范围内轻松跨越地理和语言的壁垒，实现共享与传播。这不仅加速了文化全球化的进程，而且推动了不同文化间的相互融合。虽然“内容创造多样化”带来诸多正面影响，但也面临挑战，如信息过载、版权保护难度加大、文化同质化风险、数字鸿沟等。这些挑战需要借助立法、技术革新、教育普及等多种方式，依靠政府、行业和社会的共同努力来解决。

二、社交媒体带来分化

社交媒体（Social Media）在飞速发展的智能时代深刻影响着文化领域。在促进信息共享的同时，微博、微信、抖音等社交媒体平台也各自形成了独特的文化生态系统。不同的平台之间，用户内容的传播所呈现出来的特征、风格都是不一样的。

社交媒体平台为从业者和普通用户提供了一个方便进行文化作品发布和传播的自由创作和分享空间。这种低门槛的创作环境激发了创新，加速了文化内容的更新和多样化。人们可以接触到世界各地的文化表达，从而推动文化形式的多样化发展，促进文化内容的多样化发展。社交媒体打破了地理界限，使得不同文化背景的人们可以轻松地交流和分享各自的文化。这种跨文化的互动不仅丰富了用户的文化体验，也增进了不同文化之间的理解和尊重。人们可以通过社交媒体对其他文化的多样性有更直观的了解，从而推动全球文化的共融共生。

与传统媒体相比，社交媒体的一大特点是互动性。用户可以主动参与内容的创作、评论和分享，而不再是被动的信息接收者。这种参与性的品质使文化表达更具活力，改变了文化产品的创作和传播过程。用户的反馈和互动也为创作者提供了即时的反馈，有助于文化内容的迭代和多样化发展，同时可以促进个体化和定制化的文化体验。社交媒体平台通过算法向用户推荐感兴趣的内容，这不仅使用户能够发现符合个人喜好的文化产品，还促进了文化内容的个体化和定制化。这种个性化的文化消费体验满足了用户的多元需求，同时也激励了创作者针对特定受众制作更加多样化和有针对性的内容。

三、网络文化生态的商业化

网络文化生态的商业化是其重要特征之一。多种商业模式的融合在推动内容创新和多元化的同时，也推动了网络文化产业从广告、直播打赏到电子商务的快速发展。在智能时代的发展背景下，网络文化的蓬勃兴起在改变人们生活方式、文化消费习惯的同时，也对文化产品的生产、发行机制产生了深刻影响。尤其是互联网文化的商业化特征，在新技术的推动下，更透露出文化产业的变革与机会。网络文化的商业化体现在内容创造和分发的多样化变现渠道上。从传统的广告支持、会员订阅到数字内容的直接销售、众筹支持以及虚拟商品和服务的交易，创作者和平台有了更多将内容转化为经济收益的方式。这种多元化的盈利模式推动生产内容更加丰富和优质。为产品营销提供极大便利算法的个性化推荐系统，利用大数据和算法技术优化用户体验，提高内容消费的针对性。平台通过对用户行为、偏好、消费历史等进行分析，在增加用户黏性的同时也提高了广告和内容的转化率，为平台和内容创建者带来更高的收益，从而能够将更加个性化的内容推荐给用户。

社交媒体的普及为网络文化的商业化开辟了新的路径。利用这些“网红”或“KOL”（关键意见领袖）的粉丝基础进行营销品牌和内容创作，通过与具有广泛影响力的社交媒体用户合作，有效地扩大了自己的受众范围，实现了产品或内容的低成本高效推广。随着技术的进步，特别是在虚拟现实和增强现实技术方面，网络文化的商业化也表现在虚拟商品和服务的销售上。从游戏内购物、虚拟服装和饰品到在线教育和虚拟旅游等服务，这些新兴的商业模式正成为网络文化产业重要的收入来源。此外，互动文化的便捷性也成为新的经营模式。互联网文化具有极强的互动性，用户既是内容的消费者又是内容的创造者和传播者，用户的参与、反馈对内容的形成和发展产生影响，成为内容生产的重要推动力。人工智能、大数据、5G通信等技术的发展，为网络文化提供了更加强大的技术支撑。这些技术在提升用户体验的同时，也为内容创造和分发提供了新的可能。在全球化的背景下，西方文化对我国网络文化产生了影响，同时我国的网络文化也在走向世界。与此同时，本土文化的特色和价值观在网络文化中依然占据重要位置，形成了独特的全球化与本土化交织的格局。

我国的网络文化生态是一个复杂且充满活力的系统，它在不断变化的技术、市场和政策环境中发展，不仅展现了我国社会和文化的现状，也预示着未来的趋势和可能性。

第三部分
智能带来的挑战与社会应对

第十一章

管理模式的调适与适应

新质生产力的发展，特别是以人工智能引领的最新科技的应用，无疑会对社会生产关系产生重大影响，进而推动经济、社会乃至文化的整体进步。马克思经典论述生产力和生产关系的辩证关系，生产力是社会生产的物质力量，而生产关系是人们在生产过程中形成的经济关系的总和。新质生产力的发展，首先表现为经济结构的调整、劳动关系的变化、组织管理方式的创新、产权关系和分配方式的调整，以及法律法规和政策的更新等，也就是生产力迫使生产关系进行相应调整，以适应技术进步、管理创新、资源利用方式的变化等。新质生产力的发展要求生产关系进行及时有效的调适与适应，只有这样，社会才能充分发挥新生产力的潜能，推动社会生产力的全面进步，促进经济社会的全面发展。

第一节　经典论述：生产力决定生产关系

在马克思主义经济理论中，生产力和生产关系的辩证关系清楚地表明，生产力决定生产关系。马克思在他的著作中，特别是《资本论》中深入分析了这一关系，并提出了一些基本概念和理论框架。

一、基本定义

科学理解生产力与生产关系的基本概念和辩证关系，是把握技术创新驱动经济发展规律、推动生产关系适应生产力变革、促进社会主要矛盾解决的核心理论依据。

（一）生产力

生产力是指在生产过程中人们使用的工具、技术以及工作方法等物质技术因素的总和。这包括人的劳动技能，包括机器、工厂等生产工具，也包括科学技术水平，还包括组织劳动的方式。生产力的实质包括三个要素：一是人工。这是生产力中的主观因素，包含了劳动者的技能、知识、健康和劳动意愿。劳动力是生产任何商品或服务不可缺少的要素，涵盖了人的创造性和实践能力。二是生产资料。生产资料是生产力的客观条件，主要是指包括机器、工厂、土地、原材料等在内的物质对象和工具，用于生产商品和服务，对生产力水平和发展有直接影响。三是技术与组织。技术在此指运用科学知识解决实际问题的系统性方法。组织方式则涉及如何安排生产工作、劳动分配和合作，有效的组织可以显著提升生产效率。马克思认为，历史变革的根本动力是生产力的发展。技术的进步和生产资料的改善能够增加生产的效率，从而创造出更多的物质财富。现有的生产关系可能会随着生产力的发展而成为阻碍其发展的因素，引发社会矛盾和冲突，最终使生产关系发生根本性的变化。这一观点提供了一个重要的分析框架，以了解社会历史的变化。

（二）生产关系

生产关系是指人们在生产过程中所建立的社会关系。它包括所有权形式、管理与控制权的分配、产品的分配方式等。生产关系是基于一定经济基础的关系，由生产力水平所制约的，又反过来影响生产力发展。在马克思主义学说中，生产关系也占有十分重要的地位。生产关系的核心内容可分为以下几个方面：一是所有权形式。这涉及生产资料的所有权，即谁拥有生产资料（如土地、工厂、机器等）。生产的组织方式及其效率受到所有权分配的直接影响。二是管理与控制权的分配。这指的是在生产过程中，决策权和控制权的分配情况。例如，在资本主义体制下，公司管理层和资本家通常还掌握着生产过程的主导权和决策权，由工人执行这些决策。三是产品的分配方式，即社会成员之间如何分配生产出来的商品和服务。这包括工资、利润分配方式，以及通过市场或者通过计划来分配产品等形式。

二、辩证关系

马克思认为，生产力与生产关系存在着辩证统一的关系。生产力的历史发展构成社会进步的根本动力，旧的生产关系可能会随着生产力的发展而成为束缚生产力发展的因素。当生产力与生产关系之间的矛盾积累到一定程度时，会引发社会革命，造成生产关系的根本变革，从而促进社会形态的转变。在马克思主义的框架内，这种关系是动态和对立统一的，体现在以下几个方面。

（一）动力和阻力的辩证关系

马克思关于生产力与生产关系中动力和阻力的辩证关系，核心观点在于这两者之间的矛盾动态。这一理论认为，社会生产力的发展是历史发展的根本动力，生产关系既可能推动生产力的发展，也可能成为其发展的阻力。这一理论认为，社会生产力的发展是历史的必然，生产力与生产关系之间的关系表现为一个复杂的辩证过程。这种动力和阻力的关系不是一成不变的，而是在辩证的运动中不断地进行着变化。生产力的发展推动了生产关系的变化，新的生产关系又为生产力的进一步发展提供了基础。生产力是社会进步的动力，代表着社会生产能力的发展方向。相反，落后因素可能包含在生产关系中，对生产力的发展会形成阻力。生产力发展到一定阶段，就要求相应地改变生产关系。当旧的生产关系不适应生产力发展的要求，就必须通过社会革命来实现生产关系的根本性变化，否则它就会成为束缚生产力发展的枷锁。马克思认为，社会从量变到质变，只有解决生产力和生产关系之间的矛盾，才能不断发展。

（二）决定性与反作用的辩证关系

生产力是决定生产关系的基础。这体现了生产力对生产关系的决定作用。同时，生产关系的状态也会反作用于生产力的发展，可能是促进也可能是阻碍，体现了生产关系对生产力的反馈影响。关于生产力的决定性和生产关系的反作用的辩证关系，马克思在强调生产关系由生产力发展水平决定的同时，也强调生产关系对生产力发展产生反作用。这一理论体现了马克思历史唯物主义的核心原理之一，即经济基础决定上层建筑，上层建筑反作用于经济基础的辩证过程。

关于生产力对生产关系的决定性，马克思认为，决定社会生产关系性质和形态的生产力，是决定社会发展的物质基础。生产力的发展水平决定了人们在生产过程中的相互关系，包括人之间的经济关系、所有权的形式以及劳动分配的方式等。生产力水平的高低决定了人们随着生产力的发展而建立的，与新的生产力水平相适应的新生产关系。生产关系如果成为阻碍生产力进一步发展的障碍，就需要通过社会革命或其他形式进行变革。

通过这些经典论述，马克思强调了认识和改造社会经济关系结构的重要性，指出了社会变革与经济基础变革之间的内在联系。这一理论至今仍对经济社会理论和实践具有深远影响。

三、生产关系中的管理模式

在生产关系中，管理模式起着重要的调节作用。它可以根据生产关系的特点和需求，制定相应的管理策略和方法，以确保生产的顺利进行和企业的持续发展。同时，管理模式也可以反作用于生产关系，通过优化管理流程和提升管理效率，推动生产关系的改进和发展。因此，生产关系与管理模式是相互影响、相互作用的。

（一）生产关系与管理模式的双向互动

管理模式对生产关系的调节作用，主要体现在依据生产关系的特点和需求制定相应的策略和方法，以实现提高生产效率、协调劳动关系、应对市场变化的目标。也就是通过合理分配资源、优化生产流程和采用先进技术，提高生产效率和产品质量。通过建立科学的管理体系和激励机制，促进企业内部各层级的和谐合作，减少劳动争议。根据市场状况和竞争环境调整生产策略，确保企业能够灵活应对市场变化。

（二）生产关系对管理模式的反作用

生产关系中，各主体的互动和需求会不断地对管理模式提出新的要求。通过反思和调整，管理模式得以不断优化。一是推动管理创新。新的生产关系可能需要新的管理方法和工具，比如灵活的组织结构、扁平化管理和跨部门协作等。二是提升管理效率。生产关系的演变促使企业不断检视并改进管理流程，减少冗余，提高整体管理效能。三是促进公平分配。通过建立合理的绩效考核和分配机制，调整管理模式，确保利益的公平分配，进而稳定和优化生产关系。

（三）实践中的相互影响

在实际操作中，生产关系与管理模式的相互作用具体表现为：一是科技驱动与自动化管理。随着智能化和自动化技术的应用，管理模式也在不断调整以适应新技术环境。例如，智能制造系统和大数据分析可以帮助企业优化生产调度和资源配置，从而提高生产效率和响应速度。二是灵活用工与现代管理模式。现代企业或政府面对市场的不确定性，往往采用灵活用工制度，如远程办公、弹性工作时间等，对应的管理模式也需要更加灵活和人性化，以激发员工的积极性和创造力。三是持续改进与精益管理。许多企业通过引入精益管理和持续改进等管理理念，不断优化生产关系，提高资源利用效率，减少浪费，增强企业竞争力。

彼得·圣吉的“五项修炼”、管理学的经典理论，以及现代企业管理中的敏捷管理、精益生产等，都是从理论层面对生产关系与管理模式进行深入研究和实践指导的框架。因此，生产关系与管理模式的相互影响不仅是理论问题，也是实践中的现实挑战和机遇。理解和利用这一互动关系，可以帮助企业在激烈的市场竞争中立于不败之地，实现可持续发展。通过持续改进、创新和协调，管理模式能够不断适应和优化生产关系，推动企业达到更高的运营水平。

第二节　技术冲击：信息技术的管理应用

随着信息技术的迅猛发展，政府公共管理和企业组织管理正经历着前所未有的技术冲击。现代信息技术，如互联网、大数据、区块链和人工智能等，正在深刻改变着传统的管理和决策模式，在提升服务效率和质量的同时，也带来了诸多新的挑战与机遇。

一、对政府公共管理的冲击

传统的政府管理模式往往依赖于层级结构和线性决策过程，而现代信息技术和人工智能的引入，促进了管理模式向更加平行、网络化和智能化方向转变。增加政府运作的公众参与度，可能会从根本上改变政府与公众的互动方式。

（一）管理模式方面

政府行政管理体制的扁平化发展，对于提高政府行政效率和服务质量具有重要意义，这是现代管理理论的产物，也是信息化发展的产物。扁平化的管理体制主要是让决策更精准，并通过简化层级结构和缩短管理链条来实现。

1. 影响传统层级制度

我国政府管理中传统的层级制度受到互联网、信息化、大数据、区块链等现代信息技术的显著冲击，主要表现在以下几个方面：一是决策和沟通的加速。这些技术使信息的传播速度大大提高，决策者可以快速地获取大量的数据和信息，从而加快决策过程。同时，信息化技术使得上层与基层的沟通更为直接和高效，减少了中间环节，从而对传统的、多层级的官僚系统构成冲击。二是管理模式的转变。在信息流通不畅的环境下，传统的层级管理制度可以对信息和指令进行有效的管理和控制。然而，在现代信息技术的支持下，信息流通变得迅速且开放，使得层级制度中的信息独占和控制功能减弱，推动管理模式向更加扁平化和网络化转变。三是权力结构的调整。资料分析与处理能力随着资料与资讯的广泛应用而变得格外重要。这可能导致权力结构的重新调整，一些部门和个人可以有效地利用信息技术进行数据分析和决策，从而加强部门的地位和影响力。四是提升透明度和公众参与度。现代信息技术的普及尤其是因特网的普及，为公众获取政府参与、政府决策提供了更多的便利，提高了政府工作的透明度。这种趋势对传统层级制度中的权威性和封闭性形成挑战，促使政府在决策中考虑更广泛的民意，同时开展更深入的公众沟通。

2. 强化横向部门协调

在传统的垂直管理系统中，有更多的信息壁垒存在于不同的部门之间。加强横向协调是扁平化管理体制，尤其是公共管理领域改革的重点方面之一。扁平化管理克服了传统垂直管理体系中存在的信息孤岛和协作障碍，即通过简化层级结构，更加注重部门间的沟通、协作和资源共享，从而提高决策速度和效率。加强横向协调的基础是建设和完善政府内部信息共享平台。这样的平台可以打破信息壁垒，实现数据的互联互通，为跨部门合作提供支持。通过共享平台，不同部门可以实时访问和利用其他部门的数据资源，以支持决策和服务优化。政府为加强横向协调，对跨行业的重大项目可成立跨部门的工作小组进行统筹协调。这些机制不仅有助于统一协调，还可以作为不同部门间沟通的桥梁，提高政府应对复杂问题的能力。除了信息共享外，开发与应用跨部门业务协同系统也是一种有效的提高横向协同效率的手段。各部门可以通过这些制度有效减少重复工作，缩短流程时间，实现业务流转、审批、监管等在统一平台上运行。通过这些策略，政府能够有效地打破部门壁垒，实现资源的优化配置和整合，从而提升政府管理的整体效能和服务质量。这种横向协调配合的精神和做法，也是适应现代社会复杂多变挑战的必然要求。

（二）决策模式方面

互联网、信息化、大数据、区块链等现代信息技术对决策模式产生了深远的影响，对政府在提高管理效率、确保数据安全、促进政策公开透明等方面影响显著。

1. 对决策方式的影响

政府决策以往依赖于传统的经验判断。随着现代信息技术的应用，特别是大数据分析和人工智能的应用，政府决策更加依赖数据驱动和算法分析，以提高政策制定的科学性和精准性。利用大数据分析和人工智能，政府可以迅速收集和处理大量信息，这样可以在短时间内进行复杂的决策分析，提高决策效率。例如，通过分析社交媒体数据、公众意见和其他相关信息，政府能够快速了解公民的需求和关切，从而做出更有针对性的政策调整。随着大数据技术的发展，政府在决策过程中越来越多地依赖于数据分析。数据驱动决策可以让政府基于大量的实时数据进行科学的分析和预测，做出更加准确合理的政策选择。这种方式在很多领域都有应用，比如公共卫生、城市规划、环保等领域。人工智能技术，尤其是机器学习和深度学习，为政府提供了强大的决策支持工具。人工智能技术可以帮助政府预测未来趋势，识别潜在风险，并通过分析历史数据，监控实时动态，模拟政策效果，为解决方案出谋划策。例如，AI 分析工具可以帮助识别经济风险和金融政策制定中的机会。

2. 对响应速度的影响

现代信息技术和人工智能（AI）的应用，使政府在应急管理和反应速度方面的能力大大提高。这种技术上的进步使得政府在处理疫情、自然灾害等各种突发事件时，反应能力和管理效率都得到了更有效的提升。以新冠疫情防控为例，多国政府利用大数据和 AI 技术追踪病毒传播路径，对传染源有效识别和隔离。例如，通过分析感染者的移动轨迹、接触人群和聚集情况，政府能够及时发出警告，采取隔离和封锁措施，有效减缓病毒传播速度。AI 模型还被用于预测疫情发展趋势，帮助政府和卫生机构做出更加科学的公共卫生决策，比如如何分配和调配医疗资源（包括医护人员、医院床位、呼吸机等)。在自然灾害预警和应对方面，利用遥感技术与 AI 分析模型，政府能够更准确地预测自然灾害（如洪水、台风、地震、山火等）的发生和发展趋势。通过地理信息和气象资料的实时分析，可以做出更加快速有效的反应决策，如发布警报、做好人员疏散和救灾物资准备等。在灾害发生后，利用无人机等技术进行灾区勘察，评估灾害影响，指导救援行动和资源分配，显著提高了救灾效率和效果。

3. 对政务透明的影响

数字技术的应用在提高政府操作的透明化方面发挥了重要作用。将决策过程、政策依据、执行结果等通过政府网站、数字平台等渠道发布，能让公民更加容易了解并理解政府工作，能够显著增强公众信任和政府公信力。这种透明性是建立在政府数据和信息易于访问的基础上的，可以帮助增强公众的参与度，提升公众信任，加强政府问责制。通过建立和优化政府网站和数字服务平台，政府能够向公民提供服务，同时公布相关的政策、法规和程序。这种做法不仅简化了服务流程，也使公民能够更方便地获取信息，并参与到公共事务中。政府可以通过开放数据平台，公布大量由公共部门收集和生成的数据。这些数据向公众开放，不仅可以促进透明度，还可以鼓励第三方开发人员和组织利用这些数据创造新服务，从而创造更多的社会价值和经济价值。政府通过社交媒体和在线互动平台与公众沟通，及时回应公众关切，解答疑问，并发布重要信息和通知。这种即时互动方式有助于加强政府与公民之间的联系，提升公众参与度和满意度。利用数字化平台开展网上征求意见、征集民意等工作，使政策制定、决策过程更具开放性、包容性。

（三）服务模式方面

电子政务（E-Government）的发展受到了现代信息技术极大地推动。互联网、信息化、大数据和区块链等技术的应用不仅改变了传统的政府服务模式，也为更高效、更透明的政府服务提供了可能性。

1. 推动电子政务的发展

政府服务随着信息化和互联网的发展，已经逐渐转变为在线和电子化的服务方式。通过政府网站和移动应用程序，公众能够更方便地获取信息、办理业务，如在线申请证件、缴纳税费、咨询服务等，极大地提升了政府服务的可访问性和便利性。在服务数字化和在线化方面，政府提供在线的服务平台，让公众可以通过互联网和移动技术，不受时间和地点的限制，享受政府的各种服务。如在线办理各类许可证、注册申报、税务办理等，极大地提高了公众办事的便利性和政府工作的效率。

2. 实现政务服务智能化

实现政务服务的智能化是现代信息技术发展的重要成果之一，特别是在互联网、大数据、人工智能（AI）和机器学习等技术的推动下，政务服务正在经历一次质的转变。智能系统通过学习历史数据和行为模式，对潜在需求进行预测和识别，从而掌握主动权。利用智能系统，政府可以自动更新数据、自动审核文件等大量常规事务。这不仅提高了处理速度，也减少了人工错误和行政成本。通过部署AI驱动的聊天机器人，政府能够提供全天候不间断的咨询服务，解答公众的疑问。这些机器人可以处理大量的常见问题，为公众提供快速回应，同时释放人力资源处理更复杂的问题。政府部门可以利用大数据和人工智能技术，对市民数据进行深入分析，从而对服务对象进行更精准的定位，以制定如精准扶贫、个性化养生推荐等针对性政策。

3. 提高服务效率和质量

现代信息技术，特别是互联网、信息化、大数据、区块链等对政府服务效率和质量的大幅提升起到了关键性的作用。这些技术的应用不仅使政府服务更加便捷、高效，也提高了政府工作的透明度和公众参与度。互联网和信息化技术使政府能够通过在线平台提供服务，简化了许多原本烦琐的手续。在线提交、审批、反馈等环节大大减少了物理排队的需要和处理时间，实现了服务的即时性。大数据技术让政府有能力处理和分析海量信息，支持更精准的政策制定和服务供给。大数据分析有助于识别社会需求变化趋势，从而科学配置和高效利用资源，优化服务供给。区块链技术以其独特的安全性、透明性和不可篡改性，为政务信息共享和电子证照管理提供了革命性的处理方案。例如，在土地登记、医疗记录、身份验证等领域的应用，可以有效减少欺诈和错误，提高政府服务的可靠性。这些技术的结合使用，不仅优化了政府内部的工作流程，减少了重复劳动和低效环节，也使得政府能够以更高的效率和更低的成本为公众提供服务。此外，它们还增强了政府服务的可访问性和个性化，使得公民能够根据自己的实际情况和需求，享受到更为精准和便捷的政务服务。

二、对企业组织管理的冲击

现代信息技术，特别是互联网、信息化、大数据和区块链等在提高政务服务效率和质量的同时，对企业组织管理也产生了深远的冲击。这些技术在改变企业内部运作方式的同时，也带来了新的挑战和机遇，包括企业的战略决策、风险管理、客户服务以及合规要求等。

（一）组织运作和流程的优化

组织运作和流程的优化是企业在应对现代信息技术变革时的重点领域之一。这不仅关系到效率的提升和成本的降低，还包括灵活度的增强、客户体验的改善以及风险管理的加强。企业可以借鉴政务服务的信息化和自动化案例，利用互联网和大数据技术来优化内部流程，提高工作效率。例如，为减少人力成本和错误率，将大量数据输入、报告生成和流程审批通过数字化工具进行自动化处理。

1. 企业数字化转型

企业的数字化转型是指利用信息技术和数字化工具，将传统业务模式和流程转变为数字化、智能化、数据驱动的新模式，以适应当今快速变化的市场环境和消费者需求。这个转变涉及很多方面的改变，比如组织架构、业务流程、文化和技术。利用信息技术将传统的手工流程转变为自动化的数字化流程，包括文件的电子化、利用企业资源规划（ERP）系统整合各业务部门的数据和流程、利用客户管理（CRM）系统进行客户信息管理和交互等。数字化转型需要清晰的战略规划，需要企业高层领导主动推进变革。数字化转型的目标之一是更好地了解客户需求，提供个性化服务，为提升客户满意度和忠诚度提供多渠道互动体验，利用数字化的工具和技术来提升客户体验。

2. 企业的流程再造

现代信息技术为企业的流程再造提供了广阔的空间和丰富的工具。通过充分利用互联网、信息化、大数据和区块链等技术，企业可以实现流程再造的全面优化，提升竞争力并适应不断变化的市场环境。这些技术能够帮助企业对业务流程进行更彻底的重新设计和优化，从而实现效率的提高、质量的提升、创新的增强。企业可以利用互联网和信息化技术来优化内部沟通流程、加速决策过程，并与客户、供应商和合作伙伴实现更紧密的联系。在流程再造中，企业可以利用大数据分析来识别流程中的瓶颈和优缺点，从而实现更加精细化和高效的流程设计。企业可以通过人工智能和自动化技术实现智能化和自动化的过程。例如，利用机器学习算法优化生产计划和供应链管理，利用智能机器人自动执行重复工作，或者通过自动化的工作流程加快审批和处理流程，这些都是通过自动化的工作流程来实现的。在流程再造中，企业可以利用区块链技术来构建更加透明、可信的交易和合作流程，减少中间环节和风险，提高流程效率和安全性；企业可以利用云计算和边缘计算技术，来实现更加动态和可扩展的流程管理，根据需求调整资源分配和处理能力。

（二）决策模式的根本性变革

现代信息技术，尤其是互联网、信息化、大数据、区块链和人工智能等，确实具有改变企业决策模式的潜力。这些技术为企业决策提供了全新的思路和工具，从而提供了更多的数据、更快捷的信息沟通，以及更科学的统计分析结果。

1. 数据驱动决策

大数据技术使企业能够收集、存储和分析海量的数据，从而获取更深入的洞察和更准确的预测。通过数据分析，企业可以基于客观的数据来制定决策，而不仅仅是凭借主观的直觉或经验。这种数据驱动型的决策方式对企业的指引可以更科学。数据驱动决策在企业中已经成为一种趋势。它基于数据的收集、分析和应用，帮助企业做出更加科学的决策。包括企业内部系统、外部市场、客户反馈等，企业需要从各个渠道收集数据。这些数据可能来自很多方面，比如企业的销售记录、生产流程、客户关系、管理系统、社交媒体等。同时，还需要对不同来源的数据进行整合，以建立全面、一致的数据资源库。一旦数据被收集和整合，企业需要利用数据分析工具和技术来挖掘其中的价值。这其中包括对数据中的模式、趋势和关联进行识别的统计分析、机器学习、数据挖掘等方法。通过数据分析，企业可以发现潜在的商机，优化业务流程，改善产品与服务等。企业可以根据数据分析的结果建立指导实际操作的决策模型。这些模型可以是预测未来趋势、优化资源配置、评估潜在风险等方面的预测模型、评估模型等。

2. 实时决策支持

提供实时的数据交流和信息共享平台，企业能够及时获取最新的市场动态和竞争情报。企业可以结合人工智能和机器学习技术，在关键时刻帮助管理层做出精准快速的决策，从而实现实时决策支持。互联网和信息化技术提供实时的数据交流和信息共享平台，为企业及时获取市场最新动态、客户反馈和供应链信息。通过实时获取数据，企业可以更快速地响应市场变化，并及时调整决策策略。大数据和人工智能技术使得企业能够对海量数据进行实时分析和挖掘。通过机器学习算法和智能分析工具，企业可以实现对实时数据的快速处理和深入分析，从而为决策提供及时的支持和洞察。基于大数据和人工智能技术，企业可以建立实时的预测模型和仿真模拟系统，帮助管理层在关键时刻做出准确的决策。这些模型能够预测未来的走势，并对不同的效果进行评估，从而在决策上提供支持和参考。结合人工智能和自动化技术，企业可以实现自动化决策，根据预设的规则和条件，在实时数据的基础上自动生成决策方案或提出建议。这种自动化的系统能够使决策的周期大大缩短，效率和准确度也会提高。

(三) 客户服务与互动更便利

现代信息技术为企业在客户服务和互动方面提供了丰富的工具和方法支持。企业可以通过利用互联网、信息化、大数据、区块链和人工智能等技术提供即时反应、个性化体验、安全可信的智能客户服务和跨渠道整合体验，更好地满足客户，提高客户满意度和忠诚度。

1. 即时响应与互动

即时响应与互动是指企业为了满足客户的需求、解决问题或提供支持，能够与客户进行快速、实时的沟通与互动。这种沟通可以通过网络聊天、社交媒体互动、E-mail 等各种网络渠道进行。实现即时的响应和互动可以帮助企业建立良好的顾客忠诚度。客户在需要帮助或有疑问时，如果能够及时得到回应和解决方案，会感到被重视和关心，从而增强对企业的信任感。同时，即时响应也能让顾客减少排队等候时间，提升服务效能，让顾客体验感更好。在现代信息技术的支持下，企业可以借助自动化工具和人工智能技术，实现更快速的即时响应与互动。比如，能实现常见问题自动回复，减轻客服人员负担的智能客服系统；在线聊天机器人可以为客户提供实时的支持和解决方案。这些技术的使用能够让企业与客户的互动更加高效，服务水平也会得到提升，竞争力也会得到加强。

2. 个性化客户体验

个性化顾客体验是指企业为顾客量身定制的产品、服务和互动体验，都是根据顾客的个人需求、偏好和行为特点而制定的。为企业实现个性化客户体验提供有力支持的是现代信息技术，尤其是大数据和人工智能技术。企业通过对客户历史购买记录、浏览行为、社交媒体互动等数据进行大数据分析，能够对客户的偏好和需求进行深入了解。企业可结合 AI 技术，打造智能推荐系统，为客户提供个性化产品推荐和优惠活动。例如，根据客户的购买历史和兴趣爱好，向其推荐相关产品或服务，提高购买转化率。另外，在客户服务和沟通方面，也可以实现个性化的客户体验。企业可以利用人工智能技术开发智能客服系统，根据客户提出的问题或需求，自动匹配最合适的解决方案。同时，与客户保持密切联系，通过个性化的邮件营销、短信推送等方式，提供量身定制的促销资讯及服务提醒。

3. 安全可信的交易

区块链等现代信息技术可以在实现安全可信的交易方面发挥重要作用。区块链是一种去中心化的分布式账本技术，通过记录交易信息并将其链接成不可篡改的区块，确保交易的安全性和可追溯性。首先，区块链技术可以提供更安全的数据存储和传输方式。由于数据被分布式存储在多个节点上，并经过加密和验证，使得数据不易被篡改或删除。这为交易信息的安全性提供了保障，规避了数据被恶意篡改或窃取的风险。其次，区块链技术可以增强支付的安全性。通过智能合约等机制，可以确保交易的执行符合预期，并自动执行交易条件，减少了支付过程中的信任问题和纠纷可能。此外，数字资产的使用如加密货币等也提供了更为安全便捷的支付方式。另外，区块链技术可以提供更加透明和可追溯的交易过程。在不可篡改的区块中记录下每一笔交易并能公开查看，让交易过程变得更有可信度。这有助于建立起客户对交易过程的信任，减少了信息不对称和欺诈行为的可能性。最后，对于身份认证和门禁的安全性，区块链技术也能得到加强。通过基于区块链的身份认证系统，可以确保用户身份的唯一性和安全性，防止身份盗窃和冒充等风险。同时，通过智能合约等机制，可以实现对数据访问的精细化控制，提高了数据的安全性和隐私保护水平。

第三节 如何适应：管理模式的创新变革

智能时代下，各种智能技术的迅速发展和广泛应用对生产关系和管理模式提出了新的挑战。为了更好地适应智能技术的发展，现有的组织架构、人力资源配置以及决策机制等都可能需要做出相应的调整。

一、增强组织的数据驱动能力

增强组织的数据驱动能力，是当前企业和政府组织转型升级的一个重要环节。信息技术，特别是人工智能的发展，为组织提供了前所未有的机会来优化决策过程、提高效率和强化服务能力。因此，无论是政府组织，还是企业，都需要建立起以数据为核心的决策模式。这意味着从传统的经验决策转型为数据驱动决策，为此，政府组织和企业需要投资数据收集、处理和分析的技术和人才。

（一）增强数据收集与整合的能力

增强数据收集与整合的能力关键在于建立数据基础设施和进行数据采集，重点通过投资建立强大的数据仓库和数据湖等设施，确保数据的集中管理和高效访问。使用高级数据采集工具和技术，包括物联网（IoT）设备等，以实时收集数据。

1. 建立数据基础设施

建立一个强大的数据基础设施，是组织能够成功实施数据驱动决策的基础。这一般包括规划、部署和优化数据管理系统。一是数据仓库和数据湖的建立。亚马逊 AWS① 提供的云数据仓库服务 Amazon Redshift② 就是一

---

① 亚马逊 AWS（Amazon Web Services）是亚马逊公司旗下的云计算服务平台，自 2006 年起向全球用户提供广泛而深入的云计算服务。AWS 是全球最全面、应用最广泛的云平台之一，旨在帮助各种规模的企业、政府机构和非营利组织快速部署和管理应用程序。

② Amazon Redshift 是 AWS（亚马逊云服务）提供的一种快速、可扩展的托管数据仓库服务，专为大数据分析和商业智能（BI）工作负载而设计。

个不错的案例。Amazon AWS 可以处理 PB 等级①的资料储存与分析，其高效能的储存与运算能力让企业可以快速查询与分析大量资料。企业通过使用 Redshift② 不仅可以高效存储大量数据，而且能够提供快速复杂的数据查询能力，从而构建起一个强大的数据仓库。数据湖（Data Lake）可以让你存储海量结构化的数据。比如使用 Amazon S3③ 建立数据湖，企业可以无限制地存储各种格式的原始数据。然后直接在这些数据上进行分析，就可以使用 Apache Spark④ 或 Amazon EMR⑤ 等工具了。二是数据集成和实时数据处理。比如，通过使用 Kafka⑥ 或 Amazon Kinesis⑦ 这样的实时数据处理工具，企业能够实现数据的实时收集、处理和分析，这对于需要实时数据驱动决策的应用场景非常关键。例如，在电商领域，实时分析用户行为数据可以即时推荐产品，提高转化率。三是数据标准化和质量管理。例如从 eBay⑧ 的例子可以看出质量数据的重要性。eBay 每天处理数百万条商品信息，其通过建立一套严格的数据标准和质量管理流程，如使用特定算法自动审核商品信息的准确性和完整性，确保了数据的高质量和一致性。四是跨组织数据共享和协作。比如在加州的水资源管理领域，通过建立一个共

---

① 在 Amazon AWS（亚马逊云服务）的语境中，“PB 等级”指的是数据存储和处理的级别，具体是指佩他字节（Petabytes，简称 PB）。佩他字节（PB）是一个非常大的数据存储单位，等于 2^{50}字节，或者说是 1024 个太字节（Terabyte，简称 TB）。这个数量级的数据在现代社会中十分常见，尤其是在大数据处理、云计算、物联网等领域。

② 这里指的是 Amazon Redshift，这是由亚马逊 AWS（Amazon Web Services）提供的一种快速、可扩展的托管数据仓库服务。Amazon Redshift 专为大数据分析和商业智能（BI）工作负载而设计。

③ Amazon S3（Simple Storage Service）是亚马逊 AWS（Amazon Web Services）提供的一种对象存储服务。它是一种高度可扩展的对象存储系统，允许用户存储和检索任意数量的数据。

④ Apache Spark 是一个快速、开源的数据处理引擎，用于大规模数据处理和分析。它支持多种编程语言，提供批处理、流处理、机器学习等功能，是大数据领域的关键技术之一。

⑤ Amazon EMR 是亚马逊 AWS 提供的云上托管大数据平台，集成了数据接入、存储、计算、交互式查询、机器学习等功能，支持用户快速构建和部署大数据集群，用于大规模数据处理和分析。

⑥ Kafka 是一个开源的分布式流式平台，用于构建实时数据管道和数据流应用，具有高吞吐量、低延迟、高可靠性和高可扩展性，支持大规模数据处理和流处理，广泛应用于日志收集、消息系统等领域。

⑦ Amazon Kinesis 是亚马逊 AWS 提供的一项完全托管的流式数据处理服务，用于收集、处理和分析实时数据流，适用于构建实时大数据分析应用程序，支持高吞吐量、低延迟的数据处理。

⑧ eBay 是一个全球知名的线上拍卖及购物平台，允许个人和企业用户在全球范围内买卖商品，支持拍卖和固定价格等多种交易方式，商品种类丰富，包括电子产品、时尚服饰、家居用品等。

享的数据平台，不同的政府机构能够协同工作，共享水资源数据，提高水资源的管理效率和效果。这一平台集成了来自数十个不同来源的数据，并使用数据可视化工具，帮助决策者理解和分析数据。在建立数据基础设施时，重要的是考虑数据的全生命周期管理，从收集、存储、分析到数据的安全性和合规性，确保数据能够被有效地利用，并为组织带来最大的价值。

2. 强化数据采集工作

强化数据采集工作是提高数据质量和数据分析能力的重要步骤，特别是使用现代信息技术工具。例如，利用物联网（IoT）设备采集一些农机设备生产企业的实时数据。这些数据包括作物的生长状态、土壤条件以及农机的操作数据等，通过分析这些数据，能够提供更加精准的农业建议，改进其机械产品设计。比如使用社交媒体和在线行为数据的挖掘。一些品牌通过社交媒体平台收集消费者对其产品的反响和讨论，使用文本分析和情感分析工具来了解消费者需求和市场趋势，进而制定更加精准的市场策略。再比如使用移动设备数据采集，Uber 就是通过其应用程序，收集用户和司机的地理位置数据、行程数据和评价数据。对这些数据的分析有助于 Uber 对调度算法进行优化，使服务质量和运营效率得到提升。另外，还可以使用公开数据和第三方数据集成，比如在金融分析中，公司可能会利用公开的经济数据、股市数据及第三方提供的金融数据服务（如 Bloomberg①、Thomson Reuters② 等）来进行市场分析和预测。这些数据被整合到公司的分析工具中，通过 API③ 或数据订阅的形式对投资决策提供支持。其实，强化数据采集的关键在于技术投资、多元数据整合并持续更新和优化。比如，投资最新的数据采集技术和工具，如 IoT 设备、高级 API 接口等。再比如，通过对不同来源的数据进行整合，丰富数据分析的维度，包括一些公开数据、媒体数据。伴随着技术的进步和业务需求的变化，数据采集策略和工具也在不断更新和优化。

---

① Bloomberg（彭博）是一家全球性的金融信息服务公司，由迈克尔·布隆伯格于 1981 年创立，提供金融数据、新闻和分析服务，业务遍及全球 185 个国家与地区。

② Thomson Reuters（汤森路透）是一家全球领先的专业信息服务提供商，由加拿大汤姆森公司与英国路透集团合并而成，致力于为金融、法律、税务与财会等多个领域的专业人员和决策者提供信息、决策服务及解决方案。

③ API（应用程序编程接口）是一组定义、程序及协议的集合，允许不同软件或应用之间进行通信和交互，是构建和开发软件应用的基础。通过 API，开发者可以访问和使用其他软件或服务的功能和数据。

（二）不断加强数据质量管理

数据质量管理主要包括数据清洗和数据标准化，定期进行数据清理，杜绝重复或错误资料，保证资料的准确性和一致性，并建立组织内部易于共享和理解的统一数据标准和格式。

1. 数据清洗

加强数据质量管理是提升企业决策能力和运营效率的关键要素，而确保高质量的数据管理，重要的一步就是数据清洗（Data Cleaning）。这里首先要辨识资料中的质量问题，可能包括重复数、遗漏值、错误或不符数据等。利用数据质量评估工具可以帮助快速识别这些问题。一旦识别了数据的质量问题，就需要开发适合的清洗规则和流程。手动清洗大规模数据集不仅耗时费力，而且容易出错。使用自动化工具和软件，如 Talend、Data Cleaner 和 Trifacta 等①，可以提高数据清洗的效率和准确性。资料清理并非一朝一夕之事，而是一个不间断的过程。定期清洗数据可以确保数据的质量得到持续的维护和提升。可根据数据的更新频率和使用情况来设定清洗频率。建立数据质量监控机制，持续追踪数据质量指标，如准确性、完整性、一致性等。当数据质量下降到一定的阈值，应立即采取清洗修复的措施。一般而言，银行为提高客户服务质量，降低业务风险，可以定期对客户信息库中的重复记录和错误数据进行清理。电商企业通过对商品信息的清洗，确保商品描述、价格、库存信息的准确、一致，从而实现顾客满意度和转化率的提升。医院和诊所通过清洗病人的健康记录，确保数据的准确性和完整性，这对于病人的治疗和健康管理至关重要。

2. 数据标准化

数据标准化（Data Standardization）是指将数据转换成一致的格式和结构，有助于提高数据的可用性和比较性，从而增强数据质量管理有效性的过程。实施和加强数据标准化，首先是要设立统一的数据标准，制定数据规范并对它进行文档化处理，同时明确共享标准。这里先要明确定义数据字段的标准格式、类型和范围。例如，在一个全球公司内，保持所有地区的日期格式（例如 YYYY-MM-DD）和货币符号的一致性是非常重要的。

---

① Talend 是一款开源的数据集成工具，用于数据管理、转换和集成；Data Cleaner 是一个开源的数据清洗工具，用于数据质量分析；Trifacta 是一款智能数据清洗工具，通过可视化界面，帮助用户快速整理和转换数据。

其次是要使用数据标准化工具和软件。通过利用 SQL Server Data Quality Services（DQS）① 和 Informatica② 等工具实现数据标准化过程的自动化，可显著提高处理速度，减少人为错误。再次是设置数据标准化流程，将数据标准化的步骤嵌入数据收集、存储、分析的每个阶段。当然，对数据标准的持续监控和维护、对适应变化的数据标准进行持续更新，也是必要的。比如，在医疗健康领域，采用 HL7 等国际标准③来保证不同系统和应用之间健康信息的兼容性和互操作性。在金融机构通过使用统一的客户识别代码（例如 Social Safety 号码或税号）等规范客户身份信息，加强反洗钱（AML）和客户识别（KYC）④ 流程。实施数据标准化，可以显著提高数据的质量和管理效率。这不仅提高了数据分析的精确性和可靠性，还提高了企业竞争力和市场适应能力，也有助于遵守行业规范和法规要求。

（三）文化和组织变革

文化和组织变革，即通过倡导数据驱动的文化来改变管理，最终增强组织的数据驱动能力。

1. 倡导数据驱动的文化

倡导数据驱动的文化是实现组织变革的重要因素，涉及将数据作为决策过程中的核心依据，并鼓励所有层级的员工参与和理解数据的价值。从最高层开始推广数据驱动的决策文化，有助于推动所有级别的员工都意识到数据的重要性。这就需要获得高层领导的支持和示范，使其成为使用数据驱动决策的模范，显示出他们对数据的信任和依赖。要为员工提供数据分析、数据解读及相关软件工具的培训，让他们理解数据是如何帮助改善工作效率和决策质量的。要增强数据的透明性和可访问性，确保所有员工都能访问到所需的数据，并了解这些数据是怎样被收集起来和进行分析的。开放数据源和分析方法，让所有员工都能看到数据如何支持业务策略。要在绩效考核中融入数据驱动指标，如数据分析以决策为导向等。目前，一

① SQL Server Data Quality Services（DQS）是微软提供的一款知识驱动型数据质量产品，用于数据清洗、匹配、标准化和去重。

② Informatica 是全球领先的数据管理软件提供商，提供数据集成、数据质量、数据管理和数据安全解决方案，助力企业实现数据驱动的业务转型。

③ HL7 等国际标准是医疗信息交换标准，旨在促进医疗保健环境中不同计算机系统之间的数据交换，减少自定义接口编程和程序维护的需求，提高医疗信息的互操作性。

④ KYC 是 Know Your Customer 的缩写，是金融机构、企业等与客户建立业务关系或进行交易时，必须履行的一项合规性程序。

些大型公司，如谷歌和亚马逊等，在利用自身的数据能力提供客户服务和产品改进方面做得非常出色；大型零售商如沃尔玛通过数据分析客户购买行为和库存管理，优化供应链和增加销售额。

2. 建立依赖数据的管理模式

建立以数据为基础的管理模式是塑造现代企业文化的必要步骤，也是推进决策流程的必要步骤。这种模式强调利用数据洞察力来引导日常的管理和业务决策。这种模式依赖于前面提到的一种组织文化，从高层领导到基层员工的每个人都认识到数据的价值，并愿意使用数据来支持他们的工作流程和决策。需要投资建立数据仓库、数据湖、BI 工具和数据分析软件，确保各个级别的员工都能轻松访问和使用这些数据和工具，以促进数据驱动决策的过程。在组织的目标设定和绩效评估体系中需要整合数据。通过对目标和关键绩效指标（KPI）的量化，可以更方便地对进度和结果进行跟踪。要推动不同部门间的数据共享和合作，以取得更全面的洞察力和共同的解决方案。跨部门的数据团队在推动创新和改进业务流程的同时还能分享最佳实践。

二、推动组织结构的扁平化

智能技术的应用能够提升信息流动的效率，减少决策层级，使得组织能够更快地响应市场变化。所以，所有的组织要考虑促进组织管理的扁平化，增强组织的弹性和应变能力。

（一）传统的层级式管理

传统的层级式管理模式也常被称为等级制管理。在较传统的企业中，特别是在我国行政管理体制中，这是一种比较典型的组织架构方式。

1. 层级式管理的主要特征

一是有明确的指挥链条。层级制的管理模式，其指挥与控制的链条是十分清晰的。上层管理人员拥有直接向下级管理人员下达命令的权力，自上而下地传达信息和指令。二是有清晰的分层管理。组织分成若干层级，每一层级都有具体的管理责任。高层管理人员负责制定战略和决策，中层管理人员负责信息的监督和传递，而基层管理人员则更多地把精力放在日常经营和员工管理上。三是采取中心化的决策方式。决策通常在组织的顶层进行，然后决策结果被传递到较低的层级实施。这种模式对保持决策一致性有帮助，但在反应速度上却可能导致决策迟缓。四是角色和职责明确。每个员工的作用和责任都很清楚，对保证职责清晰有很大的帮助。这也有助于评估个人绩效。五是有垂直通信渠道。信息一般是纵向流动的，也就是自上而下或者自下而上的。横向沟通（部门间的沟通）可能还不够发达，有时可能还需要通过上层管理才能发挥作用。层级式的管理与官僚制结构紧密相关联。它通过固定的结构和规章制度，往往能够提供一种稳定和可预测的工作环境。

2. 层级式管理的主要缺陷

尽管传统的层级式管理模式在很多情况下能提供稳定和清晰的管理框架，但在现代信息技术得到应用的情况下，其存在的缺陷也非常明显。一是反应速度慢。在瞬息万变的现代环境中，决策过程的中心化层级式管理结构往往导致决策响应速度较慢。信息从底层传到顶层，再由顶层做出决策，最后决策再传递到执行层，这个过程耗时而缓慢，使得组织难以快速响应形势变化。二是创新受限。传统的层级式管理模式往往强调顶层的指导和控制，这可能限制底层员工的创新能力和动力。当员工有创新想法或改进措施时，这些想法要经过多层审批才能实施，过程冗长，可能导致优秀想法被忽略或失去时效。三是沟通壁垒。层级结构中的垂直通讯通路可能会造成信息在传输过程中扭曲或延迟，而横向通讯则不够顺畅，造成部门间的合作与资讯分享受到阻滞，进而影响工作效能。四是适应性差。在当今 IT 快速发展的时代，组织需要能够快速地适应技术的变化，适应环境的需求。传统的层级制管理模式因其结构僵化和改变缓慢，难以有效适应这些快速变化。五是员工参与度低。由于决策集中于高层，基层员工可能感觉到自己的意见和需求得不到足够的重视，由此会影响员工的参与度和满意度，从而影响到整个组织的动力和凝聚力。

(二) 组织结构的扁平化

组织结构的扁平化是一种组织设计的策略，主要是通过减少中间管理层次，使组织的决策层和操作层之间的中间管理层级尽可能减少，以便组织能够快速地将决策权延伸至最前线的执行人员，从而提高组织的效率和响应市场变化的能力。在传统的等级制度中，组织内部层层递送，信息延迟、失真的可能性很大。而扁平化的组织结构可以减少这些层级，使得信息能够更快、更准确地传递，同时也使基层员工有更多的决策权和自主性。

1. 现代技术提供了组织结构变化的可能性

利用云平台和协作工具（如 Slack、微软 Teams、Zoom 等）来提高组织内部的连接性和交流效率。这些工具帮助团队成员无论身在何处都能实时交流，减少了层级间沟通的障碍，增强了协作效率。而这主要依赖于即时通讯和协作工具的应用。通过即时通讯软件、企业社交平台等工具，实现跨层级、跨部门的实时沟通和协作。使用项目管理软件可以帮助团队成员更好地协作和跟踪项目进度，减少中间环节，提高执行效率。这对于打破部门壁垒、促进团队横向协作，都有很大的帮助。通过建立共享数据库和数据分析平台，使各层级员工都能实时获取所需信息，减少信息不对称，提高决策效率和透明度。这有助于降低管理层级，推动组织结构的扁平化。

2. 组织结构扁平化将促进管理方式变革

在现代信息技术的推动下，由于减少了中间层级，决策可以更快地传达到执行层面，避免信息的延误和失真。这有助于组织更快地响应市场变化和客户需求，增强团队自主性。在扁平化的组织结构中，基层员工被授予更多的决策权和自主性。这样既能提高员工的满意度和参与度，又有利于培养员工创造性和解决问题的能力，也有助于促进跨部门合作。扁平化的组织结构有助于打破部门壁垒，促进不同部门之间的合作与沟通，提高组织的整体效率和创新能力。更重要的是，政府组织能够更好地根据变化的社会环境进行决策，企业能够更好地适应快速变化的市场环境。传统的等级制可能很难在瞬息万变的市场环境中迅速调整策略和方向，而扁平化的组织结构使机构的灵活性更强，适应市场变化的速度也更快。不仅如此，扁平化的组织架构还可以减少中间的管理层级，也能够减少人力成本和管理费用，提升组织运作效率。总体而言，组织结构扁平化是当前管理模式变革的重要趋势，有助于组织效率的提高、灵活程度的提高和创新能力的增强，从而在社会和市场环境日益复杂多变的情况下能够更好地应对。

第十二章 技术性失业的挑战

智能时代也常被称为第四次工业革命或工业 4.0，是由先进技术包括人工智能（AI）、机器学习、大数据、云计算和物联网（IoT）等推动的。这些技术在提高效率和生产力的同时，也可能导致技术性失业——即工人因机器人、自动化设备和 AI 系统能够替代他们完成工作而失去工作。这必将给就业带来难于预估的挑战。

第一节 世界范围内的就业影响预测

智能时代的到来确实可能对全球就业市场产生深远影响，但具体可能导致多少人失业是一个复杂且难以精确预测的问题。这是因为，预测未来失业情况需要考虑许多变量，包括技术发展速度、产业适应性、各行业对技术的采纳程度、政府政策、教育体系的反应、经济结构的变化，以及工人个人的适应性和接受的教育培训状况等。但是，一系列的研究报告尝试估计和预测将来可能因自动化和智能化造成的失业情况，为我们了解相关失业状况提供了参考。

一、世界经济论坛的《未来就业报告》

世界经济论坛（World Economic Forum，WEF）定期发布关于就业趋势的研究报告，这类报告提供了对全球就业市场未来发展趋势的预测和分析。未来就业报告通常探讨新兴职业类型、技能需求变化和职业发展路径等问题。2020年世界经济论坛（WEF）发布的《未来就业报告》（有的翻译为《未来工作的性质》）预测，到2025年，自动化将导致全球8500万个工作岗位消失，但同时也将创造9700万个新岗位。虽然一些工作会消失，但新技术也会产生新的工作需求。

2023年5月，世界经济论坛发布的《2023未来就业报告》是一份深度剖析当前宏观经济动态与技术创新如何影响就业岗位配置、职业技能要求的报告。报告基于2022年末和2023年初进行的就业前景调查，覆盖了来自世界各地区的27个行业集群、45个经济体，共803家公司的数据，参与调查的公司雇佣员工规模总量超过1130万人。

报告主要预测了2023—2027年五年的全球就业趋势和工作岗位变化情况。其中指出，五年内，近四分之一的工作可能会发生变化，新的工作机会将增长10.2%，而消失的工作岗位占比将达到12.3%。这意味着，在数据覆盖的6.73亿个工作中，这五年新增的工作岗位数量将达到6900万个。与此同时，消失的工作机会将达到8300万个，相比之下，岗位绝对数量下降了1400万个，相当于目前工作岗位总量的2%。报告还强调了技术采用对就业市场的影响。未来五年，在大数据、云计算、人工智能等应用程度较高的情况下，技术采用仍将是业务转型的关键驱动力。这些技术的革新给市场带来了巨大的机遇，预计将创造大量的新工作岗位。特别是大数据相关领域，被认为是最能创造就业机会的技术之一，有65%的受访者预计大数据相关的工作岗位会增长。比如，数据分析师和科学家、大数据专家、人工智能和机器学习专家，以及网络安全领域的专业人员等，预计到2027年，他们的工作机会将平均增长30%。

不过，报告同时警告称，一些职位将面临技术威胁，例如AI技术。随着技术的不断发展和应用，一些重复性的任务可能会被自动化所取代，从而导致相关职位的减少或者消失。因此，报告呼吁各国政府和企业需要采取积极的措施来应对这些挑战，包括加强职业培训和教育、提高劳动者的技能和素质、推动创新和创业等。此外，报告还探讨了企业劳动力转型的战略规划等问题。随着就业市场的不断变化和技术的不断进步，企业为了适应新的市场需求和经营模式，需要不断对自身的劳动力结构进行调整和优化。这包括加强人才招聘和培养、推动员工职业发展和晋升、提高组织效率和灵活性等方面的措施。

二、麦肯锡全球研究所的《劳动力市场影响报告》

麦肯锡全球研究所（McKinsey Global Institute）也发布过多份关于自动化对劳动力市场影响的报告。作为麦肯锡公司的研究分支机构，麦肯锡全球研究所（MGI）经常发布有关经济发展、全球市场趋势以及科技对劳动力影响的研究报告。

关于自动化对劳动力市场的影响，麦肯锡全球研究所曾发布了一些深入的报告。MGI 的报告通常会评估一定时间范围内的自动化技术对不同种类工作的影响，比如哪些职业的工作任务可能被自动化技术取代。报告会分析自动化可能导致的劳动力转型需求，具体涉及哪些技能将变得弃不可用，哪些技能的需求将会上升。MGI 研究会探讨包括就业结构改变、全职与兼职转换、新兴职业领域等在内的劳动力市场变化。研究还涉及不同地区和行业将如何受到自动化的影响，不同地区承受的影响力度及其原因可能会有很大差异。MGI 的报告会为决策者提供针对自动化趋势应对策略的建议，讨论如何进行教育和培训投资，以及如何确保劳动力过渡到更高技能的策略。

在 2017 年初的一份关于自动化对劳动力市场影响的报告中指出，估计到 2030 年，机器人和 AI 系统可能会取代约 8000 万到 3 亿份工作，具体数字取决于采纳新技术的速度和范围。报告中指出，自动化技术正以前所未有的速度发展，在各行业中得到了广泛应用。从制造业到服务业，从低技能到高技能岗位，自动化技术正在取代人力，提高生产效率和质量。这一趋势不仅限于发达国家，受影响程度同样巨大的还有发展中国家。报告中还强调了自动化技术对不同行业和地区的影响存在差异。有些行业如制造业、金融业等，自动化技术得到广泛应用，效益显著。一些地区由于拥有先进的技术和产业基础，能够更好地适应自动化技术带来的变革，而有些地区则可能面临更大的挑战。

报告指出，自动化能为经济的增长和繁荣提供必需的推动力，帮助抵消多国劳动人口比重下降的冲击。基于情景建模（Scenario Modeling），预计自动化每年可为全球生产力带来 0.8%至 1.4%的提升。每个职业包含的活动种类都很多，每个职业的自动化需求也不一样。对于当时已有的技术，完全自动化的可能只是很少的职业（5%以下）。当时估计全世界工作场景中大约一半的活动都可能通过现在已有的技术实现自动化。这大约相当于16万亿美元的工资。最有可能被自动化替代的活动是在高结构化和可预测环境中的体力活动，以及数据的收集和处理。这些活动在经济活动总量中所占比例为51%，折合工资约2.7万亿美元。它们在制造业、住宿和食品服务、零售领域最为普遍。报告建构的情景模型表明，半数的活动将在2055年被自动化，但因为各种影响因素和经济状况的不确定性，这个时间可能会早20年，也可能会晚20年。

为帮助政府、企业和工人应对自动化技术带来的挑战，麦肯锡全球研究所在报告中提出了一系列建议。首先，政府需要为劳动者提供更多的培训和就业机会，制定促进劳动力市场灵活性和流动性的有效政策。其次，企业在重视员工职业发展和培训的同时，还需要积极采用自动化技术，提高生产效率和质量。最后，为了适应自动化技术带来的变革，劳动者需要不断提高技能和知识。需要强调的是，估算是建立在某种假设和模型上预测的，实际影响可能是不一样的。而且这些数字反映的不仅仅是技术性失业，还包括职位变动以及新增职位方面的情况。随着技术的不断发展和社会对这些变革的应对方式，实际情况可能会有所不同。

三、普华永道①的《未来劳动力报告》

普华永道近年发布的《未来劳动力报告》报告指出，自动化和智能化技术正在迅速普及，这些技术能够显著提高生产效率、降低成本，并创造新的商业机会。一方面，自动化和智能化技术正在取代大量重复性高、技能要求低的工作岗位。另一方面，它们也在创造新的就业机会，特别是需要高技能和创新能力的岗位。报告强调，随着智能化和自动化技术的普及，劳动力市场对技能的需求正在发生显著变化。未来，拥有技术技能、软技能和创新能力的人才将更加受欢迎。报告预测，未来劳动力市场的就业结构将发生深刻变化，传统行业的工作岗位将逐渐减少，而新兴行业的工作岗位将逐渐增加。

报告调查了来自世界各地的1万人，发现近37%的人担心自动化会使工

---

① 普华永道是全球顶级的会计师事务所之一，也是国际四大会计师事务所之一，提供会计、审计与咨询等专业服务。其近年发布的《未来劳动力报告》深入探讨了未来劳动力市场的趋势和挑战。

作岗位面临风险，这一比例比2014年的33%增加了4%。令人鼓舞的是，74%的受访者表示愿意学习新技能或接受再培训，以保持未来的就业能力。报告预测，到本世纪30年代初，美国约38%的就业岗位将受到自动化的影响；德国紧随其后，约35%的就业岗位将受到自动化的影响；英国约30%的就业岗位面临自动化替代的风险；日本约21%的就业岗位将受到自动化的影响。

需要强调的是，预测未来数十年的就业走势存在很大的不确定性，这些数字应当被视为一种可能的情景，而非铁板钉钉的预言。政策的应对、技术的实际运用、市场的响应以及其他经济和社会因素，都将影响未来的就业格局。举例来说，有报告指出全球可能在2027年之前净减少1400万个就业机会，而这很大程度上要归因于自动化和AI技术的普及。而一些研究则对更大规模的失业状况进行了预测。例如，英国牛津事务研究所的报告显示，到2030年，全球可能有8亿人因人工智能而失业，机器人将取代大量工作岗位。然而，这种预测可能过于悲观，没有充分考虑到经济、社会和政治因素对新工作岗位创造和劳动力市场适应性的影响。

四、美国最新的调查：企业正迅速利用人工智能①

美国一项针对财务主管的调查显示，61%的美国大型公司计划在2025年内使用AI，把由员工完成的任务自动化，这包括向供应商付款、开发票、准备财务报告等。这项由美国杜克大学以及亚特兰大和里士满联邦储备银行进行的调查显示，不论公司的规模大小，有近三分之一（32%）的企业计划在明年使用AI来完成曾经由人类完成的任务。近六成受访公司透露，他们在过去一年已依靠包括AI在内的软件、设备或技术来实现自动化。杜克大学金融学教授格雷厄姆接受美国有线电视新闻网（CNN）采访时说："如果不认真考虑这些技术，就无法运营一家创新型公司。你可能面临被远远抛在后头的风险。"

调查发现，企业转向AI有多重原因，包括提高产品质量（58%）、增加产量（49%）、降低劳动力成本（47%）以及取代员工（33%）。尽管如此，格雷厄姆不认为AI会导致大规模失业，至少在现阶段不会。"短期来看，这更多的是为了弥补一些漏洞，或是可能不聘用原本打算要聘用的人，但

---

① 来源于《AI取代人工：工作速度比预期快》（纽约讯），联合早报2024年6月24日。

不至于裁退员工。”职场社交平台领英（LinkedIn）联合创办人霍夫曼也认为，AI 不会完全取代人类，即便是在多年以后。“这将会是一种工作转型。人类的工作将被取代，不过是被使用 AI 的人取代。”

第二节　我国范围内的就业影响预测

我国就业市场也正在经受着自动化和智能化技术应用的强烈冲击。我国作为世界上最大的制造中心，拥有庞大的工业员工群体，自动化已经在很多行业中被应用，以提高生产效率和产出质量。智能化的进程涉及高度的技术集成和创新，可能导致对某些职位的需求减少，特别是那些重复性或低技能的工作任务。

一、就业预测需要注意的因素

无论是世界，还是我国，关于自动化、智能化所造成的具体的就业影响预测，由于数据更新、模型假设及预测方法的不同，不同的研究和报告往往给出不同的估计值。有些研究可能关注某一个具体的行业，有些则可能对整个经济的劳动力变化进行预测。这些估计通常是基于对现有工作的自动化潜力的评估，考量到哪些工作可以由现在或不久的将来的技术实现。但这些预测都需要注意这几方面因素：一是行业影响。一般而言，首先受到影响的是制造、物流、运输以及部分服务行业的岗位。二是技能重组的影响。某些中低技能工作可能会减少，但同时对高技能职位的需求可能增加（如数据分析师、机器人系统监控员、AI 系统开发者等）。三是政策响应程度。技术对就业市场的影响显著，但受到我国政府的政策决定和市场调控措施的影响。四是地理分布。自动化、智能化对就业的影响可能也会表现出地区差异，这是我国不同地区经济结构、产业布局不同造成的。

就未来趋势而言，在新兴产业可能创造许多新就业岗位的同时，继续教育和技能提升将成为劳动者适应新经济形势的关键。不过，目前预测自动化和智能化可能导致的我国范围内的失业人员数量尚无统一、确切的数字，需要依托更详细的劳动力市场进行调查和深入的经济分析。由于就业直接关系到经济增长、社会稳定和民生改善，我国政府对就业问题十分重视。因此，预期政府将采取措施逐步引导劳动力市场转型，并为受影响的劳动者提供重新培训和政策支持，以确保平稳过渡，并将自动化和智能化的积极效益最大化。

二、智能化所带来的就业影响

（一）《AI 大模型对我国劳动力市场潜在影响研究：2024》①

该研究认为，技术革新驱动人才需求结构转型，面临职业生态重构与技能迭代压力，出现区域发展失衡与产业集聚效应，行业应用正在渗透并推动就业形态创新。研究显示，2024 年我国人工智能核心产业规模达 294.16 亿元，大模型技术成为关键增长引擎。自然语言处理岗位需求呈现爆发式增长，招聘职位数同比增幅达 111%，深度学习、机器人算法、智能驾驶系统工程师等岗位需求增速均超 47%。这类岗位薪酬水平显著领先，自然语言处理岗位平均月薪达 24007 元，同比增长 11%，深度学习岗位更高至 26279 元，反映出市场对高端技术人才的激烈争夺。技术门槛提升直接推动企业招聘标准升级。2024 年上半年，自然语言处理岗位硕博学历要求占比升至 35.8%，较 2023 年提高 5.5 个百分点，3-5 年工作经验需求占比达 33.8%。企业不仅要求掌握 Python、PyTorch 等核心技术栈，更强调算法优化与模型落地能力，形成“高学历+强实战”的复合型人才筛选机制。

大模型技术对传统岗位形成差异化冲击。编辑/翻译类岗位受影响最为显著，“大语言模型影响指数”达 0.89，基础文本处理工作面临自动化替代风险。与之形成对比的是，研发类岗位展现出快速适应能力，软件/硬件研发岗位虽影响指数较高，但招聘需求仅微降 1 个百分点，且投递人数占比逆势上升 0.5%，折射出技术密集型岗位的供需动态平衡。企业招聘策略呈现两极化调整：对易受冲击岗位提高学历门槛（本科要求占比提升 1-4 个百分点），对核心技术岗位强化经验要求（5 年以上经验需求占比达 14.1%）。这种调整导致劳动力市场出现“技能错配”现象，求职者需在短期内完成从基础操作到创新研发的能力跃迁。

人工智能产业呈现显著的地域集中特征。北京、深圳、上海等一线城市在产业基础、技术创新、人才供给维度形成全链条优势，其“人工智能

---

① 北京大学国家发展研究院、智联招聘：《AI 大模型对我国劳动力市场潜在影响研究：2024》，2024 年 9 月。

发展指数”较排名第十的西安高出40%。东部沿海城市依托制造业基础，在机器人算法、导航算法等应用层岗位形成集聚，而中西部省会城市因产业结构单一，劳动力市场更易受技术冲击。地域差异进一步加剧人才流动分化。长三角地区集聚45%的AI芯片企业，形成设计-制造-应用的完整生态链，而中西部城市虽通过税收优惠吸引数据标注等基础岗位，但相关岗位薪资较沿海低25%-30%。这种分化导致技术人才持续向头部城市集中，区域数字经济差距呈现扩大趋势。

大模型技术正深度重构行业生产范式。在医疗领域，讯飞医疗大模型实现疾病诊断准确率突破，推动AI+医疗市场规模超3000亿元；金融行业智能风控系统使信贷风险下降20%，量化交易模型提升投资回报率5%-10%。这些应用催生了大模型训练师、AI伦理审查员等新兴职业，2024年相关岗位招聘量同比增长200%。远程办公与智能化工具的融合加速就业形态变革。大模型影响指数与远程办公指数相关性达0.78，数据录入、报告生成等标准化工作逐步被自动化替代，而需要复杂决策、情感交互的岗位价值凸显。企业招聘中，“AI工具使用能力”成为非技术岗位标配，产品经理岗位JD中“AIGC应用能力”提及率达92%。

（二）《人工智能就业趋势全景分析（2024—2030）》[①]

该报告指出，全球人工智能产业正经历技术突破与产业融合的关键阶段。2024年全球AI市场投资规模达3158亿美元，预计2028年将增长至8159亿美元，年复合增长率高达32.9%。生成式AI作为核心驱动力，预计2028年全球市场规模将达2842亿美元，占据AI市场35%份额。中国市场表现尤为突出，2025年核心产业规模预计突破500亿美元，生成式AI占比超30%。算力需求呈现爆发式增长，2024年中国AI算力规模同比增长超40%，杭州、深圳等城市依托产业集群优势，成为AI算力与人才集聚高地。产业链层面，上游算力与数据领域由寒武纪、景嘉微等企业推动国产芯片替代，中游算法平台呈现“轻量化+行业定制”趋势，百度、阿里通过开源模型降低开发成本。下游应用场景加速扩展，智能制造领域AI驱动的质量检测系统覆盖全国82%头部制造企业，医疗健康领域AI辅助诊断系统应用率达75%，金融风控、能源管理等垂直行业渗透率持续提升。

2025年春招数据显示，AI相关岗位求职人数同比增长33.4%，机器人

① 新东方前途出国：《人工智能就业趋势全景分析（2024-2030）》，2025年4月。

算法工程师、调试工程师等岗位招聘增速超30%。杭州某大型招聘会中，AI算法与大模型开发岗位占比达50%，硬件类岗位月薪普遍达2-4万元，资深工程师年薪突破60万元。企业规模呈现分化趋势：100人以下中小型AI企业招聘需求同比增长61%，部分初创公司出现“一人多岗”现象，而腾讯、字节跳动等大厂为硕士毕业生提供3-6万元月薪。行业需求结构发生深刻变化，算法岗位中24.1%集中于人工智能领域，大型设备机电、电子技术等传统产业智能化升级领域占比分别为12.8%和7.3%。技能供需错配问题凸显，跨学科能力成为关键缺口，如医疗AI岗位需同时掌握医学知识与算法原理，金融科技领域要求经济学素养与编程能力结合。

AI技术正重塑传统行业就业生态。医疗领域AI辅助诊断使医生误诊率降低41%，催生医学影像分析师、AI诊疗系统解释员等新职业；金融领域蚂蚁集团、摩根大通利用AI优化信用评估与法律文件分析，推动金融科技分析师、AI风控专家需求激增；制造业中富士康部署4万台机械臂后，新增AI设备调试岗位超6000个。岗位替代风险呈现行业差异，客服、数据录入等重复性工作受冲击显著，中国工商银行智能客服已处理90%常规咨询，人工团队缩减40%。世界经济论坛预测，到2025年全球8500万个岗位可能被AI替代，其中制造业AI驱动的机械臂焊接、包装等工序替代约60万个传统岗位。杭州、深圳凭借产业集群优势成为AI人才聚集地，2025年春招中两地企业推出大量算法与开发岗位。成都、武汉发布“AI人才安家补贴”“新工匠计划”等政策吸引人才，但核心算法人才仍向头部城市集中，中西部地区面临“引才难”困境。企业招聘策略呈现地域分化，东部沿海城市聚焦机器人算法、导航算法等应用层岗位，中西部省会城市因产业结构单一，更易受技术冲击。

该报告揭示，人工智能正引发就业市场的结构性重构，既创造高端技术岗位的黄金窗口，也加剧传统岗位转型压力。技术进步最终将重塑价值分配方式，而非消灭价值本身，主动拥抱“AI思维”、培育不可替代的创造力与批判性思维，将成为智能时代职业发展的核心命题。

三、对就业的挑战与机遇并存

自动化、智能化带来的冲击是多方面的，并不局限于失业这一块。在我国这样一个快速发展的经济体中，这些影响既包含了机遇又面临挑战，并对不同群体和地区产生了不均等的效应。在工作性质变化方面，自动化和智能化会淘汰一些低技能、重复性高的工作，如组装线上的简单装配工作和简单的数据录入工作，但也会产生新的工作机会，尤其是与管理、维护和发展相关的职位且涉及机器人、人工智能等先进技术的。在技能需求转变方面，由于采用了自动化技术，劳动者需要提升或更新技能，以匹配更高学历的劳动力需求增加。在收入分配的影响上，高收入与低收入工人的差距可能会因自动化而进一步拉大。低技能劳动者很难找到工作，可能导致加剧社会不平等，因为高技能劳动者可以从新兴技术中获益。自动化可能加速部分地区经济的重组。建立在制造业基础上的城市或地区可能面临更严重的就业挑战，而建立在技术和服务基础上的经济体则可能因此改变而获益。为提供与新工作需求相匹配的技能，教育系统可能需要进行调整。继续教育、职业培训和职业生涯重新规划服务可能需要扩展，以帮助劳动者适应新的就业环境。

在为提高生产效率和经济增长提供潜在动力的同时，自动化和智能化也为我国劳动力市场带来了复杂的影响，这些都是需要应对的社会挑战。整体上，这需要一种平衡的方法，以确保经济成长的同时，提高社会的包容性和稳定性。为了减缓自动化给低技能劳动者带来的冲击，政府可能需要采取措施，如提供再培训项目，发展和扶持高技能行业，鼓励产业升级，制定社会保护措施等。

第三节　引起失业的差异性影响

自动化、智能化技术对我国就业人群的影响是一个复杂的、多维度的难题，具有很大的挑战性。

一、失业的行业差异

在前面的第一、二、三章中，已对自动化、智能化在不同行业的就业影响做了详细的分析。这里主要从可能造成失业这一角度出发，做一个浅显的分析。

从制造业说起。制造业是受影响最大的行业之一，因为机器人和自动化生产线可以替代很多简单重复的人工操作。受影响的岗位通常是低技能的组装线工人、质检工人等。自动化特别是机器人技术，在汽车、电子、纺织等行业已经得到了广泛应用，这些领域的低技能岗位数量可能会大幅下降。农业中的自动化和智能技术，如无人机喷洒、智能种植系统、自动化收割机等技术，提高了农业生产效率，减少了对农民或农业工人的需求。服务业中的某些岗位，如收银员、服务员等，可能因自助服务和在线服务平台而减少，在线购物、智能客服、自助餐厅等自动化服务模式减少了部分顾客服务岗位。虽然自动驾驶汽车、无人航空和智能物流系统尚未全面实施，但它们的发展对未来的司机、航空员和物流从业人员构成长期潜在威胁。在交通运输业，随着自动驾驶技术的发展，对司机的需求有可能会减少。在金融业，对传统会计和分析师的需求，可能因自动化审计和智能算法在金融业的应用而减少。

整体而言，自动化和智能化技术在为具有必要技能和适应能力的同时，也会导致劳动力市场的就业结构变化，对低技能劳动力产生压力。此外，对培训和教育体系也提出了新的挑战和需求，需要不断地更新教学内容以适应技术的发展。政府、企业和教育机构需要共同努力，以确保劳动力转型能够顺应自动化和智能化的潮流。

二、失业的区域差异

通常情况下，由自动化和智能化可能带来的失业情况存在地域性的区别。可以预测，在我国东部沿海和一些大城市，自动化和智能化水平更高。这些地区很可能率先感受到相关岗位的减少，但同时也更可能因新技术产生新的就业机会。内陆和西部地区可能会延迟感受到自动化带来的影响，这些地区的就业市场可能更多地由传统产业和服务业主导，但长远来看也难以避免技术变革的影响。

当然，这种区域性的差异可能源自工业化水平的差异、产业分布的差异、教育水平的差异等。不同的区域因其产业结构或经济发展水平不同，面临的自动化水平也不同。高度工业化的区域可能会更快地采用自动化技术，特别是在制造业中，可能导致那些从事重复、例行工作的工人面临较高的失业风险。不同地区专注于不同的产业，比如有的地区可能以农业为主，有的地区可能以金融服务为主，自动化对于这些产业的影响差异很大；

金融服务领域和高科技产业可能会看到劳动力需求的转变，而不是简单的失业。区域间存在的教育资源和培训机构的差异，影响当地劳动力适应新技术的能力。那些拥有高学历人群的地区或许更容易适应技术的变化，转而从事创新、智能方面的工作。此外，不同的区域或政府对于自动化和智能化的应对措施也不同。有些地区可能着重于培训和教育以帮助劳动力进行转型，而有些地区则可能侧重于吸引或保持特定产业，这样也会让自动化对就业的影响呈现不同面貌。

也就是说，自动化和智能化导致的失业影响确实是区域性的，并且与多个因素有关，如经济结构、产业分布、技能水平、社会政策等。减少这些负面影响的关键，是持续进行技能培训和继续教育，鼓励创业和新产业的发展，以及制定有效的社会保障政策。

三、失业的性别差异

自动化和智能化引起的就业领域变化可能具有性别的差异性。这些差异通常来自传统职业性别分布不均，以及就业市场上男性和女性所处的不同位置。在我国，传统的重工业和制造业中男性工人较多，随着自动化的推进，这些行业的男性劳动力可能会面临更大的就业压力。女性劳动力在一些如服装制造、电子组装等劳动密集型行业中占据较大比例。自动化或将使这些职位减少，并使相应的女性就业受到影响。

当然，性别的差异也很可能是由经济结构、职业分布、技术适应能力、社会文化等多种因素共同造成的，同时，经济结构的不同也可能影响了男性和女性在劳动市场中的角色。例如，在服务业占主导地位的经济体中，可能有更多女性从事这些行业的工作，而自动化带来的影响可能不如制造业显著。女性职员的比例通常在某些职业领域更高，例如护理和社会服务。这些职业人际交往能力和情感劳动要求很强，往往不容易被自动化技术替代。而在制造业、运输业等领域，由于更容易实现自动化，且历史上男性员工较多，自动化对这些行业的影响可能是更多男性面临失业风险。在技术适应性方面，有研究显示，男性可能更倾向于从事与科技相关的工作，这可能使他们更适应新兴技术，从而在自动化和智能化的进程中保持就业或者更快适应新职业。不过，这种差异可能会逐渐缩小，因为进入 STEM（科学、技术、工程和数学）领域的女性越来越多。

尽管性别差异是自动化和智能化影响就业的一个因素，但这些差异会随着行业、地区、国家的具体情况和政策环境而变化。政策制定者和企业应该认识到这些差异，并采取措施确保所有工人都有能力适应不断变化的工作环境，如提供技能培训和再教育机会，以及促进工作场所的性别多样性和包容性。

四、失业的年龄差异

年轻员工通常拥有较新的教育背景和更高的技术适应性，他们往往更愿意接受培训和转换职业路径。因此，相对于其他年龄群体，年轻工人可能更容易在自动化和智能化的就业市场中找到位置。但中老年工人可能面临更大的挑战，特别是对习惯于从事单一、传统工作多年的工人来说，技能转换可能比较困难。这个年龄段的打工者往往在某一行业或事业上已经有了相当的阅历。随着自动化技术替代某些工作，中年员工可能面临重新培训和改变职业路径的挑战。对于那些在被自动化高度影响的行业中拥有特定技能的工人来说，重新学习可能更具挑战性。对于接近退休年龄的劳动力来说，自动化可能代表一种不太重要的威胁，因为他们可能正在考虑退出职场，或者已经具备稳定的技能，可以保持就业直至退休。

当然，上述分析并不是绝对的。市场的变化需要劳动力适应不断变化的技能需求，而劳动者本身也是在不断学习和适应的，因此就业市场的变化需要劳动者能够适应智能时代变化，不断提升自己。这样一来，他们面临失业的风险就会越低。因此，促进终身学习和职业培训，帮助从业者提升技能以适应未来就业市场的需求，需要政策制定者、企业和教育提供者共同努力。同时，为了缓解可能出现的不平等现象，政策支持尤为关键，如提供失业救济、促进区域发展平衡、支持创业等。这种跨领域、多元合作的方式，可以帮助我国更好地应对自动化和智能化带来的挑战，并为劳动力市场转型提供支持。

第四节 技术革命的恐慌与冷静

技术革命的恐慌与冷静，实际上是对待技术发展快速变化的两种不同的心态反应。技术革命的恐慌可能带来一种抵触，也就是可能因为害怕新技术可能带来的影响而抵制或延迟接受新技术。当然最主要的还是担心失业。即自动化和人工智能的发展可能会让某些职位减少或消失，从而引发人们对未来工作安全性的担心。技术革命中的冷静，一般采用开放心态，认为技术的发展提供了巨大的机遇，可以解决我们目前面临的许多问题，也为劳动力市场带来新的工作岗位和职业发展机会，鼓励人们学习新技能并适应变化。人工智能技术的快速发展，在某些领域已经取代了传统的就业岗位，的确让人们担心未来可能出现的失业问题。但能否从中找到新的就业机会，就需要我们在冷静中去探寻。

一、技术革命具有双面性

技术革命的双面性，体现在它所带来的正反两方面影响的平衡上，通常取决于技术是怎样被采用的，是怎样被使用的，是怎样被管理的。历次的技术革命都呈现出明显的双面性。18 世纪末至 19 世纪初的第一次工业革命，其正面影响是蒸汽机的发明和工厂制的出现，极大地提高了生产效率，启动了大规模工业生产，促进了城市化和经济增长。其负面影响就是劳动条件差，工人阶级面临长时间劳动、卫生条件差的环境。此外，工业化也开始对环境造成污染。第二次工业革命（19 世纪末至 20 世纪初）的正面影响就是电力、化学工业和内燃机的发展带来了生产力的新飞跃，同时出现了大量的创新技术产品，如电话、汽车等。其负面影响包括工业扩张继续加剧了环境问题，同时加大了武器的毁灭力，对全球冲突如两次世界大战起到了助推作用。信息技术革命（20 世纪后半叶）的积极影响在于，因为因特网的普及，对于信息的处理和传播速度大大提高，个人工作和生活的方方面面都发生了变化。其负面影响就是数字鸿沟加深了社会不平等，隐私和网络安全成为新的挑战，信息过载和社交媒体的出现可能影响人们的精神健康。

历次技术革命都表现出正面影响与负面影响并存的双面性。社会如何从技术革命中获取最大的益处，同时又能尽可能地减少负面影响，一直是一个需要不断探索与解决的问题。实现这一目标需要全社会的共同努力，也需要政策制定者、行业领导者和人们的理性认识，以及建立有效的治理机制。要应对技术革命的双面性，需要进行综合管理和政策制定，确保技术的发展与社会公平和环境可持续性相协调。社会各界——包括政府、企业、非政府组织和公众，都需要在引导技术发展的方向、促进技术普及的公正性方面发挥作用。此外，公众教育和技术素养的提升也是关键，有助于增强社会对技术变革的适应力和应对能力。

二、当前智能革命的双面性

当前的智能革命，有人认为是第四次工业革命（21 世纪初至今）。其正面影响可以概括为：人工智能、机器人技术、大数据、物联网和可再生能源技术的发展，可能会带来更智能的制造、更高效的资源管理和更清洁的能源使用。具体包括：提高效率。技术使得各种生产和服务流程更加高效，节约了大量的时间和资源；生活方便。网上购物、在线教育、数码娱乐等日常生活都比较方便；通讯方便。通信技术的飞跃发展使得全球人民之间的沟通更为无缝，缩小了地理距离；医疗进步。技术改进了医疗服务，使诊治疾病的效率和精确性得到了提高；解决复杂问题。高级计算和数据分析的能力，可以帮助人类解决历史上最棘手的问题，如气候变化和疾病防治等。其负面影响可以概括为：人工智能和自动化可能导致大规模的劳动力更迭和失业问题，对某些行业的工人造成冲击；个人隐私和伦理问题持续存在；技术上的瞬息万变可能会引起社会心理适应方面的问题等。也就是说，可能造成大规模的失业问题，自动化和人工智能可能导致某些岗位的消失，引起就业结构的变化和失业问题；可能造成社会隔阂，贫富差距可能因技术获取不平等而扩大，加剧社会的分裂和不平等；可能引起隐私问题，大数据和监控技术可能会对个人隐私构成威胁，引发有关数据安全的担忧；可能引起心理健康问题，技术的过度使用可能导致沉迷、注意力分散、社交障碍等心理健康问题；可能引起环境影响问题，高速的技术更新换代可能会导致资源消耗和电子废物问题，对环境造成影响等。

我们需要承认，技术革新带来的冲击是复杂的，也是双面的。从就业的层面来看，引起失业是不可避免的，但同时也蕴含着大量的新的就业机会。历史上，技术革新也曾经产生了恐慌。在工业革命期间，人们也担心机器会取代所有工作。事实上，尽管部分职业消失了，但同时也催生了新的行业与就业岗位。关键是要适应这些变化，提升人们的技能和灵活性，使他们能够转移到新兴领域。

三、应对失业恐慌的策略

目前的失业恐慌几乎来自所有领域的、所有行业的人群。应对失业的恐慌，从个体的角度，首先是不断学习和提高技能，特别是那些与人工智能和其他技术进步相关的技能。替代就业的模式也可以探索，比如自由职业。其次是强化人际技能，虽然 AI 在执行任务和处理数据方面更高效，但人类在创造力、同情心和复杂交际能力方面仍然是 AI 不能替代的。这些技能的培养有助于保持人类工作的关联性。从企业的角度，企业需要强化社会责任，可以在引进新技术的同时，考虑对员工的影响，并提供必要的培训和支持，以确保人员顺利过渡。

正确的方法是在恐慌和冷静之间找到平衡，注重技术创新的积极效应，同时通过教育、政策和法律框架来应对和缓解潜在的负面影响。这样可以实现对技术进步的合理控制，并确保技术对社会做出积极的贡献。智能时代确实带来了巨大的变化，其中最受关注的是人工智能（AI）技术的发展及其对就业市场的影响。虽然恐慌是一个自然的反应，但是以积极的态度面对技术变革，并准备好适应变化，是对抗失业焦虑的关键。我们必须认识到，劳动市场也在不断变化发展，技术在不断进步。通过教育和政策干预，社会应该和可以减轻这些变化带来的负面影响。智能时代不应该是恐惧的源泉，而应该是人类发展和创新萌芽的肥沃土壤。

四、可能的一些具体办法

为了应对智能化，特别是人工智能可能引发的失业问题，可以从多个方面入手。一是教育与技能培训。需要建立终身学习体系。鼓励和支持劳动者不断更新知识结构，提升技能水平。例如，通过在职培训、继续教育等方式，使劳动者能够适应新的就业市场需求。同时需要对现行的教育进行改革。在基础教育阶段，应引入人工智能基础知识，提高公众对 AI 的理解；在高等教育和职业教育中，应增设AI相关课程和专业，培养专业人才。二是职业转型支持。提供更多的职业指导与咨询服务。针对可能受AI冲击的行业的从业人员，提供职业规划咨询和转岗指导，帮助他们转向AI技术无法替代的岗位。要有再就业培训计划。设立专项基金和项目，为失业人员提供职业技能培训，特别是在新兴科技产业等领域。三是政策引导与社会保障。首先是政府扶持与产业政策。政府应引导传统产业与AI技术深度融合，促进新经济形态下的就业岗位增长。其次是完善社会保障机制。强化失业保险制度，确保失业者的基本生活保障，并提供一定的过渡期援助。

而在个人层面的应对方式可以有多种。可能是转变职业方向，寻找新的职业领域，如创新领域、社会关怀服务、教育与培训等。这些领域当前受AI替代的威胁较小；也可能需要持续学习新的技能和知识，以适应人工智能时代的需求。了解人工智能的工作原理和开发方法，可以增加就业市场上的竞争力；还可以发展创业项目，利用自身的知识和经验，结合人工智能技术，开展创业项目。

应对人工智能发展可能引起的失业问题，需要政府、企业、教育机构和个人共同努力。通过教育与技能培训、职业转型支持、政策引导与社会保障、法律与伦理规范建设，以及个人层面的应对策略，我们可以更好地适应智能化时代带来的变革，减少失业风险。

第十三章
教育适应性的挑战

智能时代，特别是人工智能的快速升级换代，给我国基础教育带来了多方面的挑战。人工智能（AI），尤其是像ChatGPT这样的自然语言处理系统的迅速发展和升级换代，对我国教育带来冲击，传统的灌输式教育模式如不及时改革创新，可能错失新技术革命带来的发展机遇。像ChatGPT这样的人工智能自然语言处理系统的快速发展，对我国乃至全球的教育体系都产生了深远的影响。对于我国而言，抓住新技术革命的发展机遇，实施及时的教育改革和创新至关重要。

第一节　社会层面的教育担忧

随着生成式人工智能（AIGC）技术在2023年实现爆发式增长，人类社会正经历着继互联网之后最深刻的技术变革。这类能够自主生成文本、图像、音频、视频等内容的智能系统，正在以前所未有的速度渗透进教育领域。社会层面围绕生成式AI对教育公平、学术诚信、教师角色、学习本质和文化传承的影响，产生了多维度的担忧。这些担忧既源于技术应用的现实冲击，也反映出工业时代教育体系与智能时代发展需求之间的深层矛盾。

一、教育公平的“数字鸿沟”新维度

生成式AI带来的教育资源分化风险，正在传统的城乡、区域、阶层差距基础上，叠加“AI素养鸿沟”的新维度，引发社会对教育公平的深度

担忧。

从理论层面看，教育公平的核心是保障不同群体享有平等的受教育机会。生成式 AI 作为新型教育工具，其应用者需要具备三个基本条件：智能设备接入能力、数字素养基础和经济投入能力。这三项条件的差异正在形成新的教育资源壁垒。中国教育科学研究院 2024 年调查显示，东部发达地区中小学 AI 课程开课率达 78%，而中西部农村地区仅为 23%，62%的乡村教师从未接受过生成式 AI 教学培训。① 这种差距在高等教育阶段更为明显，985 高校已普遍开设 AI 辅助学术写作课程，而地方院校相关教学资源严重匮乏。②

现实案例凸显了这种鸿沟的具体表现：某重点高中为学生配备了 AI 作文辅导系统，该系统能根据高考评分标准实时生成作文修改建议，甚至提供论据素材库。某 AI 作业辅导平台推出“尊享版”，年费高达 12800 元，包含精准化学习规划、专家一对一反馈等功能，而便宜的基础版则存在响应延迟、内容错漏等问题。这种“AI 教育分层”正在复制甚至放大原有的社会阶层差距，正如社会学家鲍曼所说的“技术精英”正在教育领域悄然形成。

二、学术诚信体系的结构性冲击

生成式 AI 引发的内容生产革命，对以“原创性”为核心的学术诚信体系造成了系统性挑战，传统的防作弊机制在 AI 时代面临失效危机。

从知识生产理论来看，学术诚信建立在“作者身份可追溯”创作过程可验证的基础上。但生成式 AI 具备的“深度伪造”能力，使得文本、图像、数据的原创性证明变得极为困难。2024 年初，某高校学报发现 17 篇投稿论文存在 AI 生成痕迹，其中 3 篇通过拼凑不同模型输出内容逃避检测；某中学教师在批改作业时发现，学生使用 AI 生成的历史小论文，不仅引用规范完整，甚至包含虚构的权威学者观点。更严峻的是，专业的 AI 学术服务产业链正在形成，某电商平台调查显示，标价 500-2000 元的“AI 论文定制”服务月销量超过 3 万单，提供从选题策划到数据伪造的全流程服务。

---

① 中国教育科学研究院 2024 年全国基础教育信息化发展调研（内部报告）。

② 教育部高等教育司 2024 年高校 AI 教育普及情况通报。

教育管理部门的应对措施面临技术滞后困境。尽管 Turnitin、CNKI 等平台推出了 AI 文本检测功能，但根据教育部 2024 年测试报告，这些工具对“人类-AI 协作生成内容”的识别准确率仅为 63%，对经过人工改写的 AI 文本几乎无法检测。① 某重点高校尝试通过“实时监控写作过程屏幕”来防止 AI 作弊，但遭遇学生的隐私保护诉讼，暴露出技术监管与教育伦理的冲突。这种诚信危机正在动摇教育评价的根基，正如哲学家桑德尔指出的，当“努力的意义”和“成就的真实性”受到质疑，教育的育人本质就会被工具理性消解。更重要的是，当 AI 能够生成超越普通人的成果时，该成果是“该用”还是“不该用”？这个问题值得深思。

三、教师角色重构的认同危机

生成式 AI 对教师传统职能的替代效应，引发了社会对教师角色价值的集体焦虑，这种焦虑既包含对职业存续的担忧，更涉及对教育本质的重新思考。

从教育传播学理论看，教师的核心价值在于“知识传递+情感互动+人格塑造”的三维功能。生成式 AI 在知识传递层面展现出强大优势：某职业院校试点 AI 教师承担 70%的理论课程教学，其知识点讲解的准确率和效率均高于人类教师。② 但在情感互动层面，某小学的对比实验显示，连续 8 周使用 AI 班主任的班级，学生的课堂参与度下降 23%，师生情感联结度降低 41%。③ 更深远的影响在于，当 AI 能够完成教学设计、作业批改、学情分析等常规工作时，教师的专业认同开始动摇——某教育机构调查显示，45%的青年教师认为“未来 5 年基础教学岗位将被 AI 取代”，这种职业焦虑已影响到师范专业的报考率。④

但案例也显示出教师不可替代的独特价值：深圳某中学的“AI+教师”双师课堂中，人类教师通过组织辩论会、角色扮演等活动，培养学生的批判性思维，而 AI 则负责提供海量背景资料。这种“人机分工”模式表明，教师正从“知识传授者”向“学习引导者”转型。然而社会层面的担忧依

---

① 教育部教育管理信息中心《2024 年教育领域 AI 文本检测技术白皮书》。

② 《中国职业技术教育》2024 年第 8 期《AI 教师在职业教育中的应用效果评估》。

③ 北京师范大学未来教育学院 2024 年《AI 班主任对小学生课堂行为影响的实证研究》。

④ 中国教师发展基金会 2024 年《全国中小学教师职业发展现状调查报告》。

然存在——当教育过程中的“温度”被数据算法取代，当师生互动被屏幕交流替代，教育是否会沦为“知识灌装”的流水线？这种对教育人文属性流失的担忧，本质上是技术时代人类对自身存在价值的深层追问。

四、学习本质的异化风险

生成式 AI 带来的“便捷式学习”，正在改变知识获取的方式和思维训练的路径，引发对学习本质异化的担忧，具体表现为认知惰性增强、深度思考能力退化和知识体系碎片化。

从认知心理学角度看，人类的有效学习建立在“主动建构+试错修正+深度加工”的基础上。但生成式 AI 提供的“一键生成答案”的即时反馈模式，正在削弱这种深度学习机制。某初中的实验显示，使用 AI 作业辅助的学生，在面对需要多步骤推理的数学题时，跳过中间思考环节直接索要答案的比例高达 89%，而传统学习组这一比例为 37%。更值得警惕的是“思维同质化”风险：某高校分析学生的课程论文发现，使用同一 AI 模型的学生，在论点结构、案例引用甚至语言风格上高度相似，形成“算法茧房”中的集体思维固化。

现实中的“学习异化”案例触目惊心：某高中生通过 AI 生成语文作文，连续三次获得高分，但在高考现场因无法使用 AI 而交白卷；某大学生依赖 AI 完成编程作业，却在实习时连基础代码调试都无法完成。这些现象印证了尼尔·波兹曼的预言——当技术成为“思考的替代品”，人类将逐渐丧失批判性思维和创新能力。社会担忧的本质，是害怕教育从“培养完整的人”退化为“训练高效的知识消费者”。

五、文化传承的算法偏见威胁

生成式 AI 的内容生成机制隐含的文化偏见，正在对教育中的文化传承和价值观塑造产生潜在威胁，可能导致本土文化弱化和价值判断扭曲。

从文化传播学角度看，AI 训练数据主要来源于互联网公开内容，而互联网信息存在明显的“西强东弱”格局。斯坦福大学 2024 年研究显示，主流 AI 模型的训练数据中，英语内容占比达 68%，中文仅占 12%，且包含大量西方价值观渗透的内容。[①] 这种数据偏见正在教育场景中显现：某小学使

---

① 斯坦福大学 Human-Centered AI 研究所《2024 年全球 AI 训练数据语言分布白皮书》。

用的 AI 德育课程，在讲解“诚信”时，优先引用西方寓言故事，而对“季布一诺”等中国典故提及甚少；某历史学习平台的 AI 生成内容，存在美化西方殖民历史、淡化本土文化贡献的倾向。

更隐蔽的影响在于对价值观的潜移默化：某青少年使用 AI 创作小说时，其作品中频繁出现“个人主义至上”“物质成功崇拜”等倾向，而传统的集体主义、工匠精神等价值观念被边缘化。当 AI 成为青少年接触知识的主要入口，这种算法塑造的“文化滤镜”可能导致代际文化传承的断裂。正如社会学家霍克海默警告的，技术理性可能成为新的“文化霸权”工具，在教育领域实现隐性的价值观渗透。

生成式 AI 引发的教育担忧，本质上是工业时代教育范式与智能时代发展需求的冲突显现。这些担忧不应成为技术排斥的理由，而应转化为教育变革的动力。当社会能够理性看待技术的双重性，通过制度创新引导技术向善，生成式 AI 完全可以成为推动教育公平、提升教育质量的重要力量。正如怀特海所说的“教育的本质在于唤醒灵魂对真善美的追求”，只要我们坚守教育的人文本质，技术终将成为实现这一目标的得力助手而非威胁。

第二节　整体教育的适应性

ChatGPT 等人工智能对我们目前教育方式产生了深远的影响，既提供了个性化学习、智能辅导、自动批改等便利功能，也带来了如何有效整合和利用这些技术的挑战。未来教育的发展需要综合考虑这些影响，以便更好地适应和利用 AI 技术带来的变革。

一、教育理念

我国传统教育理念注重知识的灌输和应试能力的培养，而人工智能时代则更加注重培养学生的创新能力、批判性思维和解决问题的能力。所以，教育者需要改变自己的教育观念，要适应新时代的需要，从注重知识的传授转变为注重能力的培养。

随着社会的快速变化和技术的进步，尤其是人工智能的发展，教育领域的需求也在发生重大的变革。适应人工智能时代教育转型的几个关键点：

一是创新能力。在人工智能时代，很多重复性和机械性的工作可以由机器完成，而创新能力成为人类最宝贵的技能之一。教育者需要创设更多鼓励学生思考、实验的环境。二是批判性思维。批判性思维是指能够客观分析和评价问题，进而形成判断的能力。21 世纪的学生需要具备挑战既存知识，逐步完善和创新理论的能力。三是解决问题的能力。在信息爆炸的时代，解决问题不再仅仅是知道答案，而是要能够利用现有的信息和资源提出有效的解决方案并实施。四是信息素养能力。学习如何搜索、筛选、评估、利用和创造信息，这是学生在数字化世界中生存和发展的基本技能。五是自主学习和终身学习的能力。鉴于知识更新的速度，学会自主学习并养成终身学习的习惯，成为个体发展的必要条件。六是合作与社交能力。人工智能时代并不意味着人与人之间的交流减少；相反，合作和团队协作能力仍然是重要的职业技能之一。七是道德和伦理意识。随着技术的发展，特别是在人工智能领域，探讨教育道德与伦理问题变得尤为关键，未来的公民需要具备与技术进步相适应的伦理观念。八是跨领域能力。解决复杂的现实问题往往需要跨学科的知识和技能，教育者需要提供更多的跨学科学习机会。九是情感和人文关怀。在人工智能持续发展的过程中，人类的情感和人文关怀尤为重要，以确保科技的发展服务于人的全面福祉。

智能时代对能力有新的要求，我国目前教育理念还存在多方面的不适应。比如专注传统知识灌输与应试技巧，传统教育模式过于偏重基础知识的记忆和考试技巧的训练，可能导致创新能力、批判性思维和解决问题能力的培养被相对忽视。比如，教师不能适应智能时代的需要，教师培训和专业发展可能有待加强，以确保教育者能够有效地引导学生在创新思维、信息素养和解决问题方面的学习。比如，课程内容和评估标准可能还未完全适应培养上述技能的需求，仍旧集中于知识掌握程度而非能力的实际运用。再如，情感教育和人文关怀的不足。随着信息技术和人工智能的应用增多，人文关怀和情感教育的重要性凸显，但这一方面的教育可能尚未得到足够的重视。

二、教育方式

我国教育在教学方式方面一直存在这样一些问题：一是教学模式单一。以教师为主导、以教材为中心、依靠面授课堂、以记忆式学习为主要特征的传统教学模式在我国教育体系中仍占主导地位。这种教学模式往往忽视了学生的主动参与，限制了学生思维的发展和创造性的培养。二是缺乏个性化。我们的教育往往以集体主义为中心，在课堂上往往采取统一的教学标准和方法来对待所有的学生，对学生的差异无法兼顾。这种“一刀切”的教学模式，随着社会对个性化教育需求的增长，愈发显得格格不入。三是创新能力培养不足。受考试导向教育系统的影响，学生往往被鼓励去追求分数，而非对知识本身的理解和应用。这种应试教育的弊端是学生可能缺乏解决问题的能力和创新思维。四是技术应用滞后。尽管人工智能和信息技术的发展有推动教育方式变革的潜力，但在实际应用中，很多学校的教育目标、大纲要求、人工智能等最新技术都难以被应用。再加上教师有限的技术运用能力或缺乏相应的专业培训，这些技术很难被有效地运用到教学中去。

我国传统的教学方式历史悠久，其特点概括起来就是：注重基础知识的传授、强调应试能力、以教师为中心的教学方式、教育制度更加刚性。然而，在智能时代背景下，这种传统的教学方式可能会遭遇一些挑战：一是不能适应创新与个性化教育的需求。智能时代强调学生的创新能力与个性化学习需求，而传统的应试教育和教师中心的教学模式，难以有效培养学生的创新精神和自主学习能力。二是它面临着信息、网络、人工智能等技术的发展。智能时代要求教育与新兴技术融合，如人工智能、虚拟现实、在线教育等。对于快速更替的技术工具和教学资源，传统的教育方式可能还不够适应。三是跟不上知识更新的速度。在智能时代，知识更新换代的速度极为迅速，要求教育系统具有灵活性和适应性，以便及时更新课程内容和教学方法。传统的教育模式往往较为固定，变革速度慢。

三、教育内容

我国传统的教学内容主要包括了经典文学、历史、哲学、数学、科学等方面的知识。这些内容多数基于以往的文化积淀和知识体系，对培养学生的传统文化认知、基础知识技能和逻辑思维能力有重要作用。但是，面对智能时代的挑战，这样的传统教学内容可能会出现不适应的情况：一是知识的时效性。随着科技的快速发展，一些传统的知识和技能可能变得过时，不能满足现代社会的需要。教育体系需要及时更新教学内容，以包含最新的科学发展和技术革新。二是缺乏跨学科内容。智能时代需要复合型人才和跨学科思维能力。然而，传统教学内容通常是孤立的学科知识，不足以应对现代的复杂问题。三是忽视技能培养。传统的教学往往注重理论知识的教授，而对实践技能、创新能力和情感智力等软技能的培养相对较少。四是缺少信息技术教育。在智能时代，信息技术及其应用是生活中必不可少的一部分。传统的教育内容如果缺少 IT 的教育，就很难与时代接轨。

当然，从教学内容与智能时代的不适应角度来看，基础教育和高等教育之间存在着显著差异，并且它们面对时代变迁的挑战和对应策略也不尽相同。对于基础教育（小学至高中）来说，主要关注的是为学生提供广泛的知识基础和关键的基础技能，为其未来的学习和职业生涯打下坚实的基础，其智能时代面临的挑战可能包括：教育内容可能与现实世界的变化和未来职场的要求脱节；重应试教育可能压缩了学生探索兴趣、发展创造力和批判性思维能力的空间；缺乏对信息技术和新媒体的学习，不利于学生在数字时代的信息技能和媒体素养的培养。对于高等教育（大学及以上）来说，更多地关注专业知识的深入学习和研究，以及高级技能的培养，其面临的挑战包括：专业知识迅速更新，当前高等教育教学内容可能跟不上行业的最新进展；研究方向可能过于传统，没有与现代社会需求和技术发展趋势相对接；高等教育培养的人才，可能缺乏足够的实践经验和创新能力。

四、评价方式

就目前信息化、网络化、智能化发展的速度而言，现有教育评价和考核方式明显落后。传统的以书面考试为主的考核方式可能不再适用，我们需要重新建构考核体系，重新评估学生的实际能力而不是只考核掌握知识的程度。

一些被广泛讨论的问题在我国教育评价方式上由来已久。应试教育评价方式主要注重考试成绩，这种评价方式存在的主要问题有：偏重分数导向。传统的应试评价方式往往把考试成绩看作是衡量学生学习效果的唯一标准，导致学生、家长以及教师都过分关注分数，却忽视了学生的全面发展和创造性能力的培养；考试压力巨大。高考作为高等教育的主要选拔方式，让许多学生产生巨大的精神压力，有时候甚至会影响学生的身心健康；

考核标准单一。传统的应试教育在缺乏个性化、多元化的情况下，往往采用不重视个体差异和特长的标准化考试来考核学生的能力。

目前的评价方式凸显了应试教育的局限性。传统教育评价方式往往侧重考试分数，强调标准答案和记忆力，导致应试教育现象普遍。智能时代要求人才具备创新能力、批判性思维和解决问题的能力，而这些能力往往不在传统应试教育的评价体系之中。统一化的评价忽视了个性化发展。传统教育采用的测试很难对每个学生的人格、潜能进行充分的评价。个性化学习路径和定制化教育服务在智能时代越来越被教育所强调。在知识更新速度加快的情况下，在信息爆炸的时代，知识迅速更新换代，而传统教育评价很少能够及时反映最新知识和技能要求，因此可能导致学生学到的知识和技能落后于社会需求。缺乏多维能力评估，除了知识掌握程度，现代社会还需关注学生的多元智能、情感发展、团队合作能力等方面。传统评价体系难以全面评估学生在这些领域的发展。

不仅如此，传统教育评价方式由于过分强调书本知识和考试技巧，但不够注重学生的实践能力和创新能力，而造成学生缺乏解决实际问题的能力。为了追求更高的分数，很多学生放弃了课外活动和个人兴趣，导致他们失去了探索自我和培养特长的机会。传统的评估方式对培养乐观、健康的生活态度和行为习惯不利，可能会影响学生的身心健康，给学生带来很大的压力。

第三节　基础教育的适应性

互联网、信息化、大数据、人工智能等的出现和快速升级换代，给我国基础教育带来了一系列挑战，让原本创新力、应用力就不够的教学体制面临更大的挑战，适应性的教学变革迫在眉睫。

一、传统的教学方式限制了创新力

在我国基础教育中，灌输式教学（又称作填鸭式教育）是一种传统的教学方式。它以教师为中心，倾向于让学生通过重复和记忆来学习知识。在传统的教育体系中，教师的角色往往局限于知识的传递者，而不是引导者，也不是创新的推动者。教师所扮演的角色设定限制了教师对探究者和知识创新者的启发，使他们难以使用更多样化的教学方法。

虽然这种方法可能在某些情况下能快速提升学生在标准化测试中的表现，但它也被批评抑制学生的创新力和想象力。其主要体现在：灌输式教学导致创新和批判性思维的缺失。灌输式教学强调的往往是正确答案，而不是鼓励学生对知识的质疑或探究。这种做法可能导致学生在面对需要创新和解决问题时感到困惑，因为他们缺乏独立思考的能力。灌输式教学还容易忽略学生的个性与兴趣。在这种教育模式下，学生个体之间的差异很少被考虑。学生被鼓励统一思考、记忆和回答问题，而忽略了他们的个性和兴趣的培养。

近年来，改革传统教学模式在一些城市或地区已经开始尝试。比如上海和浙江省在进行高考改革，引入素质教育评价体系，减少单一的考试成绩评价，加强综合素质的评价。然而在实施过程中，教学实践的转换速度往往跟不上观念的更新，学生和家长的观念也很难迅速转变，在短期内还是倾向于选择可以增加分数的教学。我国正在努力通过引进素质教育来推广学生的全面发展，鼓励教师运用多元化的教学策略。例如，实施课堂教学的互动性和项目化学习，提升学生解决实际问题的能力；增加小组合作与研究性学习，以促进学生主动学习和批判性思考的能力。但是，这样的转型需要对整个教育体系进行长期投入和改革，也需要整个社会对教育方式的理解有所改变，这样才能真正实现多样化教学方式的教育改革。

二、应试型教学评价限制了应用力

长期以来，我国基础教育一直存在“应试型”教学评价体系的问题。该体系主要通过考试成绩来评估学生的学习水平和教师的教学效果。这在很大程度上导致教育资源向应试教育倾斜，出现“高分低能”现象，即学生考试成绩优异，但实际应用、综合解决问题的能力较差。

作为应试型教学评价，其弊端主要体现在：一是高考和其他重要考试导向性过强。高考作为我国升入高等教育的主要门槛，其影响力渗透整个教育体系。学校、老师和家长倾向于采用填鸭式、死记硬背的教学方法来提高学生的高考成绩。比如有的同学表现出了很强的数学、物理解题能力，但在实验操作中或在日常生活中，有关知识的应用可能表现平平。二是创新教育实践严重不足。一些学校和教育机构尝试改革教学方法，引入项目制教学和实践活动，旨在提高学生的综合应用能力。但由于高考以及其他重要考试对评价体系的主导作用，创新型教学方法往往难以在大范围内推广。实践过程中，学生和家长还是倾向于选择走应试教育的路线，因为这种方法在当前体制下效果更直接。三是以分数为中心的学校评价体系直接限制了学校的创新。许多学校的声誉和排名与学生的考试成绩直接相关。教育主管部门往往通过考试成绩来评价学校的教学质量，导致学校为了提升排名，专注于提高学生的考试成绩，而非培养学生的多方面能力。比如，以升学率、高考成绩而闻名的“超级中学”在我国部分地区很受欢迎，但对学生来说，不仅加重了学业负担，而且通过这种方式培养的学生究竟能力有多强也还值得考证。

我国政府已经意识到这些问题，并且已经在推动教育评价体系改革，试图从减轻学生负担和鼓励素质教育等方面入手来改变目前的情况。例如，推动“减负令”政策，限制学生作业与补课时间，以及推广素质教育和综合素质评价体系，都是为了转变学生的学习方式和提高学生的实际应用力。这些改革措施需要时间来评估效果，并且在实践过程中可能会遇到各种挑战甚至出现反弹，但它们标志着我国教育正试图走向更加全面和健康发展的道路。

三、先进技术排斥与应用的选择

在过去，我国的基础教育在一定程度上存在对新技术的抵触和应用限制。例如，有些教育政策和学校管理规定可能会限制学生在校园内使用智能手机和其他互联网设备。这些措施通常是为了保护学生免受网络沉迷和有害信息的影响，同时确保学生能够将精力集中在学业上。

近年来，在科学技术突飞猛进的同时，我国教育部门也逐渐意识到科学技术教育的重要性。在教育信息化推进方面，我国政府已将教育信息化作为一项重要工程推进。比如“互联网+教育”政策，旨在利用互联网技术改善教育资源配置，通过在线课程和虚拟教学工具，使优质教育资源覆盖更广的范围。比如在我国推广的STEAM教育（由科学、技术、工程、艺术、数学等学科共同构成的跨学科课程），在国内的关注度越来越高。相关的课程和活动鼓励学生进行动手操作、探究学习和跨学科思考，通过实际项目来了解和应用最新技术。一些学校已经开设了编程、机器人学、三维打印等科目的课程。在我国的北京、上海、深圳等地，学校已经开始将人工智能相关的内容纳入课程体系。学员们不仅学习 AI 基础知识，还有机会参与到 AI Project 的实践中去。

我国政府也在推动科技在教育领域的应用，包括人工智能。例如，在“十四五”规划中，提出将人工智能教育纳入中小学教育发展规划，并加大对教育技术研究的支持力度。尽管存在对学生互联网使用的顾虑与限制，但现代教育技术的引入通常会伴随着规范的使用指导和管理，在减少对学生不利影响的同时发挥其积极作用。

四、专家学者的评价①

《教育研究》主编、研究员邓友超认为，面对 ChatGPT 等新一代人工智能的出现，需要以哲学的理性看待和思考。ChatGPT 让教育生态变得更加复杂，倒逼教师在教育内容、师生信任等方面成为反思的教育者。教师作为有限的存在，具有代具性。人工智能对话机器人将成为新的代具，成为学校教育的制度化存在。未来的教育者是反思的教育者、制度化的教育者和自我教育者，学生也应成为自我教育者。这预示着复合教育者的诞生。

武汉理工大学校长、国家数字化学习工程技术研究中心主任杨宗凯教授指出，ChatGPT 对教育具有革命性影响。对学习者而言，ChatGPT 能够“让生生有学伴”，促进学生自主学习。对教学者而言，ChatGPT 有助于教学设计、教学过程的优化、教学评价，“让师师有助教”。教育既要积极拥抱 ChatGPT，也要预防其可能存在的风险。未来需要驾驭人工智能、与人工智能共生共存的人，教育要加强理论和创新研究，出台 ChatGPT 相关的学习指南、奖惩制度；教师须具备数字素养，学习人工智能、使用人工智能并且和人工智能一起学习，走向人机协同。

教育部原教育发展研究中心主任、研究员，国家教育咨询委员会秘书长，《教育研究》编委张力认为，在当前推进教育数字化，建设全民终身学习的学习型社会、学习型大国的背景下，人工智能将“泛在式学习”转变为现实。人工智能出现之后有可能转变人类文明传承的方式，并重新定义

① 《未来教育如何直面 ChatGPT 的挑战？来听听专家学者怎么说……》，上海教育新闻网消息，2023-03-08。

人类知识，加速人类知识结构的变革。ChatGPT 人机对话模型作为深度学习训练集，将显性知识重构，并将隐性知识显性化，正构成重大影响。教育应注重培养批判性思维，强化学术伦理的监管机制，改革教学考核的制度，以大模型助力教育创新。

作为人工智能驱动的新一代自然语言处理工具，DeepSeek、ChatGPT 因其强大的语言理解和文本生成能力，一经问世便备受关注。科大讯飞股份有限公司副总裁周佳峰指出，信息时代与工业时代的教育形态有着本质差别，标准化、批量化生产的人才教育难以为继。教育数字化转型是以技术赋能的重大教育革命，通过全要素创新、各环节打通，使每个孩子受益。人工智能技术在助力教育数据采集、学情分析、资源推荐等方面发挥重要作用。DeepSeek、ChatGPT 在教育领域展现强大的能力，也给教育发展带来伦理挑战，影响学生价值认知与品格形成。科大讯飞已启动认知智能大模型专项攻关，可以成为教师的备课授课助手、作业批改助手、学生自主学习助手。

微软（中国）有限公司首席技术官韦青认为，在新“人-机”时代，需要对机器进行祛魅，不能将机器神化。DeepSeek、ChatGPT 是知识的提炼工具，让人类的知识转变成机器的知识。DeepSeek、ChatGPT 背后需要大量的人才、文化、环境，更需要有高质量的数据和真实有价值的知识。DeepSeek、ChatGPT 缺少人的价值观、人的喜悦感、人的幸福感、人的成就感等，其推理方式是概率推理而不是概念推理。教育应当坚持教学相长、有用相随，通过教育充分彰显人的尊严，维护人的价值。

第四节　高等教育的适应性

人工智能（AI），尤其是像 DeepSeek、ChatGPT 这样的自然语言处理系统的迅速发展和升级换代，给我国的高等教育带来了一系列挑战和机遇。

一、知识更新与学科交叉的挑战

人工智能本身是跨学科的。人工智能技术如 DeepSeek、ChatGPT 等需要高等教育在知识体系上不断更新，在技术上不断跟进。同时，人工智能涉及计算机科学、数学、统计学、心理学等多个学科的交叉融合，需要高校加强学科间的合作与交流，培养具有跨学科思维的人才。

人工智能（AI）以及自然语言处理（NLP）技术，比如DeepSeek、ChatGPT，在知识更新和学科交叉层面上的挑战主要体现在：在知识更新速度方面，AI领域的技术和应用在快速变化，我国高校需要不断更新教材和课程内容，以保证教学质量和时效性。这意味着教授和讲师队伍需要持续进行专业发展，以紧跟最新的AI研究和工业趋势。在教学资源与工具上，AI的发展也带来了新的教学资源与工具，例如提供个性化的教育以及通过AI来辅助教学的虚拟实验室。如何将这些新的工具有效地融入教学活动中，高校还需要进行探索。在学科交叉融合方面，AI技术的应用范围广泛，涉及计算机科学、数学、统计学、认知科学、生物信息学等多个学科。我国高校培养具有学科交叉知识背景的人才，需要促进传统学科发展，加强学科间的交叉融合。在课程设置和专业发展方面，为适应AI带来的行业需求变化，高校需要设计新的课程和专业，如数据科学、机器学习、人机交互等，同时对现有专业内容进行更新，加入AI相关的知识点。

为应对这些挑战，我国高校需要在政策制定、资源配置、师资培训以及课程和专业建设等方面进行改革和创新，加强与工商界的合作，以提高教育的适应性和前瞻性。同时，应注重培养学生的批判性思维能力和创新能力，使其成为能积极适应并推动AI时代发展的未来人才。

二、教学方法与模式的创新挑战

在人工智能时代，传统的高等教育教学方式未必能够完全适应。ChatGPT等技术的应用为个性化、自适应学习提供了可能，要求高校探索新的教学模式，以满足学生多样化的学习需求。

人工智能（AI）对我国高等教育的教学方法与模式提出了一系列新的要求：教师角色的转变，AI的发展可能会改变传统教师在教学过程中的角色，教师需要从单纯的知识传递者转变为引导者、协调者和辅导者，这对教师个人的技能和教学方法都提出了更高要求；高校需要探讨如何整合AI技术，特别是自然语言处理技术，来实现个性化教学，同时更新评估和跟踪学生学习进度的方式；提高课堂互动和参与度，尽管AI能提高教学效率，但过分依赖AI可能会影响课堂互动及学生的参与度，大学老师应该学会在保持学生参与度和利用AI技术带来的便捷性之间找到一个平衡点；多应用在线和混合学习模式，AI和相关技术的发展让在线教学和混合学习模式变得更加流行和有效，这要求高校构建更为灵活和具有响应性的教育平台，并确保教学质量和教育公平；随着信息技术的发展，人们能够更加主动地创新，知识的获取变得更加容易，所以高校在对学生创新思维能力的培养方面需要更加重视，这不仅仅是教学内容上的创新，更重要的是教学方式上的创新；增加一些技术技能教育，随着AI的普及，学生不仅需要了解AI相关知识，还需要掌握一定的技术技能，比如编程、数据分析等。在实验室工作、项目带动学习和同行考核等教学方式中，高校应强化实践教学；应对科研和学习方法的变革，也就是利用AI进行科研和学习方法也在改变。学生需要学会如何运用AI进行信息检索、数据分析和模型构建等，这同样要求新的教育模式能够提供相关的知识和技能训练。

在这种情况下，高校必须致力于深化教学改革，探索与AI技术相结合的新型教育模式，如项目驱动学习、翻转课堂等，同时也需重视教师培训和专业发展，使他们能够适应教学模式的变化，有效应对AI时代的教学挑战。

三、学生能力与素质培养的挑战

在智能时代，学生需要具备创新、批判性思维、团队合作等能力，以适应快速变化的社会和技术环境。高校需要调整课程设置，加强实践教学和创新创业教育，培养学生的综合素质和能力。

人工智能（AI）的快速发展，特别是类似DeepSeek、ChatGPT这种自然语言处理能力强大的系统，为高校学生的能力和素质培养，以及增强其就业能力带来了新的挑战。例如，AI及相关技术的持续更新，迫使工作人员需要不断学习新技能以适应新技术，而大学为了使其在不断变化的职业环境中保持竞争力，需要培养学生的适应能力、学习能力。比如，AI的跨领域应用要求学生不仅要掌握深厚的专业知识，还需要具备跨学科知识背景。高校该如何整合多学科课程和实践，培养具有跨领域工作能力的学生，是个重要课题。对于高校而言，需要深度技能和软技能并重，即不仅教授编程、数据分析、机器学习等深度技术技能，还需要加强沟通、团队合作、解决问题、创新思维等软技能的培养。随着AI在多个行业的应用，学生需要了解 AI 技术与实际工作的结合方式，高校要提供实践机会，如实习、模拟项目和与企业合作的实践课程。AI 的广泛应用使得学生必须具备分析、评估和批判性思考的能力，以便他们能明智地使用和质疑 AI 系统的判断。鉴于 AI 带来的新兴职业和商业机会，创新和创业教育变得尤为重要。学生需要具备发现问题、创意解决并转化为可行商业模式的能力。

为了应对这些挑战，我国高校可能需要实施一系列改革措施，包括课程内容的更新、教育方法的创新、教师培训和专业发展、学生实践机会的增加，以及就业服务的改进等，以确保学生的能力和素质与时俱进，更好地适应未来的就业市场。

四、学术诚信与可能替代的挑战

DeepSeek、ChatGPT 等人工智能技术的应用也为学术不端行为提供了新的手段。高校对学术不端行为的防范与打击，需要加强学术诚信教育，建立健全学术监督机制。同时，还需要注重道德教育，引导学生正确使用人工智能技术，遵守伦理规范。

先进语言模型，给我国高校的学术诚信和道德教育带来了新的挑战。比如，如何定义利用 AI 是否为学术作弊的问题，也就是 AI 究竟是该利用的工具，还是避开 AI 做一些不具有创新性的选题。随着 AI 生成的内容越来越难以和人类生成的内容区分，如何超越人工智能越来越成为难题，这也使得重塑学术标准成为当务之急。AI 技术使得学术界不得不重新考量并明确什么是原创思考，以及如何在使用 AI 工具时维护学术的完整性。也就是说，AI 技术为学术研究提供了便利，但同时，高校需要教育和引导学生正确使用这类技术，并确立合适的道德界限。

同时，高校的一些专业，特别是人文社科类专业可存在被替代的风险。由于机器似乎可以模拟许多传统的专业任务，AI 对信息的处理能力、对文本的生成分析能力，可能会让一些人担心，人文社会科学专业的价值会因此被贬低。在这种情况下，人文和社科专业需要反思和重新定义其核心能力和学习目标。这些专业的价值不仅在于信息处理，更重要的是具有人类特有的特质，如批判性思维、创新性、道德判断能力、交往能力等。AI 时代，人文和社会科学专业可能需要引入新的课程内容，例如数字人文学、信息伦理、AI与社会等，以帮助学生理解和批判性地应用这些技术。传统的人文社科类专业为了培养具有跨学科知识背景的学生，可以与技术领域更紧密地合作，如计算机科学、数据分析等，这样培养出的学生竞争力和适应力会更强。

尽管AI的发展带来了人文社科类专业被替代的可能性，但事实上，这些专业仍能保持其独特的教育价值和社会需求，如培养思辨能力、判断能力、交往能力等，这些能力并不容易被AI所替代。同时，增强课程的跨学科性和技术整合，能够为学生提供应对未来工作环境挑战的必备技能。高校应积极适应这种变化，确保其教育内容和专业设置反映出时代进步和技术发展的趋势。

面对AI的快速发展，我国的教育体系需要保持开放性和灵活性，鼓励创新并适时调整，以此培养符合未来社会需要的人才。这不仅对维持我国在全球科技竞争中的地位至关重要，同时也有助于推动经济结构的转型升级和社会的整体进步。

五、高校应用AI案例

以北京邮电大学的“‘码上’——大模型赋能的智能编程教学应用平台”为例，该校开发了一个智能编程教学平台，利用人工智能技术来增强学生的编程能力和学习体验。随着人工智能技术的不断发展，北京邮电大学意识到将这些技术融入编程教育中的重要性。因此，学校决定开发一个智能编程教学平台，以提升学生的编程技能和学习效率。该平台利用人工智能技术，为学生提供个性化的编程学习路径。它可以分析学生的学习习惯和编程能力，推荐适合的学习资源和练习题。此外，平台还提供智能代码补全、错误提示和代码优化建议等功能，帮助学生更快地掌握编程技巧。通过引入人工智能技术，北京邮电大学的编程教育质量得到了显著提升。学生们在平台上能够更高效地学习编程，同时教师也能根据平台提供的数据分析，更好地了解学生的学习情况并进行针对性地指导。这个案例表明，北京邮电大学对人工智能技术在教育领域的应用持积极态度，并在实际教学中进行了有益的探索和实践。

另外，还有不少高校应用人工智能的案例。

案例：

北京大学——智能助教系统。北京大学开发了一款智能助教系统，该系统利用自然语言处理和机器学习技术，能够自动回答学生的问题，提供学习资料和建议。这个系统有效地减轻了教师的工作负担，使学生在任何时间都能获取学习帮助，提高了学生学习效率和满意度。

清华大学——智能语音识别笔记系统。清华大学研发了一套智能语音识别笔记系统，该系统能够将教师的授课内容实时转化为文字笔记，方便学生回顾和复习。这一系统有助于学生更好地理解和记忆课程内容，同时也为那些听力或记录能力有限的学生提供了极大的便利。

上海交通大学——AI+教育智能分析平台。上海交通大学推出了一个AI+教育智能分析平台，该平台利用大数据和人工智能技术，对学生的学习行为进行分析，为教师提供个性化的教学建议。通过这一平台，教师能够更精确地了解学生的学习需求和难点，从而调整教学策略，提升教学质量。

浙江大学——智能实验室管理系统。浙江大学开发了一套智能实验室管理系统，该系统利用物联网和人工智能技术，实现实验室设备的自动监控和管理。这一系统提高了实验室的管理效率，降低了设备损坏和浪费的风险，为科研工作的顺利进行提供了有力保障。

其实，人工智能在大学中的应用远远不止这些，但这些案例在一定程度上展示了人工智能在高校教育教学中的广泛应用和深远意义。通过引入人工智能技术，高校能够提升教学效率，改善学生的学习体验，并为教师和学生提供更多元化、个性化的教学和学习支持。这不仅有助于培养高素质的人才，还推动了教育信息化的进程。

深入思考，我们会发现，人工智能的发展确实对中国现行的教育体系构成了巨大的挑战。为了应对这些挑战，并使教育体系适应未来的发展需求，需要进行颠覆性的变革，包括教学内容、教学方法、教育评价体系、教育资源配置等方面。

第五节 颠覆式的教育变革

当前，随着科技的迅猛发展，人工智能和大数据为个性化学习提供了可能。全球化推动了教育资源超越地域限制，实现共享。社会对创新和跨学科技能需求增加，传统教育模式难以满足学习者多样化需求，这就要求采用更灵活和更以学生为中心的教学方法，这些因素共同推动教育实现颠覆式的变革，向更现代化、个性化和全球化方向发展。

一、重构教育内容

在颠覆式教育变革中，重构教育内容可能是最先受到关注的领域。随着社会和技术快速发展，传统的学科划分和教材内容已无法完全满足现代社会的需求。重构教育内容意味着更多地关注跨学科、项目导向和能力导向的学习。课程将更加强调批判性思维、创造力、协作和情商发展，以培养学生适应未来工作的能力。此外，引入实时更新的资源和内容，使学生学习到最前沿的知识和技能，也变得越来越重要。这种重构为学生提供了更灵活的学习路径，支持学生多样化的兴趣和职业目标。

（一）跨学科、项目导向和能力导向的学习

跨学科、项目导向和能力导向的学习内容旨在打破传统学科界限，提供以主题或问题为中心的综合性学习体验。跨学科学习通过整合不同学科的知识和方法，帮助学生在面对复杂的现实世界问题时应用多样化的思维方式。例如，一项有关环境保护的项目可能结合生物学、化学、地理和社会学等学科知识，让学生深入理解环境问题的多层次影响。项目导向学习强调通过实际项目进行探索与解决问题，学生在学习过程中主动探究、设计方案并实施，进而培养解决问题的能力、团队合作技能和创造力。项目的主题通常与真实世界相关，促使学生将理论应用于实践。例如，设计一个可持续发展的城市项目，可以让学生运用到工程、设计、经济和生态学的知识。能力导向的学习聚焦于培养学生的核心能力和软技能，如批判性思维、沟通能力、自主学习和适应能力，而不仅仅关注学科内容。这种学习模式鼓励学生发展个人潜力，并为未来的职业生涯做好准备。整体而言，

这种综合性的学习内容旨在培养学生全面发展，使其能够应对未来复杂而多变的挑战。

（二）更加强调批判性思维、创造力的学习

强调批判性思维和创造力的学习，旨在培养学生深入分析问题和创新解决方案的能力。批判性思维涉及对信息进行系统性分析和评价，学生需要学会质疑假设、识别逻辑漏洞，并以客观、理性的方式评估证据。这种思维方式鼓励学生不盲从权威，而是要形成自己的观点，做出有逻辑的决策。创造力的培养则关注激发学生的创新潜力，鼓励他们打破常规思维，提出独特的想法和解决方案。这种学习需要提供开放的环境，课堂活动鼓励实验、探索和原型设计。同时，创造力的培养还与接受失败并从中学习的勇气密不可分，学生需要在试错中不断改进和创新。结合批判性思维和创造力的培养方法，通常使用开放性问题、案例研究和跨学科项目，以模拟真实世界的复杂性。教师的角色从知识传授者转变为引导者和支持者，帮助学生自主探索和自我反思。此外，通过合作学习，学生还能在互动中交换意见并提炼出创新的思维方式。这种教育模式旨在培养学生独立思考的能力和创造性解决复杂问题的能力，使其在快速变化的社会中具备更强的竞争力和适应性。

（三）掌握最新、最前沿知识和技能的学习

掌握最新、最前沿知识和技能的学习强调与时俱进，确保学生所学不仅限于传统课程，还包括当前科技、产业和社会发展的最新动态。这种学习模式要求教育体系不断更新课程内容，引入最前沿的知识领域，如人工智能、大数据、可再生能源以及其他新兴技术和趋势。通过这种方法，学生能够掌握全球发展趋势中的关键技能，提升就业竞争力。为确保这种学习有效实施，学习方式需要融入实践元素，如实验室实验、行业合作项目和实习等。这使学生在真实情境中应用新知识，并理解其实际影响。同时，数字化资源和在线学习平台可提供丰富的、动态的学习材料，确保学生能够接触到全球最先进的研究和创新成果。此外，培养自我学习能力和批判性思维也很重要，有助于学生在技术和知识日新月异的时代中保持终身学习的习惯。教师在这一过程中扮演引导者的角色，不仅传授知识，还帮助学生筛选和判断信息的可靠性和实用性。这种以获取新知识和技能为目标的学习模式，致力于培育能够适应不断变化的职场和社会环境的灵活性人才。

二、创新教学方法

随着人工智能的迅速发展，创新教学方法已成为必需且紧迫的任务。传统教学无法满足培养适应未来需求的人才的需要。创新教学，即通过融合人工智能工具和数据分析，支持个性化学习，提升学生的批判性思维和解决问题能力，以应对新技术带来的挑战，确保学生在快速变化的世界中具有竞争力和灵活性。

（一）个性化教育学习方法

个性化教育旨在根据每个学生的独特需求、兴趣和学习速度制订专属的学习计划。这一方法利用人工智能技术，通过大数据分析和机器学习，精确识别学生的学习模式、优点和需要改进的领域，从而提供量身定制的学习路径。人工智能可以即时分析学生的学习数据，自动调整教学内容的难度和节奏。例如，通过自适应学习平台，学生可以在不同级别和主题间自由转换，确保在掌握必要基础知识的同时，探索更具挑战性的新概念。此外，智能辅导系统可通过互动的方式回答问题，提供实时反馈，帮助学生更深入地理解材料。个性化学习对教师的角色提出了新的要求，他们不仅仅是知识的传授者，更是学习过程的引导者和支持者。教师利用AI工具，包括数据可视化和学生反馈，制定更有效的教学策略，关注学生的个体成长。这一教育方法不仅提高了学生的学习效率和效果，还能激发他们的自我导向学习能力和主动性，使他们在充满不确定性的未来更具适应性和竞争力。借助人工智能技术，个性化教育有望推动教育公平，使每个学生都能充分发挥潜力。

（二）项目式教育学习方法

项目式学习是一种以学生为中心的教学方法，即通过实际项目引导学生探索和应用知识，其目的是培养学生的创新能力、问题解决能力和团队合作精神。在人工智能的支持下，项目式学习更具互动性和针对性。AI可以提供个性化的项目建议，根据学生的兴趣和能力量身定制项目内容，还能通过数据分析追踪学生的学习进度和理解程度。通过虚拟实验室和模拟工具，学生可以在安全且多样化的环境中实践复杂的概念，如训练机器学习模型或开发简单的AI应用。AI还能够增强教师的指导能力，使他们能够更有效地评估学生的项目成果和发展过程。自动化的反馈机制不仅帮助教师节省时间，还能针对学生在项目中的表现提供即时、具体的改进建议，让其学习过程更加高效。此外，通过与现实世界的联动，项目式学习让学生面对真实的挑战和问题，理解 AI 在各行业中的实际应用。这样的学习方法有助于激发学生的好奇心和探索欲，培养其在变幻莫测的现代社会中所需的创新思维和实践能力，使他们能更好地应对未来的职业挑战。

（三）混合式教育学习方法

混合式教育结合了传统面授教学与数字化学习资源，旨在创造灵活且高效的学习环境。这种方法利用人工智能技术，实现教学内容的个性化和互动性。通过 AI 驱动的学习平台，教师可以根据学生的学习进度和个性化需求，调整教学策略和资源。例如，AI 系统可分析学生的学习行为数据，推荐定制化的在线学习材料，从而补充课堂教学。这样的系统还能帮助学生在课后继续深入学习，随时获取所需的知识点，提升自学能力。混合式教育还增强了课堂互动，通过虚拟现实和增强现实技术，学生可以体验沉浸式学习，直观理解复杂概念。此外，AI 的自动评分和反馈功能减轻了教师的负担，使他们有更多时间专注于提高教学质量和与学生的个性化交流。这种教育方法不仅提高了学生的学习效果，还促进了其数字技能素养的提升，使学生能够更有效地利用现代技术进行学习与沟通。混合式教育为不同背景和学习风格的学生创造了平等的学习机会，使他们具备更大的应对未来社会挑战的能力。通过整合人工智能技术与传统教育优势，混合式学习为教育的革新和发展提供了坚实的基础。

三、更新教育评价体系

更新教育评价体系在当前社会变革和技术进步背景下至关重要。传统评价往往仅关注成绩，无法全面反映学生的综合能力及潜力。新时代要求教育评价不仅涵盖学生对知识的理解，还要关注学生的创新思维、问题解决能力和社会情感技能。通过引入多元化评价方法，如项目成果、合作能力和自我反思，能够更准确地识别和培养学生的多方面才能，促进教育公平和个体发展，以适应未来社会和职场快速变化的需求。

（一）构建多元教育评价体系

在人工智能迅速发展的背景下，构建多元教育评价体系已成为现代教育改革的重要方向。传统的教育评价主要依赖于考试和成绩，这种单一的评价模式无法全面反映学生的能力和素质。在新的形势下，多元教育评价体系通过多维度的方式，全面考察学生的知识应用、创新能力、实践能力及社会情感技能。人工智能为多元评价体系的构建提供了强大的技术支持。AI 可以分析学生在学习过程中的大量数据，帮助识别他们的学习模式、优势和短板。这些数据不仅可用于调整教学策略，还为个性化评价提供了依据。例如，AI 系统能够自动分析学生的项目作业、反馈信息和参与度，为学生提供实时的、个性化的改进建议。同时，多元评价体系强调综合性的评估方法，包括口头表达、小组合作、创新项目、现实问题解决等方面。这种体系推动了以能力为导向的教育，帮助学生在真实情境中应用所学知识，培养其批判性思维和创新精神。此外，多元评价能够更好地支持教育公平，通过多种形式的评价方式，全面反映不同背景和学习风格学生的真实能力，有助于为他们提供更多的成长路径和机会，以适应未来的社会需求和职业挑战。

（二）构建动态教育评价体系

在人工智能迅猛发展的时代，构建动态教育评价体系是教育改革的关键一步。传统静态评价方法难以反映学生在不同阶段的真实能力与潜力，而动态教育评价体系通过引入 AI 技术，实现了对学生全面、持续、个性化的评价。AI 技术可以实时收集和分析学生的学习数据，包括在线学习行为、课堂参与度、作业表现等，从而为学生提供即时反馈。这种动态评估机制使得评估更加灵活和及时，可以帮助学生及时调整学习策略，提升学习效果。此外，教师也能够通过 AI 生成的分析报告，更直观地了解学生的学习进度与需要改进的地方，从而优化教学。动态教育评价体系不仅考虑学术成绩，还包括对学生创新能力、协作技能以及社会情感发展的评估。AI 能够通过自然语言处理和情感计算等技术，分析学生在项目和小组活动中的表现，为学生提供更全面的能力画像。通过这种模式，教育评价不再取决于一时的考试表现，而是关注学生的长期发展和多方面素质。这种评价体系不仅促进了个性化和公平教育的实现，还使教育能够更好地适应快速变化的社会需求，让学生为未来的职业和生活做好准备。

第十四章
人形机器人的挑战

人形机器人在很大程度上可以看作是人工智能和机器人技术发展的高端体现。马斯克在2023年度股东大会上预测特斯拉未来将销售大量的人形机器人Optimus，甚至可能达到100亿台。无论马斯克的预测是否能够实现，人形机器人最终都将融合多方面的先进技术和科学成就，至少包括这样几个方面：一是复杂的传感系统。为了让人形机器人能感知周围环境，它需要拥有复杂的传感系统，类似于人类的五感，包括视觉、听觉、触觉等感应器件。二是先进的运动控制。人形机器人需具备平稳、灵活的运动能力，这意味着需要精密的电机、伺服机构和控制系统来模拟人类肢体的运动。三是复杂的计算能力。为了处理从传感器获得的大量数据，并进行决策和运动控制，人形机器人需要强大的计算能力和先进的计算机硬件支持。四是自主性与决策能力。在更高级的人形机器人中，它们需要有自主学习和决策的能力，甚至包括机器学习和人工智能算法，可以通过经验和数据不断改进其行为模式。五是人机互动的能力。高级的人形机器人具备与人自然交互的能力，这可能通过语音、表情、肢体语言等方式实现，以确保机器人能够融入人类社会。当然，尽管人形机器人代表了智能技术的一个高端发展方向，但目前我们依然处在这一领域的探索阶段，面临着前面提到的种种挑战。未来，人形机器人的发展将继续依赖于跨学科研究和技术创新，以更贴近人类的需求和期望，并在带来经济和社会效益的同时，尽量减少潜在的消极影响。

第一节　数字人的出现

在马斯克所谓（高级别）人形机器人还没有出现的时候，已经出现了另一种“人”，那就是虚拟的数字人。它是运用数字技术创造出来的、与人类形象接近的数字化人物形象，虽然没有现实的“人身”，但在音容笑貌等方面已经越来越逼真。

一、数字人的逼真出现

2024 年 4 月 16 日，京东直播迎来了以刘强东为形象的新主播“采销东哥”。直播期间，采销东哥数字人讲解了 13 款商品，近 1 小时观看量超 2000 万人次，直播时段用户平均停留时长达到日常均值的 5.6 倍。直播间的整体订单量也在短时间内取得显著增长，显示了数字人直播带货的潜力。

对这一新闻进行初步的梳理可以发现，该新闻的主要内容为：刘强东的数字人直播是通过京东云言犀技术打造的 AI 数字人“采销东哥”进行的；该数字人在直播间中的表现非常生动，不仅语言贴近生活，还带有一些刘强东的标志性动作，使得人物形象鲜明；数字人在直播中能够流畅地介绍产品并进行互动，提供了全新的直播体验。

对于这一新闻，其看点不仅在于有逼真的数字人，而且数字人还产生了相当强的直播效果（当然，本身带有数字人首次被关注的新闻效果）：“采销东哥”的直播首秀在不到 1 小时内吸引了超过 2000 万人次的观看量，显示出极高的观众吸引力；在直播过程中，数字人共讲解了 13 款商品，整体订单量环比上周日均增长 7.6 倍，表现出强劲的带货能力；京东超市“百亿农补”货品在开播半小时内的成交额环比上周日均增长 5.7 倍，进一步证明了数字人直播的商业价值。

数字人背后必然有强大的技术背景支持。刘强东的数字人的直接支持者就是“京东云言犀数字人”（目前已全面入驻京东采销直播间），服务超 4000 家品牌商，助力提升运营效率。数字人接入了言犀大模型，具备更丰富的表现力和更智能的交互力，进一步提升了直播间的用户体验。通过全新的直播中控台，数字人能够实时监测和调整直播间商品库存变化，以及调整直播话术，使直播更加精准和高效。

刘强东的数字人直播开启了AIGC式的电商直播3.0时代，为电商行业带来了新的创新亮点。随着AI技术的不断发展，未来可能会有更多的数字人参与直播带货，推动销售持续增长。京东云言犀表示，将为更多品牌商提供数字人直播服务，这将有助于减少商家的直播成本并提升销售效果。当然，逼真的数字人远远不会仅用于直播服务。

二、数字人的劳动力替代

以下新闻标题（图1），是硅基智能科技有限公司官方网站上的一则宣传文标题，其给人带来最直接的担心：有了这么多的劳动力，原来的很多劳动力怎么办？

2024，为世界创造一亿硅基劳动力愿景不动摇

原创 硅基智能 **硅基智能** 2024-04-30 07:55 江苏

图1

硅基智能科技有限公司（Silicon Intelligence）总部位于中国南京，成立于2017年，是一家致力于创造硅基劳动力的创新企业。自成立以来，该公司以AI落地为核心理念，在短短24个月内获得了包括腾讯、红杉中国等知名投资机构的7轮融资，估值超过30亿元人民币。

硅基智能拥有电话机器人和智能外呼的发明专利，展示了公司在AI技术方面的创新能力。公司的核心技术包括语音识别（ASR）、文本生成语音(TTS)、语音克隆、声纹识别等，这些技术为硅基劳动力的创建提供了强大的技术支持。硅基智能已经打造出一系列的产品矩阵，如硅语智能交互平台、协呼智能交互平台等。这些产品覆盖银行金融、互联网金融、保险服务等多个行业。硅基智能的业务范围广泛，包括电话机器人、智能客服、各种形式的数字人等。该公司已成功助力南京银行推出AI数字员工，这是人工智能在金融业的创新应用。在新冠疫情期间，硅基智能紧急推出了“AI智慧回访平台”，用于基层社区居民的行动轨迹与身体状况排查，展示了公司在社会责任方面的担当。

硅基智能在人工智能领域取得了显著成就，其创新的硅基劳动力概念引领了行业发展。未来，硅基智能将继续深耕AI技术，拓展更多行业应用

场景，为全球客户提供更加智能化、高效化的服务。硅基智能的愿景是到2025年为全球提供1亿硅基劳动力。

三、数字人的应用状况

全球虚拟AI数字人市场规模正在持续扩大。根据相关数据，这一市场正在以稳定的年复合增长率增长，并预计在未来几年内都将继续保持这一增长态势。其应用领域涉及多个方面，主要包括：① 客户服务。数字人被广泛应用于提供客户服务，通过自然语言处理和语音识别技术与客户进行交互，解答问题并提供帮助。② 虚拟助理。许多企业和个人使用数字人作为虚拟助理，协助管理日程、回复邮件、提供信息查询等。③ 教育服务。在教育领域，数字人被用作个性化学习辅导“老师”，为学生提供定制化的学习体验和反馈。④ 娱乐与营销服务。数字人在电影、游戏、广告等娱乐领域也有广泛应用，不仅为观众提供独特的互动体验，还成为品牌营销的有力工具。诸如中国邮政储蓄银行的“小蓝”数字人、小冰公司的“半藏森林”克隆人以及苏州广电传媒集团的虚拟数字主持人Amanda等实践案例，都展示了数字人在不同行业和场景中的成功应用。

随着技术的进步，数字人的制作周期正在缩短，制作成本也在降低。例如，通过采集真人主播的形象和声音数据，可以在较短时间内生成一个逼真的数字人。虚拟数字人的交互技术也在不断发展，包括智能语音理解、面部表情识别与合成、手势识别与合成等，这些都使得数字人能够更加自然地与用户进行交互。

四、数字人带来的影响

数字人的出现及其广泛应用可能带来多方面的影响，包括正面效益和潜在挑战。

从正面效益来看，首先是其创新与创造力。数字人推动了娱乐和媒体行业的创新，提供了新颖的叙事方式和互动体验。在广告和市场营销中，数字人可以极大地增强品牌与消费者之间的互动，促进创意表达。数字人能够提供个性化的教学和培训方案，模拟真实情境，提升学习效果和培训效能。虚拟教师和教练可以为远程教育和职业培训提供便捷、高效的解决方案。数字人可以在心理治疗和心理健康支持中发挥作用，通过虚拟对话与互动帮助患者进行心理调节，提供即时的情感支持和心理咨询，降低获得心理健康服务的门槛。虚拟客户服务代表和销售助理能够提供全天候不间断的客户支持和服务，提升客户体验效果和满意度。数字人可以代替人类完成重复性劳动，提高企业运营效率并优化成本效益。

但作为人形机器人的前身，数字人带来的潜在挑战和负面影响也不容忽视。首先是在隐私和数据安全方面。数字人的广泛应用可能涉及大量个人数据的收集和处理，存在数据泄露和隐私被侵害的风险，如何保护用户数据、确保数字人的使用合规成为重要的问题。其次是就业影响。数字人毫无疑问会取代一定数量的传统岗位，尤其是在服务业和客服领域，这会导致就业结构变化和潜在的失业问题。最后是伦理和法律问题。数字人的逼真度和功能提升带来伦理和法律上的挑战。例如，数字人虚拟形象与真实人物的权利保护问题，如何规范数字人的使用，避免深度伪造（deepfake）等技术被滥用是亟须解决的问题。另外，还可能带来社会和心理影响，数字人可能改变人际关系和社会互动模式，引发人们对现实与虚拟世界界限的混淆，长期依赖数字人互动可能影响其社交技能和心理健康。

第二节　被替代的担忧

人形机器人可能会在一些行业取代人类工作岗位，尤其是在那些需要重复劳动或危险环境下工作的行业。而且，随着人形机器人不断地升级换代，越来越接近真人形态，不可避免地引起越来越多普通人对自身可能被替代的担忧（不仅仅包括就业替代）。

一、哪些行业、工作最有可能被替代

人形机器人在多个行业中都具有巨大的应用潜力。有人认为，智能制造、商用服务和家庭陪伴将是人形机器人的三大应用场景。其中，智能制造场景将成为人形机器人首个大规模应用的领域，人形机器人将重新定义AI时代的工人，把人从重复性的劳动中解放出来；商用服务场景是人形机器人最快应用的市场，而家庭落地场景则是人形机器人最具潜力的应用市场。具体到一些行业和工作岗位，我们会发现：首先，它们是服务行业中

的理想选择，特别是在酒店、餐饮和娱乐等领域。人形机器人可以提供接待、导航、点餐、送餐以及表演等服务，有效减轻人类员工的工作负担，提升服务效率和质量。其次，医疗行业也是人形机器人的重要应用领域。它们可以协助医生进行手术操作，减轻医护人员的工作强度，同时降低人为因素引起的医疗事故风险。人形机器人还可以用于康复训练，帮助患者恢复身体功能。再次，在工业生产中，人形机器人也有广泛的应用前景。它们可以替代人类在危险或恶劣环境下的工作，如高空作业、深海探测、核辐射环境等。同时，人形机器人在生产线上的装配、检测、搬运等环节也能发挥重要作用，从而提高生产效率和产品质量。最后，在军事和救援领域，人形机器人也具有巨大的潜力。它们可以执行侦察、排雷、救援等任务，减少人员伤亡和财产损失。当然，除了之前提到的服务行业、医疗行业、工业生产和军事及救援领域外，人形机器人在农业、教育、娱乐、建筑、航天航空、体育等行业中也有广泛的应用。随着技术的不断进步和创新，未来人形机器人的应用领域还将继续拓展和深化。然而，尽管人形机器人在这些行业中具有广泛的应用前景，但目前仍面临许多技术、伦理和社会等方面的挑战亟待攻克。因此，在未来的发展中，需要不断加强技术研发和创新，同时关注伦理和社会问题，推动人形机器人的健康、可持续发展。

二、如果出现具有性别特征的机器人

出现具有性别特征的机器人，也是网络上曾出现的猜测。按此趋势，出现性别差异的机器人并不是不可能。如果未来的人形机器人出现了性别差异的设计，那么它们替代工作或弥补空缺的能力将首先依赖于它们的功能和性能，而不是它们的性别特征。机器人的性别特征可能更多是为了符合社会文化预期或为了在特定的社交情境下提供更加自然的互动体验。例如，性别化的机器人可能在一些特有的场景下应用。在某些文化或场合下，顾客可能对同性别的服务人员有更好的接受度或互动体验，由此设计具有性别特征的人形机器人可能在这方面更有优势。现实中，就像家长可能会为孩子选择性别相符的玩具或照护者一样，他们同样可能会为机器人选定性别，以满足特定的社交或文化期望。伴侣机器人的出现，有些设计可能会特别注重机器人的性别特征，以模仿人类伴侣或朋友，提供陪伴和互动，尤其是在单身、老年人口或需要特定社交互动的情境中。在娱乐行业，性别化的人形机器人可能会被用于表演、角色扮演或其他艺术创作活动。尽管以上场景中性别特征可能会起到一定的作用，但最终人形机器人是否取代人类工作或弥补空缺的能力，还是取决于它们完成实际任务的能力——即它们的智能水平、移动性、操作技巧、交互能力以及适应多变环境的复杂度。性别化的设计仅仅是机器人外观和社交互动方面的一个层面，而对于哪些人将被替代的问题，与没有性别特征的人形机器人情况类似，这将取决于相应职位的自动化程度以及机器人执行相关工作的能力。重要的是，要考虑到技术进步应该与社会责任和人类福祉相结合，以确保对劳动力的影响得到妥善处理。

三、如果人形机器人代替了普通人

如果人形机器人代替了普通人执行大量工作任务，这可能会对社会产生深远的影响。这种影响确实很难预测，但目前任何人都可以充分发挥想象。理性地预测，如果人形机器人代替了绝大部分普通人，至少出现这样一些情况：一是经济层面。就业格局发生变化，人们的工作将被重新分配，与此同时是经济结构的变动。这在前面章节已经有所论述。一些传统工作岗位可能会由机器人取代，尤其是那些重复性、危险或技能要求低的工作。这可能会引发失业率上升，同时可能会出现需求增长的新职业，如机器人技术支持、维护、监督和程序设计岗位。随着机器人逐渐接管某些工作，人类可能会转移到那些需要创造力、人际交往和情感智慧的工作领域，如艺术、娱乐、社会工作和复杂的决策制定等。机器人的高效率和低成本可能会改变生产方式，增加产出，减少生产成本。这可能会引起商品和服务价格的变动，进而影响整个经济体系。二是社会层面。必然会出现社会不平等与隔阂，也会出现一些法律和伦理问题，进而引起一些社会价值观和文化、关系的变迁。如果替代不平衡，可能会导致收入不平等加剧。高技能工人可能因需求增加而获益，而低技能工人可能会受到经济压力和社会边缘化的影响。机器人的广泛应用可能会引起法律与伦理的新问题，涉及责任、隐私、安全，以及机器人的权利和地位等问题。机器人取代人类工作的情境中，社会对于“工作”的定义及其在人生中的价值可能发生变化。个人可能会更多地通过休闲活动、学习和社交活动来寻求满足感和成就感。

与人形机器人的交互可能改变人类的行为模式和人际关系，特别是当机器人具有高度的交互性和复杂的情感模拟能力时。在这一转变过程中，关键是确保技术进步能够造福整个社会，应通过谨慎的规划和全面的政策制定，来减轻可能带来的负面影响，并最大限度地发挥其正面作用。

第三节　人机交互的适应

人机交互（HCI）的适应性问题是指在设计和使用过程中，如何使计算机系统或机器人能够适应不同用户的需求、能力和使用环境。如果人形机器人广泛地代替了普通人的工作，那么随之而来的“人机互动”将会带来一系列的挑战。

一、究竟能在多大程度上模仿人类情感

机器人可能无法像人类那样理解和表达复杂的情感，虽然它们可以被编程来识别和模拟某些情感反应，但这可能会使得社交互动变得不那么自然或令人满意。人机互动过程中面临的“情感互动”挑战，是指人类与仿真人形机器人进行交互时，机器人对人类情感的理解、响应以及表达的困难。在情感识别方面，机器人需要能够准确地解读人类的情感状态，这包括语音的语调、面部表情、肢体语言以及对上下文的解读。当前的机器人技术尚未达到于复杂多变环境中始终准确解读人类情感的水平。在情感表达方面，尽管机器人能够模拟一些基础的情感表达（如笑脸、皱眉等），但在复杂和微妙的情感表达方面仍然有限。人类情感的广度和深度要求相应的机器人具备高度精细化的表达方式。在情感适应性方面，人类交流中的情感具有动态变化的特性，依赖于双方的行为和环境上下文。机器人不仅需要理解当前的情感状态，还要预测和适应情感的变化。在情感决策方面，在某些服务场合下，机器人不仅要识别和表达情感，同时还需要基于情感理解来做出决策或提供适当的反馈。这样的情感智能需要高级的算法和自主学习能力。即便忽略以上的一些难题，但如果机器人能够很好地模拟情感互动，人类是否可能过度依赖这种互动，从而产生一种替代效应，进而影响人与人之间直接的情感联系？进一步猜想，是否会出现机器人可能被

利用来操纵人类情感等问题？研究人员正在不断地改进情感识别技术、提高人工智能的情感智能，并在设计上尽可能使机器人的情感表达自然和人性化。同时，也有专家强调需要制定伦理准则，并且教育公众了解和应对与情感智能技术相关的潜在风险。

二、究竟存在哪些方面的安全风险

在与机器人互动中建立信任是一大挑战，尤其考虑到隐私和数据保护的问题。此外，人们可能会对人形机器人产生依赖，如果机器出现故障或被恶意篡改，可能会带来安全风险。人机互动过程中涉及信任安全的挑战很多，主要包括人们对机器人的信任程度、安全控制、责任归属等方面的问题。在信任的建立方面，机器人需要赢得用户的信任，这意味着它们必须表现得既可靠又预测性强。如果机器人的行为不一致或者反常，人们可能会对它们产生疑虑，不愿依赖或使用它们。在安全可靠性方面，随着机器人的普及，人们担心机器人可能侵犯个人隐私，尤其是那些具备监控功能和数据收集功能的机器人。用户通常期望他们的数据被适当处理和保护。机器人收集和存储的数据可能非常敏感。如果这些数据被未经授权的第三方访问，可能会导致重大安全问题。因此，对机器人进行加密和安全保护是至关重要的。还有就是使用者的安全问题，如果机器人（如护理机器人、家庭机器人等）在物理上与人类互动，那么确保人类的物理安全就显得非常重要，这包括防止机器人给人类造成伤害。随着机器人更多地参与关键服务和操作，它们必须具备抵御黑客攻击和其他形式恶意行为的能力。这些安全能力的提升必然导致其整体能力的进一步增强，其可控性值得探讨。在责任归属方面，在机器人犯错或出现故障导致损失或伤害时，确定责任如何归属是一个重大的挑战。这包括法律责任、伦理责任和社会责任的确定。目前，对于人机互动中的道德和法律框架还不是很明确，适用现有法律是否足够、新的法律制度如何建立等都是需要面对的问题。要应对这些挑战，需要在设计和开发人形机器人时考虑入侵检测系统，加强安全性和隐私保护，同时制定相应的法律规范、伦理指导原则和标准来规范人机互动。此外，教育用户如何安全地与机器人互动，以及确立对机器人行为的适当期望，也是建立信任的关键路径。

三、人机之间究竟“谁能控制谁”

人工智能的发展确实引发了许多关于最终“机器是否会控制人类”的思考。但就目前的情况而言，人、机之间究竟“谁能控制谁”的问题取决于未来发展中的多个因素。一是技术发展情况。人工智能目前在特定的应用领域中表现出色，如图像识别、语言翻译、预测分析等。然而，即便技术不断发展，AI 是否能拥有与人相同的普遍智能和自我意识是一个尚未解决的问题。从技术角度来看，机器人和 AI 在某些特定领域已经超过了人类。随着机器学习和自我改进算法的发展，AI 在解决复杂问题和学习新技能方面的能力持续增强。然而，在诸如创造力、情感理解、道德判断和全面的决策能力这些方面，目前的 AI 仍无法匹敌人类。目前的 AI 是被设计用来进行特定任务和辅助人类的工具，还没有意识、感情或个人的意志。许多人担心 AI 可能获得足够的自主性，以致它们能够在没有人类干预的情况下进行自我升级和决策。尽管现在的人工智能还没有达到这样的层级，但是这些担忧确实引发了关于限制 AI 自主决策权的讨论。二是人类意志情况。未来技术的发展方向和极限是不容易预测的。人工智能系统最终受到其开发者及使用者的控制。人类为系统设定目标，编写代码，并且可以选择如何、何时以及在哪里应用这些系统。这代表了一种基础的控制层级，人类通过设计规则来控制 AI 的行为。在思考机器人能否最终超过人类这个问题时，重要的是考虑包括伦理、社会和安全等多个维度，确保人工智能技术的发展以促进人类福祉和社会发展为导向，避免潜在的负面影响。科学家和工程师正致力于确保 AI 的发展沿着积极和可控的轨道前进，并确保人类对技术具有适当的理解和控制权。三是伦理法律约束。在全球范围内，政策制定者、法学专家和伦理学家都在努力确保人工智能系统的发展和应用能够符合人类伦理、法律和社会价值观。例如，通过建立明确的责任和监管机制，使 AI 的应用对社会更为安全和透明。虽然有可能设计出超过人类智力的 AI 系统，但是设置适当的约束和监管机制，能预防它们对人类带来的潜在威胁。比如，可以通过设计“停止按钮”、确保算法的透明性和可解释性、限制某些类型 AI 的应用等手段来控制 AI 的行为。虽然技术在不断进步，但控制权的问题远比简单的“机器是否会控制人类”复杂得多。在未来，关键是建立起一种平衡，即充分利用人工智能带来的好处，同时确保人类能够适当地控制和指导 AI 的发展，并设计一套真正有利于人类福祉和道德准则的法律和监管体系。在人机互动中，机器人在道德判断和遵守社会规范方面可能面临限制。它们需经过恰当的编程设计，避免触犯文化禁忌或引发用户不适。

四、老年人始终存在智能适应问题

智能语音助手作为人机交互的一种典型应用，在现代生活中越来越普及。然而，对于老年人群体来说，他们可能在使用这类技术时遇到适应性问题。

一是技术接受度。许多老年人对新技术的接受度较低，他们可能习惯于传统的操作方式，如按键电话或手写记录。智能语音助手的使用需要他们改变原有的习惯，学习新的交互方式，这可能导致他们感到困惑或抵触。

二是语音识别障碍。老年人的发音可能因年龄、健康状况等因素而有所变化，导致智能语音助手难以准确识别其指令。识别错误可能让老年人感到沮丧或无助，降低他们使用语音助手的积极性。

三是界面设计问题。智能语音助手的界面设计通常较为现代化，可能包含许多对老年人来说不熟悉的元素和图标。这可能导致老年人在使用时感到迷茫，不知道如何操作才能找到所需的功能。

四是缺乏个性化设置。智能语音助手通常提供一系列标准功能，但可能缺乏针对老年人特定需求的个性化设置。这可能导致老年人在使用语音助手时感到不便，或无法满足他们的实际需求。

第四节　道德伦理问题

人形机器人在不断发展的过程中，确实带来了一系列需要社会认真对待的道德伦理问题。比如，人形机器人的外观和行为可能模糊人与机器的界限，人形机器人可能会设计得越来越像人类，甚至能够模仿人类情感，我们如何处理人类对机器人的情感依赖？是否需要清晰标识机器人身份？如何保证机器人在与人类互动时遵守道德规范？如果机器人具备某种程度的自我意识，是否需要赋予其权利？如何识别和衡量机器人“意识”或

"感觉"？依赖机器人可能导致人际关系的疏离，我们应如何鼓励和维护真实的人际互动，防止社会孤立现象的加剧？

一、身份与自主权

人形机器人如果具备高度的人类特性，可能会引起关于机器人身份和自主权的讨论。人们可能会问，这些机器人是否应当获得某种形式的权利或法律地位。当前的法律体系以人为中心，机器人通常被视为智能工具或财产。如果人形机器人的功能高度发达并具备人类的某些特点，那么是否应该为这些机器人赋予某种法律地位，是一个值得讨论的问题。这涉及是否能够或应当将它们视为具有个体性的主体。其实，如果当人形机器人发展到具有相当先进的功能时，它们的"身份与自主权"问题便成为一个复杂而具有挑战性的伦理议题。这一议题涉及如何处理和认识机器人在社会中的地位，以及人类与机器人之间的关系。

随着技术的发展，人形机器人如果具备高度的人类特性，例如复杂的沟通能力、认知功能以及看似感情和意识的表现，人们可能开始思考是否应该给予它们一定的权利或法律地位。但这个问题触及了多个层面。首先是对"人"的重新定义。在讨论机器人是否该有权利之前，我们首先需要重新考虑"人"的定义以及这个定义能否扩展到非生物实体。这可能需要对传统关于法律、伦理和哲学的基本概念进行重新评估。其次是关于权利与责任的重新定义。如果我们给予机器人一定的权利，是否意味着它们也应该承担某种形式的责任？权利和责任在人类社会中往往是相伴相随的，因此，为机器人设定权利同时，也会带来对其责任和义务的定义问题。三是关于法律个体地位的认定。是否给予机器人某种法律地位，就像给予个人或公司法人地位那样，也是一个争议点。如果机器人有了法律地位，那么，它们是否可以持有财产、签署合同，甚至在法庭上提起诉讼？在以上重新定义或认定过程中，还需要考虑具备高度人类特性的人形机器人可能对人类关系带来巨大冲击。因为给予机器人权利或法律地位可能会影响人类之间的法律关系。例如，如果机器人具有独立的法律地位，那么，它们在与人类的互动中的权力范围和边界怎么划定？其中也需要考虑社会接受度（不同文化背景下）。不同的文化和社会对于机器人权利的接受程度可能会有很大差异。一些社会可能会更开放地接纳，赋予机器人更多的权利，而其他社会可能会更保守，强调人类的独特性。

二、人机关系界定

人类与机器人的关系，最容易让人想到的情景就是：人形机器人可能在外貌、行为和情感上越来越接近人类，这可能导致人类与机器人之间产生复杂的情感联系。例如，人类可能会爱上机器人，或者将机器人视为家庭成员。当人形机器人具备高度的人类特性时，将迫使我们重新思考机器人在社会中的角色、地位以及我们与它们的互动方式。那么，如果是那样，机器人和人类究竟是一种什么关系呢？是伙伴关系？如果人形机器人展现出高度的社交能力和情感反应，人们可能会开始将它们视为同伴、朋友甚至家庭成员。这种情感联系可能会推动对机器人获取更高地位和更多权利的呼吁。是基本的劳动力？高度发达的人形机器人如果在许多方面都可以像人类工作者一样进行工作，会引发有关工作权、休息权等问题。这也许会要求法律和社会制定新的规章来定义机器人的劳动权益。人类如何对待拥有高度人类特性的机器人，反映了人类的道德观和伦理责任感。这让我们需要在道德和伦理层面重新考量人机互动的界限。因为人类本身很容易产生情感依附，人机之间产生情感联系可能存在伦理风险，尤其是如果这种联系被用来操纵人类情感，或使人类过度依赖机器人的支持，便会引发一系列问题。我们知道，许多文化和宗教传统强调人的无可比拟的特别地位。如果机器人过于接近人类，这可能会在某些社会或群体内引发关于身份的认同和哲学上的讨论。在这种情况下，人形机器人带来的这些变化需要我们在技术创新的同时，也要考虑伦理、社会、法律和文化层面的影响。这是一个跨学科领域的挑战，需要不同领域专家合作以制定全面的策略和政策。

三、情感和道德绑定

如果人形机器人可以模拟真实的情感反应，那么，用户可能会与它们形成情感上的依赖。这可能会引发对人类情感真实性和机器人“模仿”的道德拷问。如果人形机器人拥有高度的人类特性，如外观上的相似度、表达情感的能力、进行复杂沟通和建立关系的能力，可能导致人类与机器人之间出现深层次的情感和道德绑定。

从情感和道德的视角，如果出现人形机器人带有情感的反应，就可能出现这样一些情况：一是情感联结的情况。人类可能会开始对具有高度人类特性的机器人产生真实的情感联结，例如友谊、同情甚至爱情。这种情感联结可能忽视了机器人作为非有机体的事实，反而更关注它们的人格化行为和反应。二是情感依赖的情况。个别用户可能过于依赖人形机器人的“陪伴”，导致与真实人类的社交联系减少，对个人的社会和心理健康可能构成风险。三是道德困境。在情感和道德上，人们可能面临如何正确对待人形机器人的问题。若机器人显示出人类般的反应，人们可能会觉得，虐待或忽视它们在道德上是不正确的。另外，人形机器人可能在家庭、办公室和其他社会场合中扮演重要角色，影响人际关系和社交动态。机器人的存在可能会影响人与人之间的互动，使得现实的社交结构复杂化。在护理和照护方面，人们可能会对机器人产生感激之情，因为机器人有助于照顾老人、疾病患者或儿童。相反，机器人也可能会被视为对人类护理职责的威胁。涉及机器人设计的伦理问题可能会出现，尤其是关于开发人形机器人的目的和所涉及的道德责任。比如，开发用于替代人类伴侣的人形机器人，可能会引发关于人类关系和情感真实性的讨论。随着技术进步，我们可能需要建立新的道德框架和法律规则来指导人形机器人的开发、使用以及处理人机之间的复杂情感和道德绑定。为了应对这些挑战，需要开展跨学科的合作，加强立法和规范制定，审视和更新伦理道德准则，推进公众教育和交流，以确保人形机器人的发展和应用能够符合人类社会的长远利益。

四、以智能护理机器人为例

设想一种智能护理机器人被设计用于照顾老年人和残障人士。这种机器人具备高度的人工智能，能够理解并回应人类的语言，为用户提供日常照料和心理支持。然而，随着这种机器人的广泛使用，一些道德伦理问题会逐渐浮现。一是隐私与数据保护问题。智能护理机器人在提供服务的过程中，不可避免地会收集到用户的个人信息，如健康状况、生活习惯等。这些数据如何被安全地存储和使用，以及如何确保它们不被滥用或泄露给第三方，成为一个重要的隐私保护问题。二是情感与依赖问题。由于智能护理机器人能够提供陪伴和情感支持，用户可能会对机器人产生强烈的情感依赖。当机器人出现故障或被替换时，用户可能会经历情感上的困扰和失落，甚至产生心理问题。老年人可能视其为唯一的陪伴对象，这种依赖可能导致老年人逐渐远离现实中的人际关系，减少与家人和朋友的互动。在极端情况下，老年人可能会对机器人的依赖超过对真人的依赖，导致心理健康问题。三是责任与决策权问题。在紧急情况下，智能护理机器人可能需要做出关于用户健康和安全的关键决策。然而，当机器人的决策导致不良后果时，责任应该如何界定？是机器人的制造商、软件开发商还是用户自身应该承担责任？例如，在老年人拒绝进食或服用药物时，机器人应如何处理？这些决策是否尊重老年人的自主性和意愿？机器人是否能够理解和尊重老年人的个性化需求和偏好，提供符合伦理标准的照护？四是机器人权利问题。随着智能护理机器人技术的不断发展，它们可能会表现出越来越接近人类的智能和行为。这引发了一个问题：我们是否应该赋予这些机器人一定的权利？如果需要，这些权利应该如何定义和保护？

第十五章

DeepSeek 等大模型：技术演进与社会重构

在人工智能技术加速迭代的智能时代，大模型作为驱动社会变革的核心引擎，从实验室的算法创新到社会各领域的深度应用，正以前所未有的速度重塑人类生产生活方式。其带来的不仅是技术层面的突破，更在社会结构与功能层面引发了强烈震动。从技术架构的创新跃迁到社会系统的深度重构，大模型的发展不仅是算法与算力的突破，更是一场涉及生产力、生产关系乃至人类认知范式的系统性变革。因此，需要从技术演进、社会重构、理性审视与未来路径等维度，探讨以 DeepSeek 为代表的大模型如何推动技术范式突破，揭示其在社会重塑过程中引发的机遇与挑战，并寻求技术理性与人文价值的平衡之道，有助于更好地展现和思考大模型对社会的重塑作用。

第一节　技术演进：从通用模型到垂直场景的范式突破

在人工智能技术发展的浪潮中，大模型的演进正经历从通用化探索向垂直场景深耕的关键转变。这种转变不仅是技术性能的迭代升级，更是人工智能与各行业深度融合的必然趋势。以 DeepSeek 为代表的大模型，通过模型架构的创新、应用场景的拓展以及在全球竞争格局中的博弈，推动着技术范式的持续突破，重塑着各行业的发展生态。

一、模型架构的创新跃迁

（一）混合专家架构的规模化应用

在人工智能大模型的发展历程中，混合专家（Mixture of Experts，MoE）架构的规模化应用标志着模型架构的一次重大创新。传统的大模型架构往往采用单一的神经网络结构来处理所有任务，这在一定程度上限制了模型的规模和性能。而 MoE 架构则通过引入多个专家网络，每个专家网络专注于处理特定类型的输入或任务，从而实现了模型的并行扩展和计算资源的高效利用。例如，DeepSeek 等大模型引入了动态子模型激活机制，在推理时仅激活少量与任务相关的专家链路，大幅降低了推理成本。这种架构不仅提高了模型的计算效率，还使得模型能够更好地适应多样化和复杂的任务需求。具体来说，当模型处理一个自然语言理解任务时，与语言理解相关的专家网络会被激活，而处理图像识别任务时，与图像处理相关的专家网络则会被激活。这种动态的专家激活机制使得模型在不同任务上的表现更加出色。

（二）多模态能力的深度融合

多模态能力的深度融合是大模型技术演进的又一重要方向。多模态大模型能够处理文本、图像、音频等多种形式的数据，为人机交互和智能应用提供了更为丰富和全面的感知能力。DeepSeek 等大模型通过构建联邦多模态学习框架，实现了跨模态任务在准确率、效率、成本等多维度指标上的全面提升。例如，DeepSeek 的多模态大模型在金融风险评估领域，能够结合客户的行为数据（如交易记录、浏览历史等）、生物识别数据（如语音、图像等）以及文本数据（如信用报告、新闻舆情等），进行全方位的风险评估。这种多模态融合的能力使得模型可以更准确地捕捉到潜在风险因素，从而提高风险评估的精度。同时，在医疗影像分析中，多模态大模型可以结合影像数据和病历文本数据，为医生提供更全面的诊断支持。

（三）训练范式的效率革命

大模型的训练范式也在不断创新，以提高训练效率和模型性能。DeepSeek 等大模型采用了混合精度训练框架，并引入了动态课程学习（Dynamic Curriculum Learning）等先进技术。混合精度训练框架通过在训练过程中使用不同精度的数据类型（如浮点数的混合精度），减少了计算资源的消耗，同时保持了模型的高精度。动态课程学习则根据数据的难度动态调整训练顺序，使得模型能够更快地收敛。此外，DeepSeek 还将数据蒸馏与模型蒸馏相结合，实现了从大型复杂模型向小型高效模型的知识迁移。这种方法不仅提高了模型的训练效率，还降低了推理成本，使得大模型能够更广泛地应用于实际场景。

二、应用场景的规模化落地

（一）政务智能化的深度渗透

在政务领域，DeepSeek 等大模型通过构建智能中枢平台，实现了政务智能化的深度渗透。这种智能中枢平台整合了交通、应急、民生等多源数据，通过跨模态数据融合和动态决策优化，推动政务服务从单项事务处理向全局治理升级。例如，某特大型城市部署了基于 DeepSeek 的 AI 政务中枢平台，该平台能够实时监测城市交通流量、气象数据、应急事件等多维度信息，并通过智能算法进行风险预警和资源调度。在一次暴雨天气中，平台提前预测了城市内涝风险区域，并及时调度排水设备和救援力量，将灾害损失降低到了最小。这种智能化的政务管理方式不仅提高了行政效率，还增强了城市应对突发事件的能力。

（二）工业领域的全流程重构

在工业领域，DeepSeek 等大模型正在重塑工业生产的全流程。通过对生产流程的深度学习和分析，模型能够识别出生产中的瓶颈和优化点，从而实现流程的优化和创新。以汽车制造为例，DeepSeek 的大模型可以对生产线布局、装配流程、质量检测等环节进行全链路改造。在质量检测方面，模型可以通过分析生产线上的图像数据和传感器数据，快速检测出零部件的缺陷和瑕疵，提高产品质量。同时，模型还能够预测设备故障，提前进行维护，减少停机时间，提高生产效率。

（三）金融与农业的精准赋能

在金融领域，DeepSeek 等大模型通过处理海量的金融数据，为风险评估、投资决策、客户服务等提供更精准的支持。例如，通过分析客户的信用数据、交易行为、市场行情等多维度信息，模型可以实现风险的提前预警和精准定价。在农业方面，大模型根据海量农业数据，能够准确预测农作物的产量，为农业生产规划和市场调控提供依据。例如，某农业企业利用DeepSeek的大模型，结合气象数据、土壤数据、历史产量数据等，预测了下一季的粮食产量。基于预测结果，企业提前调整了种植计划和市场销售策略，提高了经济效益。

三、全球竞争格局的演变

（一）中美技术竞赛的双轨并行

美国在大模型研发方面起步较早，拥有较强的计算资源和科研实力，在基础研究和技术创新方面处于领先地位。例如，美国的OpenAI、Google等公司在大模型领域取得了众多突破性成果。中国近年来在大模型领域也取得了显著进展，以DeepSeek为代表的国产大模型在技术创新、应用场景拓展和性能优化等方面不断突破。中国的科技企业通过自主研发和创新，在某些领域已经接近或达到国际先进水平。例如，DeepSeek的多模态大模型在金融、农业等领域的应用效果显著，展现了其强大的竞争力。中美两国在大模型技术上的竞赛呈现双轨并行的态势，双方在不同领域各具优势，共同推动了全球大模型技术的发展。

（二）欧盟的伦理优先路径

欧盟在人工智能发展方面注重伦理和监管，强调数据保护、隐私安全和算法透明性等原则。这种伦理优先的发展路径，使得欧盟在人工智能大模型的研发和应用中，更倾向于医疗、教育等社会服务领域。例如，欧盟的《通用数据保护条例》（GDPR）对数据的收集、存储和使用进行了严格的规定，为个人隐私的保护提供了保障。在医疗领域，欧盟的科研机构和企业开发的大模型严格遵循伦理准则，确保模型的决策过程透明、可解释，为患者提供安全可靠的医疗服务。

（三）发展中国家的差异化突围

发展中国家在大模型领域的发展呈现出差异化的特点。一些国家通过与发达国家的科技企业合作，引进先进技术和经验，加快本土大模型的研发和应用。例如，印度的一些科技公司与美国的科技巨头合作，共同开发适合印度市场需求的大模型应用。另一些国家则聚焦于特定领域的应用，如农业、旅游等，结合本国国情和资源优势，打造具有特色的智能应用场景。例如，巴西利用其丰富的农业资源，开发了基于大模型的农业智能管理系统，提高了农业生产效率和农产品质量。这些差异化的发展路径为发展中国家在大模型领域的突围提供了多种选择。

大模型的发展正处于从通用模型向垂直场景范式突破的关键阶段。技术架构的创新、应用场景的拓展以及全球竞争格局的演变，共同勾勒出人工智能发展的新图景。随着技术的不断进步和应用的逐步深入，大模型将进一步融入社会生产生活的各个领域，推动各行业的数字化转型和智能化升级，为人类社会的发展带来更多的机遇和挑战。未来，需要各国政府、企业和科研机构共同努力，在技术创新、应用推广、伦理治理等方面协同发展，确保大模型技术能够安全、可靠、有效地服务于人类社会的进步。

第二节　技术赋能与系统性风险的交织

随着大模型技术的蓬勃发展，其对社会的影响已超越单纯的技术范畴，深入到社会结构与功能的核心层面，形成技术赋能与系统性风险交织的复杂局面。大模型在重塑生产力、社会关系等方面展现出强大动能，推动各领域迈向智能化、高效化；但与此同时，就业结构震荡、隐私安全危机、算法偏见等风险也日益凸显。本部分将从生产力革命、社会关系重构与系统性风险三个维度，深入剖析大模型如何在创造价值的同时引发社会变革，揭示技术与社会相互作用过程中的机遇与挑战。

一、生产力革命的乘数效应

（一）知识生产的范式转换

大模型正在重构科研、教育、法律等知识密集型行业，推动知识生产方式从传统的人力驱动向“AI 辅助人类”的协同模式转变，释放出巨大的创造力潜能。在科学研究领域，大模型展现出强大的文献解析与创新辅助能力。以 DeepSeek-R1 为例，其基于自然语言处理与跨模态分析技术，能够自动解析全球学术数据库中的数百万篇论文，提取关键研究路径、实验数据与技术瓶颈，并结合最新研究趋势生成创新性的实验设计方案。DeepSeek 等大模型推动知识生产从线性模式向人机协作的非线性模式转变。其高效处理文本、图像、音频等数据的能力，能够加速学术研究的文献综述、数据分析和论文撰写过程，从而缩短研究周期，加快知识创新传播速度，使知识更新迭代更加及时。如在科研人员进行前沿学术探索时，大模型能够快速筛选出相关研究的最新成果，为研究提供新的思路和方法。在内容创作领域，创作者借助大模型获取灵感、生成初稿、优化创意，提高创作质量效率，实现人机协同创作。

（二）产业结构的颠覆性变革

大模型对产业结构的影响呈现出破坏性创新与建设性重构并存的特征，既引发传统岗位的消解，也催生了全新的职业生态。在制造业，“数字孪生”技术与大模型的结合掀起了生产革命。通过构建产品的虚拟模型，大模型能够模拟材料特性、加工工艺与市场需求，实现研发设计的全流程优化。生产环节中，大模型通过实时分析传感器数据，实现设备的预测性维护与工艺参数的动态调整。服务业的智能化转型更为迅猛。智能客服系统已在金融、电商、政务等领域广泛应用，某大型电商平台的客服替代率达70%，年均节省人力成本数亿元。与此同时，大模型催生了AI训练师、数据标注员、模型评估师等新职业。大模型技术冲击传统劳动密集型产业，客服、数据输入、文档处理等岗位需求减少，而人工智能工程师、数据科学家等岗位需求增加。同时，为新兴产业崛起提供支撑，如大模型结合物联网、机器人技术，实现智能仓储物流自动化；在创意设计产业，生成式AI创作独特设计方案，推动产业创新升级。

（三）资源配置的效率跃升

大模型通过实时数据分析与智能决策，重塑全球资源配置格局，在物流、能源、供应链等领域实现了效率的跨越式提升。大模型通过对海量数据挖掘分析，精准预测市场需求和趋势，为资源配置提供科学决策依据。在能源领域，分析能源消耗数据，优化调度分配，提高能源利用效率；在金融领域，分析市场行情和投资者行为数据，实现精准投资决策和风险控制，提高资本配置效率。

二、社会关系的深度重构

（一）信任机制的技术化迁移

在数字社会，信任机制从传统人际信任向技术化信任迁移。DeepSeek等大模型作为智能决策工具，其可靠性、安全性成关键。医疗领域，患者对基于大模型的诊断系统信任，依赖系统的准确性和稳定性；电商领域，消费者对智能推荐系统推荐商品信任，基于推荐精准度和满意度。大模型构建的“系统信任”正在替代传统的人际信任，成为现代社会交易与协作的重要基础，同时也带来了“算法依赖”的潜在风险。这种基于算法的信任机制突破了地域与人际网络的限制，降低了交易成本，但也存在数据过度采集、信用评估维度单一等问题。司法领域的智能量刑系统同样引发信任重构。通过分析千万级判例数据，系统能够给出标准化的量刑建议，减少了人为因素的干扰，提升了司法公信力。然而，当某基层法院完全依赖智能系统进行量刑时，出现了对复杂案件处理僵化的问题，暴露出算法决策的局限性。因此，建立“人机协同”的信任机制至关重要，既能发挥技术的效率优势，又能保留人类法官的价值判断。

（二）权力结构的隐形变迁

掌握大模型技术的企业和机构掌控信息和知识控制权，导致权力结构隐形变迁。科技巨头能影响信息传播舆论走向，如利用大模型内容生成分发能力，推动符合自身利益议题讨论，引导社会舆论关注方向。平台企业通过大模型掌握数据与算法双重权力，形成“数字寡头”，对传统权力结构造成冲击。字节跳动的豆包模型通过分析用户的浏览记录、点赞评论、社交关系等数据，不断优化推荐算法，构建了强大的内容分发霸权。这种“注意力经济”模式下，用户行为数据成为核心生产要素，而平台企业垄断了数据的所有权与使用权，形成“数据壁垒”。类似地，DeepSeek 在政务领域的深度部署，虽然提升了公共服务效率，但也可能导致“技术锁定”，即政府部门过度依赖单一技术供应商，而削弱技术选择的自主性。面对这种权力集中，监管框架亟待更新。欧盟的《数字市场法案》要求大型平台企业不得滥用市场地位，必须向第三方开放数据接口；中国的《反垄断法》也加强了对平台企业并购与数据垄断的审查。然而，技术的快速迭代与全球化特征，使得监管面临跨地域、跨行业的复杂挑战。

（三）文化认知的范式转型

大模型生成的内容正在重塑文化生产与传播模式，引发对人类创造力本质的深刻反思。影视行业中，AI 编剧已参与 30%的剧本创作，某科幻网剧的 AI 编剧作品在豆瓣获得 8.2 分的高分，与人类编剧作品的差距缩小至 0.3 分。这些作品通过分析海量影视数据，能够精准把握观众偏好，设计出紧凑的剧情与冲突，但也被批评缺乏深刻的人文内涵。艺术领域的冲击更为直接，JanusPro模型生成的抽象画作在拍卖市场拍出120万美元高价，引发“艺术创作权”的伦理争议——当算法能够模仿人类风格甚至创造新风格时，艺术的独特性与创作者的主体性该如何定义？教育领域的文化认知冲突同样显著。当学生习惯通过大模型获取知识解答，而非自主思考时，可能导致批判性思维与创造力的退化。某高校的调查显示，过度依赖智能学习助手的学生，在论文写作中出现观点同质化、论证逻辑薄弱等问题，凸显了技术渗透对认知模式的深层影响。

三、系统性风险的显性化

在人工智能大模型深度融入社会的当下，系统性风险正以愈发明显的态势冲击着诸多领域，其影响广泛且深远。

（一）就业市场的结构性震荡

随着DeepSeek等大模型的广泛应用，就业市场正经历一场深刻且剧烈的结构性变革。一方面，许多传统岗位面临巨大冲击。例如，数据输入员、客服代表等以重复性任务为主的工作，因大模型能够高效、精准地处理大量数据并提供标准化回复而逐渐减少需求。又如，部分初级的图像设计、文案撰写等创意辅助性岗位，其工作内容被大模型快速生成的高质量图像和文本所替代，导致相关从业人员面临失业风险。另一方面，新的就业机会在特定领域涌现。如大模型开发与维护工程师、数据标注专家、AI伦理顾问等岗位应运而生，但这些新兴岗位往往对专业技能和知识背景有较高要求，与传统岗位人员的技能难以快速匹配。这种新旧岗位的转换失衡，使得就业市场短期内出现供需错配，失业率在局部地区和个别行业有所上升，社会就业结构性矛盾凸显，若不能及时有效应对，将对社会稳定和经济发展产生连锁反应，如消费市场萎缩、社会福利负担加重等。

（二）隐私与安全的双重危机

在大模型的数据收集与使用过程中，隐私风险急剧上升。为了训练出性能强大的模型，需要海量的数据，其中包含大量个人和企业的敏感信息。一旦数据被泄露，不仅个人的隐私生活将被暴露，如个人位置信息、健康状况、消费习惯等，可能导致精准诈骗等一系列违法犯罪行为，还会使企业的商业机密泄露，造成经济损失和市场竞争地位的下降。安全方面，大模型可能被恶意利用来制造虚假信息，如伪造新闻、生成恶意软件代码等，威胁网络安全和社会稳定。同时，大模型自身也可能遭受黑客攻击，其内部数据和算法被篡改，从而输出错误或有害的结果，影响依赖其运行的众多系统和服务，如金融交易系统、智能交通系统等，进而引发系统性安全危机，破坏整个社会的数字信任体系。

（三）算法偏见的制度化风险

大模型的算法并非中立，其在训练过程中会不可避免地继承数据中存在的偏见。这些偏见若未被识别和纠正，将随着模型的大规模应用而被制度化。例如，在招聘系统中采用带有性别偏见的大模型，可能导致某一性别在招聘环节中被系统性地不公平对待，使得就业领域的性别歧视通过技术手段得以强化。在司法领域，若犯罪预测模型受制于种族偏见，可能会对某些种族群体产生不公正的司法判决倾向，损害司法公正的底线。这种算法偏见的制度化，会进一步固化社会的不平等，破坏社会公平正义原则，引发社会群体之间的矛盾和对立，对社会的和谐稳定发展构成严重威胁，阻碍社会朝着更加公正、平等的方向进步。

第三节　冷思考：技术狂热下的理性审视

一、技术瓶颈的现实制约

在当下对人工智能大模型技术充满狂热的浪潮中，我们不得不冷静地审视那些隐藏在繁华背后的现实制约，其中技术瓶颈尤为突出，亟待深入剖析。

（一）能耗与算力的不可持续

当下大模型的训练和运行对算力的需求近乎“无底洞”。以 DeepSeek 等大模型为例，其参数规模动辄数十亿甚至上百亿，每一次训练迭代都需要海量的计算资源支撑。数据中心的服务器日夜不停地运转，消耗着大量的电能。据相关数据统计，训练一个超大规模语言模型所产生的碳排放量，相当于多辆普通汽车在整个生命周期内的碳排放总和。这种高能耗模式在能源资源有限的当下，显然难以持续。而且从经济效益角度看，企业为了满足模型对算力的需求，不断投入巨额资金购置高端 GPU 等硬件设备，成本呈指数级增长，却无法保证与之对应的收益增长幅度，长此以往，将严重制约技术的大规模推广和应用，使许多中小企业望而却步，阻碍整个行业的生态发展。

（二）泛化能力的边界

尽管大模型在诸多特定任务上展现出了惊人的性能，但其泛化能力并非如人们想象的那般完美无缺。当面对与训练数据分布差异较大的全新场景时，模型容易出现“水土不服”的状况。例如，一个在常规新闻文本生成上表现出色的模型，在处理一些具有独特领域术语和复杂逻辑关系的学术论文生成任务时，可能会生成内容语义不通顺、逻辑混乱的文本。这是因为模型在训练过程中对数据的契合是基于统计规律，而难以真正理解知识背后的深层含义和跨领域的迁移规律。这种泛化能力的边界限制了大模型在多元复杂现实场景中的深度应用，使其应用场景拓展受限，如在一些高度专业化的医疗诊断、高精度工业制造控制等领域，难以发挥预期的关键作用，无法完全满足不同行业对智能化的深度需求。

（三）可解释性的技术困境

大模型如同一个复杂的“黑箱”，其内部的决策逻辑和知识表示方式难以被人类直观理解。对于其输出的结果，我们往往只能看到表面的呈现，却很难追溯到具体的决策依据。以图像识别为例，模型判定一张图片中包含某种物体，我们却难以获知它是基于物体的哪些特征、以怎样的权重组合进行判断的。这种不可解释性在一些对安全性、可靠性要求极高的领域，如金融风险评估、司法审判辅助等，成为了阻碍其广泛应用的主要障碍。金融机构在利用模型进行信贷风险评估时，若无法解释评估结果的合理性和公正性，就难以获得监管机构的认可和客户的信任，继而无法将这一技术深度融入核心业务流程，不利于充分挖掘其潜在价值。

二、社会适应的滞后效应

在人工智能大模型快速发展的当下，社会适应方面却显现出明显的滞后效应。

（一）制度创新的时间差

人工智能大模型技术的迭代速度令人咋舌，从早期的简单模型到如今像 DeepSeek 等超大规模复杂模型，技术更新的周期不断缩短。然而，制度建设却难以跟上这般快速的节奏。以知识产权保护为例，在大模型生成内容的版权归属问题上，目前的法律法规存在诸多空白。当大模型生成一段具有商业价值的文本或艺术作品时，难以界定其版权应该归属于模型开发者、使用者还是原始数据提供者。在实际的商业应用和创作环境中，容易引发版权纠纷，制约了大模型在内容创作等领域的合法、有序应用。又如，在大模型的监管方面，由于缺乏完善的监管制度，对于模型的训练数据合法性、输出内容合规性等难以进行有效监督，给社会带来潜在风险。制度创新的这种时间差，犹如一道鸿沟，阻碍着人工智能大模型技术与社会的深度融合。

（二）数字鸿沟的加剧

随着 DeepSeek 等大模型及相关智能技术在经济、教育等领域的广泛应用，原本存在的数字鸿沟呈现出进一步加剧的趋势。在经济领域，大型企业和科技巨头能够凭借强大的资金实力和技术团队，快速将大模型融入业务流程，实现智能化升级，从而提升生产效率、降低成本并获得竞争优势。而中小企业由于缺乏资金和技术人才，难以跟上这波技术浪潮，逐渐在市场竞争中处于劣势，甚至面临被淘汰的风险。在教育领域，城市和发达地区的学生能够接触到基于大模型的先进智能教育资源，如个性化学习系统、智能辅导工具等，这些工具可以根据学生的学习进度和特点提供定制化的辅导，有助于提高学习效果。相比之下，偏远地区和农村的学生由于网络基础设施薄弱、教育资源匮乏，无法享受到这些先进技术带来的教育红利，不同地区教育质量差距进一步扩大，使得社会公平性受到严峻挑战。

（三）人类能力的异化风险

大模型的强大功能正在悄然改变人类的思维模式和能力发展走向，带来了人类能力异化的风险。在日常工作和学习中，人们越来越依赖大模型来完成各种任务，如撰写报告、创作文章、分析数据等。长期的依赖使得人们的自主思考和知识积累能力逐渐弱化。例如，一些学生在遇到写作任务时，不再主动进行资料收集、思考谋篇布局，而是直接将任务交给大模型，久而久之，他们的书面表达能力和逻辑思维能力难以得到有效的锻炼。在职场中，员工过度依赖大模型生成的方案和建议，缺乏对自身专业素养的提升，可能导致在面对复杂多变的实际情况时，无法灵活应对和做出独立的判断。这种人类能力的异化风险，如同温水煮青蛙，若不加以重视和引导，将使人类在智能化时代逐渐丧失核心竞争力，陷入被动局面。

三、伦理治理的多维挑战

在人工智能大模型快速发展的当下，伦理治理面临着诸多严峻挑战，这些挑战从不同维度冲击着现有的社会秩序和价值体系。

（一）责任归属的模糊地带

当大模型生成的内容引发问题或造成损害时，责任归属往往难以明确界定。以 DeepSeek 等大模型为例，其开发涉及多个主体，包括模型的开发者、数据提供者、使用者以及运营平台等。当大模型生成错误信息导致用户决策失误，或者生成有害内容引发不良影响时，很难确定到底是由模型本身的缺陷、数据质量的问题、使用者的不当操作，还是运营平台的监管不力所导致。这种责任归属的模糊性使得受害者难以获得有效的赔偿和救济，同时也导致各主体之间相互推诿责任，不利于问题的及时解决和类似情况的预防。此外，在一些涉及大模型辅助决策的领域，如医疗诊断、司法审判等，若完全依赖模型的建议而忽略人类的专业判断，一旦出现错误决策，也难以明确责任主体，这不仅威胁到个体的合法权益，还可能对整个社会的公平正义造成损害。

（二）文化多样性的侵蚀

大模型在数据训练过程中往往倾向于强化主流文化和价值观，而忽视甚至边缘化小众文化、地域文化和传统文化。这是因为主流文化通常具有更丰富的数据资源和更高的关注度，模型在学习过程中更容易捕捉到这些特征并将其放大。例如，在自然语言处理领域，大模型可能更擅长处理现代通用语言，而对一些地方方言、少数民族语言以及古老的文化典籍中的语言表达理解不足，生成的内容也可能缺乏对这些小众文化的准确呈现和尊重。在内容创作方面，大模型生成的作品可能受到主流审美和风格的影响，导致文化产品趋同化，挤压了多样化文化创作的空间。这种文化多样性的侵蚀不仅削弱了人类文化的丰富性，还可能对不同文化群体的身份认同和文化传承产生负面影响，使得一些独特的文化传统逐渐消失，文化生态失衡。

（三）技术滥用的监管难题

尽管大模型具有巨大的应用潜力，但其技术滥用的风险也日益凸显，而监管却面临诸多难题。一方面，大模型的复杂性和隐蔽性使得技术滥用行为难以被及时发现。例如，一些不法分子可能利用大模型生成虚假新闻、恶意谣言，或者进行深度伪造以实施诈骗等犯罪活动，在这些过程中，模型的使用往往具有很强的隐蔽性，难以被追踪和监测。另一方面，现有的监管法律法规和技术手段相对滞后，无法有效应对快速发展的大模型技术。在跨境监管方面，由于不同国家和地区的法律法规差异较大，大模型的跨国滥用行为更难以得到有效遏制。此外，监管主体之间的协调合作也存在困难，涉及多个部门和领域，容易出现监管空白或重叠的问题。技术滥用的监管难题使得一些不良行为在一定程度上得以滋生和蔓延，严重威胁着社会的安全稳定和公众的合法权益。

第四节　未来路径：技术理性与人文价值的平衡

在智能时代，DeepSeek 等大模型技术飞速发展，既带来机遇也伴随着挑战。为实现技术理性与人文价值平衡，亟须从多方面探索。技术创新需持续投入研发、跨学科合作与建立开源社区；社会系统要加快制度创新、缩小数字鸿沟、培养复合型人才；伦理治理应明确责任界定、保护文化多样性、加强监管技术创新。

一、技术创新的可持续发展

（一）持续投入研发资源

一是要加大资金支持。未来，政府和企业应持续加大在大模型领域的资金投入，为技术创新提供坚实的物质基础。政府可通过设立专项科研基金，鼓励科研机构和高校开展前沿研究，探索新的模型架构和算法。例如，美国的国防高级研究计划局（DARPA）长期资助人工智能领域的基础研究，推动了许多关键技术的突破。企业也应增加研发投入，像谷歌、百度等科技巨头每年在人工智能研发上的投入都高达数十亿美元，为技术创新提供了强大的资金保障。二是要吸引优秀人才。人才是技术创新的核心。提高研发人员的薪酬待遇和科研条件，吸引全球顶尖的计算机科学家、数学家等跨学科人才投身于大模型研究。同时，加强人才培养体系建设，高校应完善人工智能专业课程设置，注重实践教学，培养适应大模型技术研发需求的专业人才。如卡内基梅隆大学的人工智能专业，其课程涵盖了机器学习、自然语言处理等多个领域，为行业输送了大量优秀人才。

（二）加强跨学科合作

一要融合多学科知识。大模型技术创新需要融合多学科知识，如计算机科学、数学、物理学、生物学等。通过跨学科研究，为大模型的发展提供更丰富的理论支持和技术方法。例如，将物理学中的量子计算理论引入大模型研究，有望大幅提升模型的计算效率；将生物学中的神经科学原理应用于模型架构设计，可使模型更接近人类大脑的工作机制，提高模型的性能和智能水平。二要建立跨学科研究平台。搭建跨学科研究平台，促进不同学科领域的科研人员交流合作。高校和科研机构可成立跨学科研究中心，定期组织学术研讨会、工作坊等活动，打破学科壁垒，激发创新思维。如麻省理工学院成立了脑与认知科学学院，汇集了神经科学家、计算机科学家等多领域专家，共同开展人工智能与脑科学的跨学科研究，取得了一系列重要成果。

（三）建立开源社区和合作平台

一要促进知识共享。建立开源社区和合作平台，鼓励企业和研究机构共享大模型的技术成果、数据资源和实践经验。开源社区如 GitHub 上的 Hugging Face，汇聚了全球大量的大模型开源项目，研究人员可以在平台上共享代码、模型和数据，避免重复开发，提高资源利用效率。通过知识共享，加速技术创新的迭代和推广，推动大模型技术的快速发展。二要加强“产学研”合作。加强企业、高校和科研机构之间的“产学研”合作，形成技术创新的合力。企业具有丰富的应用场景和数据资源，高校和科研机构拥有深厚的理论研究基础和技术创新能力。例如，DeepMind 与英国国家医疗服务体系（NHS）合作，利用大模型技术优化医疗诊断和治疗方案，实现了“产学研”的深度融合，推动了大模型技术在医疗领域的应用和发展。

二、社会系统的适应性重构

（一）加快制度创新

一要完善法律法规。政府应及时完善与大模型相关的法律法规，明确数据隐私保护、算法透明性、责任界定等规则。在数据隐私保护方面，制定严格的数据收集、存储、使用和共享的法律法规，确保个人和企业的数据安全。如欧盟的《通用数据保护条例》（GDPR），对数据保护提出了严格要求，为全球数据隐私保护立法提供了范例。在算法透明性方面，要求大模型开发者公开算法的基本原理和数据来源，接受社会监督，防止算法歧视和滥用。二要制定产业政策。制定鼓励大模型技术应用和产业发展的政策，引导企业和行业积极探索大模型的应用场景，推动产业升级和转型。政府可通过税收优惠、财政补贴等政策手段，支持中小企业采用大模型技术提高生产效率和创新能力。例如，中国出台了一系列鼓励人工智能产业发展的政策，如《新一代人工智能发展规划》，为大模型技术的发展提供了政策支持和保障。

（二）缩小数字鸿沟

一要加大教育投入。加大对偏远地区和贫困人群的信息技术教育投入，提高全民数字素养。政府应加强基础教育阶段的信息技术教育，将计算机编程、人工智能等基础知识纳入学校课程体系，培养学生的数字技能和创新思维。同时，开展针对成年人的职业技能培训，提高劳动者适应数字社会的能力。如印度的“数字印度”计划，通过在农村和偏远地区建设计算机培训中心，为当地居民提供免费的数字技能培训，有效缩小了数字鸿沟。二要加强基础设施建设。加强偏远地区和欠发达地区的数字基础设施建设，提高网络覆盖范围和质量。政府应加大对宽带网络、5G 基站等基础设施建设的投入，降低互联网接入成本，使更多人能够享受到数字技术带来的便利。例如，非洲一些国家通过与国际组织和企业合作，大力推进宽带网络建设，提高互联网普及率，为数字经济发展奠定了基础。

（三）培养复合型人才

一要构建多层次人才培养体系。构建包括高等教育、职业教育和继续教育在内的多层次人才培养体系，培养适应大模型技术发展需求的复合型人才。高等教育应注重培养学生的理论研究能力和创新思维，开设跨学科的专业课程，如人工智能与经济学、人工智能与法学等。职业教育则侧重于培养学生的实践操作技能，通过与企业合作开展实训项目，使学生掌握大模型技术在实际应用中的操作方法和技巧。继续教育为在职人员提供继续学习和培训的机会，帮助他们更新知识和技能，以适应技术发展的变化。二要加强实践教学环节。注重实践教学环节，提高学生的实践能力和解决实际问题的能力。高校和职业院校应加强与企业的合作，建立实习实训基地，为学生提供实践机会。例如，学生可以在企业的数据科学团队中参与实际的大模型项目开发，了解项目的需求分析、数据处理、模型训练和应用部署等全过程，积累实践经验，提高就业竞争力。

三、伦理治理的制度创新

(一) 明确责任界定机制

一要建立多主体参与的责任划分体系。建立包括政府、企业、科研机构、行业协会和用户等多主体参与的责任划分体系，明确各方在大模型数据收集、模型训练、应用等环节的权利和义务。政府负责制定监管政策和标准，监督各方的责任落实情况；企业作为大模型的开发者和应用者，应对其产品的安全性和可靠性负责；科研机构和高校在研究过程中应遵守科研伦理规范，确保研究的合法性和伦理性；行业协会应制定行业自律规范，引导企业合法合规经营；用户也应合理使用大模型产品，遵守相关法律法规。二要实现责任可追溯。利用区块链等技术手段实现责任可追溯，确保大模型的开发和应用过程透明、可查。区块链的分布式账本技术可以记录大模型的数据来源、模型训练过程、应用情况等信息，一旦出现问题，能够快速追溯到责任主体，及时采取措施进行整改和赔偿。例如，在医疗领域，基于区块链的大模型应用可以记录患者的诊断数据、治疗方案等信息，确保医疗数据的安全和责任可追溯。

(二) 保护文化多样性

一是制定文化保护政策。政府应制定文化保护政策，鼓励和支持小众文化、地域文化的数字化发展，为文化多样性保护提供政策支持和资金保障。例如，设立文化保护专项基金，资助地方文化机构开展数字化项目，如将地方戏曲、民间艺术等传统文化进行数字化记录和传播，促进文化传承和创新。二是开发文化多样性保护应用。鼓励企业和科研机构开发用于文化多样性保护的大模型应用，如利用大模型生成不同文化背景下的文学作品、音乐、绘画等艺术作品，推动文化交流和融合。同时，通过大模型技术对濒危语言进行保护和传承，记录和分析濒危语言的语言特征和语料库，为语言保护提供技术支持。

（三）加强监管技术创新

一要利用技术手段进行监管。加强监管技术创新，利用大数据、人工智能等技术手段对大模型应用进行实时监测和分析，及时发现和制止技术滥用行为。例如，建立大数据监管平台，收集和分析大模型应用的相关数据，如用户行为数据、内容生成数据等，利用机器学习算法识别潜在的风险和违规行为，如虚假信息传播、网络诈骗等，及时采取措施进行处理。二要建立监管协同机制。建立政府、企业、社会组织等多方参与的监管协同机制，形成监管合力。政府监管部门应加强与企业和行业协会的沟通与合作，及时了解大模型技术的发展动态和应用情况，制定科学合理的监管政策。同时，鼓励社会组织和公众参与监管，鼓励其对大模型应用中的违法违规行为进行举报和监督，共同维护社会安全和稳定。

在智能时代，DeepSeek 等大模型技术的快速发展为我们带来了前所未有的机遇和挑战。为了实现技术理性与人文价值的平衡，我们需要在技术创新、社会系统适应和伦理治理等方面进行深入探索和实践。通过持续投入研发资源、加强跨学科合作、建立开源社区和合作平台，推动技术创新的可持续发展；加快制度创新、缩小数字鸿沟、培养复合型人才，促进社会系统的适应性重构；明确责任界定机制、保护文化多样性、加强监管技术创新，实现伦理治理的制度创新。只有这样，我们才能确保大模型技术的发展符合人类社会的长远利益，推动技术与社会的和谐共生和进步，使智能时代的社会重塑朝着更加美好的方向发展。

结 语

智能时代，社会层面的准备

随着本书的篇章逐渐谢幕，我们正在踏入智能时代密集的“森林”中。本书尝试勾勒出一幅技术日新月异、万物互联的世界图景，内容涵盖了人工智能带来的发展脉络、广泛应用，以及由此带来的社会结构的重塑，乃至面临的挑战与应对策略。笔者试图在不断扩张的智能时代下，探究智能技术与人类社会之间的互动与影响。然而，在这场技术与社会的深刻融合中，我们真的准备好了吗？智能时代，无疑是充满奇迹的时代。它解放了人类劳动力，改变了传统生产与生活方式，创造了前所未有的便利与效率，甚至在某种意义上重新定义了人类自我认知与社会交往。我国在这一变革中取得的成就尤为显著，不仅成为智能制造与服务行业转型的重要力量，还在智慧城市、智能治理等领域走在了世界的前列。然而，与此同步的还有深层次结构性变化、文化形态的转换，以及人机交互带来的种种挑战等。例如，技术性失业、教育适应性的不足、人形机器人引发的伦理道德问题等，都在考验我们的智慧与应变能力。需要明确的是，智能时代并非全然乐观，它像一面镜子，映射出人类社会发展的光辉成果，同时也折射出结构性痛点与诸多深层次问题。在科技创新与社会适应之间，我们需要找到一个平衡点。我们对于智能时代的未来既充满期待，又怀揣不安。我们期待通过持续的创新和合理的治理，使智能科技为人类带来更加辉煌的文明。而不安则源于社会转型期可预见的巨大挑战以及适应上的滞后。

一、体力与智力劳动解放

智能时代的核心涵义之一就是通过人工智能与自动化技术的广泛应用，

解放人类的体力与智力劳动。这一趋势在工业自动化、智能制造、服务行业的变革以及日常生活的智能化应用中都有体现。体力劳动方面，我们已经见证了从传统的制造车间到智能工厂的转变，其中机器人和智能系统正逐步接管重复性强、劳力密集型的工作。例如，在国家级智能制造示范区内，广泛部署自动化流水线、机器人焊接、无人搬运车辆等技术，不仅提高了生产效率和产品质量，也显著降低了对人类体力的要求。智力劳动方面，人工智能为数据分析、决策支持、创意发想等领域提供了强有力的工具。比如，在金融服务中，算法可以进行复杂的市场分析和预测，减少了人类对复杂计算的依赖；在教育学习领域，个性化智能辅导系统可以满足学生的差异化需求，极大地提升了学习效率。这种解放不仅仅意味着减少了人类的劳动强度和提高了生产力，同时也提出新的社会问题和挑战。技术性失业成为社会转型的一部分，而就业结构和工作形态也随之发生变化。我们需要重新考虑技能培训和教育体系的改革，确保人类劳动力的转型与晋升。此外，智能时代还强调人机协作的重要性，要求我们不断学习新技能，适应智能工具，最大化地发挥人类的创造力。智能时代的来临，无疑是对传统劳动观念的一次根本性的冲击，要做好全面准备，我们需要从多个角度着手，应对其带来的挑战，包括教育、就业、伦理法规等，确保这一变革能够更好地服务于人类的长远发展。

二、智能时代的杞人忧天

每一次技术革命确实都给人类带来了深远的影响，智能时代也不例外。它带来的进步是显而易见的：提高了生产效率，增强了数据处理能力，改善了生活质量，促进了科学研究等。然而，它所带来的挑战也同样是真实而紧迫的。智能时代的担忧并非杞人忧天，它们源自人们对于快速变化的自然反应和对未知后果的担心。技术性失业、隐私保护、数据安全、数字鸿沟、机器自主性带来的伦理和法律问题等，都是目前我们正在或即将面临的挑战。这些问题的复杂性在于它们不仅涉及技术本身，更触及经济、社会、文化和政策等多个层面。失业问题是最常被提及的忧虑之一。自动化和智能系统可能会在短期内改变或淘汰某些工作岗位，虽然从长期来看，这些技术也将创造新的就业机会，但转型期带来的社会与个体层面的困难是不容忽视的。此外，随着人工智能技术的不断发展，我们对其发展方向、可能性及其普及速度等因素了解有限，更增加了对未来预测的不确定性。然而，历史告诉我们，适应技术变革的过程虽然困难重重，但人类社会总能在危机中找到机遇，不断进步与演化。智能时代要求我们用更积极的态度和更灵活的思维来面对新技术，而关键在于我们是否能够有效地理解和利用这些技术，同时正视并解决它们可能产生的副作用。因此，我们需要一个更加包容的视角来看待正在到来的智能时代。这意味着在拥抱智能技术的同时，我们也需要制定综合的政策，加强教育和培训，确保法律和伦理体系的完善，以及鼓励公众参与科技发展的讨论，共同构筑一个人人可受益的智能未来。智能时代提出的挑战需要我们认真面对，用行动和智慧去解决，而非漫不经心地忽略或放大其影响。

三、AI：瞬息万变的差距

人工智能（AI）的迅速发展和应用已经开始重新塑造全球的经济和政治格局。这种技术变革潜在地加剧了国家之间的发展差距，尤其是在 AI 先进技术的研究、开发和商业化方面，正在形成新一轮的差距及贫富分化。在创新和竞争优势方面，那些能够投资 AI 研发和拥有技术创新能力的国家或地区，可能会在各自的行业中取得显著竞争优势。比如，在自动驾驶汽车、智能制造、金融科技等领域，美国、中国、欧盟等经济体正在成为主导力量。在教育和人才流动方面，高等教育和专业培训对于培养 AI 领域的专业人才至关重要。国家之间在教育资源的分配上的差异，加上全球人才流动的不平衡，可能会使得某些国家更容易垄断高技能劳动力，从而推动本国的技术进步。在经济结构和制造业布局方面，AI 技术的应用可能会改变全球制造业和服务业的布局，一些依赖低成本劳动力的发展中国家可能会发现其经济模型面临转型的挑战。自动化和智能系统可能会取代这些国家原有的劳动密集型制造业，致使就业和经济增长的模式需要调整。在数据资源和技术基础设施方面，数据是训练和改进 AI 系统的基石，那些拥有大量数据集和强大计算资源的国家更有可能在 AI 研究和应用上取得进展。此外，技术基础设施的差异也会影响国家之间的竞争，因为 AI 需要高速的互联网连接和先进的硬件支持。在政策和监管框架方面，不同国家在对 AI 技术的接受程度和监管政策上存在差异，影响了该技术的发展速度。灵活的监管环境可能会吸引更多的 AI 企业和人才，而保护主义和过度监管则可能阻碍本国 AI 技术的进步。由此可见，AI 在提升生产效率和创新能力的同时，也可能加剧国家之间的不平等，尤其是在经济发展、教育水平和技术能力上。为了应对这种差距和推动全球性的合作，许多国际组织和政府机构正在采取行动，推动技术转移、教育交流和国际合作项目，力图让 AI 技术的红利惠及更广泛的人群。

四、能否抓住这一次革命

一方面，我国需要迎接智能时代的到来，并做好迎接挑战的准备；另一方面，在以美国为首的西方发达国家对我国进行遏制和技术封锁的情况下，我国需要奋力直追。智能时代，我们中国能否抓住这一次新的技术革命带来的机会？虽然我国在智能时代确实面临着巨大的挑战，但同时也拥有利用这一次技术革命带来机会的潜力。能否抓住这次新的技术革命带来的机会，将取决于多方面的因素：一是政府支持与政策鼓励。我国政府在智能技术的研究、开发和应用中扮演着积极角色，通过国家级规划和政策支持促进智能产业的发展。这种支持体现在资金投入、税收优惠、法律法规制定以及打造创新生态圈等多个方面。二是丰富的数据资源。我国庞大的互联网用户群体为人工智能的训练和应用提供了深厚的数据基础。在机器学习和数据挖掘等领域，数据的数量和多样性可以大幅提高算法的表现和适用性。三是市场规模与应用场景。我国的市场规模庞大，这为 AI 产品的快速迭代和规模化应用提供了良好基础。我国很多公司在零售、金融、制造、交通等行业积极实施智能化转型，为人工智能技术创造了广阔的应用场景和试验平台。四是人才培养与教育体系。优秀人才是推动智能时代发展的关键。我国的高等教育机构正在增加对 AI 及相关领域教育的投入，同时我国也在吸引海外人才回国发展，从而为智能时代培养和储备大量研发和管理人才。尽管受到美国及部分西方国家的技术限制与政策挑战，但我国的技术企业和研究机构也在积极寻求突破，比如在芯片、操作系统、基础算法研究等方面的自主创新。我国的科技战略也在不断地调整，以更好地应对外部环境的变化，通过提高自主创新能力来减少对外部技术的依赖。另外，我国在国际交流与合作方面也展现出开放的态度，加强与其他国家和地区在人工智能领域的合作，促进技术交流和人才流动。总之，尽管面临挑战，我们有潜力通过加大创新力度、优化产业结构、加强国际合作等方式，抓住智能时代带来的新机遇。当然，这需要我们在不断变化的国际政治经济环境中，采取灵活且坚定的战略以克服挑战，实现可持续的技术进步和社会经济发展。

五、智能时代的理性思考

随着人工智能技术的飞速发展，智能时代已然来临。这个时代不仅改变了我们的生活方式，也对人类的思维模式和价值观念产生了深远影响。在享受智能技术带来便利的同时，我们必须进行理性思考，以确保技术的发展能够符合人类的根本利益。智能技术具有“双刃剑”效应。智能技术的发展无疑为人类带来了诸多益处。例如，在医疗领域，人工智能辅助诊断系统能够快速准确地识别疾病，提高诊断效率和准确性。在教育领域，智能教育平台可以根据学生的学习进度和特点提供个性化的教学方案。然而，智能技术也存在潜在的风险。一方面，数据隐私和安全问题日益突出。大量的个人数据被收集和存储，一旦泄露，将对个人的生活造成严重影响。另一方面，智能技术可能导致就业结构的失衡。许多传统的工作岗位可能会被自动化和智能化的机器所取代，从而引发社会的不稳定因素。

理性思考的必要性。在智能时代，理性思考显得尤为重要。首先，我们需要对智能技术的发展进行深入的伦理审视。例如，人工智能在决策过程中可能会受到算法偏见的影响，从而导致不公平的结果。我们必须确保智能技术的发展符合人类的伦理道德标准，避免技术滥用和误用。其次，我们需要对智能技术的社会影响进行全面评估。智能技术的发展不仅会影响经济领域，还会对社会结构、文化传承等方面产生深远影响。我们需要从宏观的角度出发，制定合理的政策和措施，以引导智能技术的健康发展。要在智能时代做到理性思考，我们可以从以下几个方面入手。首先，加强跨学科研究。智能技术的发展涉及多个学科领域，如计算机科学、伦理学、社会学等。通过跨学科的研究，我们可以更全面地了解智能技术的影响，从而提出更具针对性的解决方案。其次，培养公众的数字素养。在智能时代，公众需要具备一定的数字素养，以正确理解和使用智能技术。这包括对数据隐私的保护意识、对算法偏见的识别能力等。最后，建立完善的监管机制。政府和相关机构应加强对智能技术的监管，确保其发展符合法律法规和伦理道德标准。同时，鼓励企业和社会组织积极参与监管，形成多元共治的局面。

智能时代的未来属于每一个人，我们无法逃避，更应积极参与其中。人类社会从来都不缺乏变革的勇气和智慧，正视问题和挑战，并以开放的心态迎接它们，以具体的行动和系统的改革，不断适应智能时代的脚步，也是我们共同的责任与使命。让我们信心满怀地迎接智能时代所有的可能性，为我们的后代、为人类的未来，细心铺设一条又一条通往更加智慧、更加美好的道路。

参考文献

[1] 李开复. 人工智能：新时代的机遇与挑战 [J]. 中国计算机学会通讯，2018，14 (1)：1-5.

[2] 张亚勤. 智能时代的产业变革与创新 [J]. 中国信息界，2019 (2)：12-15.

[3] 周志华. 机器学习 [M]. 北京：清华大学出版社，2016.

[4] 吴军. 智能时代：大数据与智能革命重新定义未来 [M]. 北京：中信出版社，2016.

[5] 李飞. 人工智能对就业结构的影响研究 [J]. 经济研究，2020，55 (3)：45-58.

[6] 刘强. 智能制造：工业 4.0 时代的机遇与挑战 [J]. 中国机械工程，2017，28 (1)：1-8.

[7] 王晓明. 智能技术与社会治理创新 [J]. 中国行政管理，2019 (5)：34-38.

[8] 陈晓红. 大数据时代的社会治理创新 [J]. 中国社会科学，2018 (2)：112-125.

[9] 张晓晶. 人工智能与经济增长：理论与实证 [J]. 经济研究，2021，56 (4)：23-36.

[10] 李晓光. 智能交通系统的发展现状与趋势 [J]. 交通运输工程学报，2020，20 (2)：1-10.

[11] 赵敏. 智能工业的自动化与智能化发展 [J]. 自动化仪表，2019，40 (3)：1-5.

[12] 刘伟. 人工智能时代的教育变革 [J]. 中国教育学刊，2020 (4)：56-60.

[13] 陈学权. 智能技术对社会结构的影响 [J]. 社会学研究，2021

(3)：45-58.

［14］李勇. 智能金融的发展与风险［J］. 金融研究，2019，42（6）：123-135.

［15］张华. 智能医疗的现状与未来［J］. 中国医学装备，2020，17（2）：1-8.

［16］王磊. 智能技术与文化形态的变迁［J］. 文艺研究，2022（1）：33-42.

［17］李明. 智能时代的社会伦理问题［J］. 伦理学研究，2021（4）：56-62.

［18］刘洋. 智能技术与社会治理的协同进化［J］. 中国行政管理，2022（6）：45-50.

［19］陈丽. 智能教育的实践与探索［J］. 中国电化教育，2020（5）：1-7.

［20］李强. 人工智能与制造业的深度融合［J］. 中国制造业信息化，2019，48（3）：12-18.

［21］张伟. 智能技术对就业市场的冲击与应对［J］. 中国劳动，2021（2）：43-48.

［22］刘静. 智能时代的社会心理适应［J］. 心理学报，2022，54（3）：345-354.

［23］李华. 智能技术与社会公平［J］. 社会学评论，2020，8（2）：78-85.

［24］张磊. 智能交通与城市发展的互动关系［J］. 城市规划，2021，45（4）：56-63.

［25］刘涛. 智能技术对传统文化的影响［J］. 文化研究，2022，16（1）：45-52.

［26］李娜. 智能时代的社会信任构建［J］. 社会建设，2021（3）：33-38.

［27］张强. 人工智能与社会治理的融合路径［J］. 中国软科学，2020（7）：45-52.

［28］刘波. 智能技术与社会稳定的维护［J］. 社会治理，2022（5）：23-28.

［29］李丹. 智能时代的社会参与机制［J］. 社会学研究，2023（2）：67-76.

［30］张敏. 智能技术与社会创新的互动［J］. 科学学研究，2021，39（4）：567-575.

［31］BRYNJOLFSSON E，MCAFEE A. The Second Machine Age：Work，Progress，and Prosperity in a Time of Brilliant Technologies［M］. New York：W. W. Norton & Company，2014.

［32］FREY C B，OSBORNE M A. The future of employment：How susceptible are jobs to computerisation?［J］. Technological Forecasting and Social Change，2017，114：254-280.

［33］MANYIKA J，CHUI M，BROWN B，et al. Big data：The next frontier for innovation，competition，and productivity［R］. McKinsey Global Institute，2011.

［34］ARNTZ M，GREGORY T，ZIERAHN U. The risk of automation for jobs in OECD countries：A comparative analysis［R］. OECD Social，Employment and Migration Working Papers，2016，No. 189.

［35］AUTOR D H. Why are there still so many jobs? The history and future of workplace automation［J］. Journal of Economic Perspectives，2015，29(3)：3-30.

［36］BOSTROM N. Superintelligence：Paths，Dangers，Strategies［M］. Oxford：Oxford University Press，2014.

［37］CHUI M，MANYIKA J，MIREMADI M. Where machines could replace humans—and where they can't（yet）［J］. McKinsey Quarterly，2016(2)：1-11.

［38］FORD M. Rise of the Robots：Technology and the Threat of a Jobless Future［M］. New York：Basic Books，2015.

［39］GLAESER E L. Cities and skills［J］. Journal of Regional Science，2011，51(1)：1-16.

［40］LEPORE J. The secret history of automation［J/OL］. The New Yorker，2015(2015-05-25)：24-28.

［41］MCAFEE A，BRYNJOLFSSON E. Machine，Platform，Crowd：Harnessing Our Digital Future［M］. New York：W. W. Norton & Company，2017.

[42] NG A. Artificial Intelligence is the New Electricity[R/OL]. Stanford: Stanford University, 2018.

[43] PwC. Will robots really steal our jobs? An international analysis of the potential impact of automation[R]. London: PwC, 2018.

[44] SCHWAB K. The Fourth Industrial Revolution[R]. Geneva: World Economic Forum, 2016.

[45] TURING A M. Computing machinery and intelligence[J]. Mind, 1950, 59(236): 433-460.

[46] World Economic Forum. The Future of Jobs Report 2020[R]. Geneva: World Economic Forum, 2020.

[47] ZUBOFF S. The Age of Surveillance Capitalism: The Fight for a Human Future at the New Frontier of Power[M]. New York: PublicAffairs, 2019.

[48] BRYNJOLFSSON E, MITCHELL T. What can machine learning do? Workforce implications[J]. Science, 2017, 358(6370): 1274-1275.

[49] CARD D, DINARDO J. Skill-biased technological change and rising wage inequality: Some problems and puzzles[J]. Journal of Labor Economics, 2002, 20(4): 733-783.

[50] CHUI M, MANYIKA J, WOETZEL J. Unlocking the potential of the Internet of Things[R]. San Francisco: McKinsey Global Institute, 2015.

[51] COWAN R, FORAY D. The economics of innovation policy[J]. Oxford Review of Economic Policy, 2002, 18(1): 59-74.

[52] DAUGHERTY P R, WILSON H J. Human + Machine: Reimagining Work in the Age of AI[M]. Boston: Harvard Business Review Press, 2018.

[53] DELOITTE. The automation advantage: How to boost productivity and grow the economy with automation technologies[R]. London: Deloitte, 2017.

[54] DIAMOND R, MORETTI E. The effects of 1%: The impact of local economic shocks on long-run employment and income[R]. Cambridge: National Bureau of Economic Research, 2018.

[55] DOLEZALEK H, ZETZSCHE D A. Artificial intelligence and the future of financial services[J]. Journal of Financial Perspectives, 2018, 5(2): 1-15.

[56] EICHENGREEN B, PARK D. Exporting revolution? Assessing the impact of China's technological catch-up on advanced industrial countries[R]. Cambridge: National Bureau of Economic Research, 2015.

[57] EICHENGREEN B, PARK D, SHIN K. Growth slowdowns redux[R]. Cambridge: National Bureau of Economic Research, 2013.

[58] ERIKSSON R, JONUNG L. The rise and fall of Swedish unemployment: A natural experiment of Keynesian and non-Keynesian labor market policies [J]. Journal of Macroeconomics, 2013, 38: 349-366.

[59] FORD M. The Lights in the Tunnel: Automation, Accelerating Technology and the Economy of the Future[M]. Scotts Valley: CreateSpace Independent Publishing Platform, 2009.

[60] FREY C B, OSBORNE M A. The future of employment: How susceptible are jobs to computerisation[R]. Oxford: Oxford Martin School, 2013.

[61] GABAIX X. The granular origins of aggregate fluctuations[J]. Econometrica, 2011, 79(3): 733-772.

[62] GLAESER E L, GOTTLIEB J D. The wealth of cities: Agglomeration economies and spatial equilibrium in the United States[J]. Journal of Economic Literature, 2009, 47(4): 983-1028.

[63] GOOLSBEE A, KLENOW P J. The Internet and the diffusion of knowledge[J]. Journal of Political Economy, 2018, 126(5): 1930-1961.

[64] GORDON R J. The Rise and Fall of American Growth: The U.S. Standard of Living since the Civil War[M]. Princeton: Princeton University Press, 2016.

[65] HALL R E, JONES C I. The value of life and the rise in health spending[J]. Quarterly Journal of Economics, 2007, 122(1): 39-72.

[66] HAUSMANN R, HWANG J, RODRIK D. What you export matters [J]. Journal of Economic Growth, 2007, 12(1): 1-25.